POMPEJI

DIE VERSUNKENE STADT

KARL MÜLLER VERLAG

POMPEJI

DIE VERSUNKENE STADT

Text
Salvatore Ciro Nappo

Fotos
Alfredo und Pio Foglia

Herausgeber
Valeria Manferto De Fabianis
Laura Accomazzo

Grafische Gestaltung
Anna Galliani
Clara Zanotti

Farbtafeln
Fabio Bourbon
Monica Falcone
Roberta Vigone

Inhalt

1 Eine geflügelte Amorette, dargestellt mit den Symbolen des Merkur: Auf dem Kopf trägt sie den geflügelten Petasos (breitkrempiger Hut) und in der Hand hält sie den Merkurstab (Stab mit zwei spiralförmig umschlungenen Schlangen).

2-3 Auf diesem von Nordwesten aufgenommenen Luftbild von Pompeji erkennt man das dichte Straßennetz und die Anordnung der Gebäude. Oben links im Bild erkennt man die noch nicht erforschten Viertel.

4 Dieser herrliche Goldring mit figürlich gearbeitetem Edelstein ist von besonderer Bedeutung, denn die Einfassung zeigt einen Kopf im Profil mit realistischen Zügen, was Anlass zu der Vermutung gibt, dass hier der Eigentümer selbst abgebildet ist.

5 Dieses Gemälde, das Terentius Neo und seine Frau zeigt, stammt aus dem tablinum des gleichnamigen Hauses (VII 2,6). Die Personen sind von einem ausgebildeten Porträtmaler gemalt worden, der den Kontrast des intellektuellen Aspekts der beiden (Schriftrolle in der Hand des Mannes, Griffel und Diptychon in den Händen der Frau) und ihre eindeutig bürgerliche Herkunft deutlich hervorhebt.

Übertragung aus dem Italienischen: Claudia Theis-Passaro
Lektorat: Sabine Raab

ISBN 3-86070-748-5

1 2 3 4 5 3 2 1 00 99

Einführung

Die Entdeckung jener antiken Städte und Gebiete, in denen am 24. August des Jahres 79 n. Chr. alles Leben durch den gewaltigen Ausbruch des Vesuvs jäh ausgelöscht wurde, brachte einen entscheidenden Wendepunkt hinsichtlich der Kenntnisse über die römisch-italische Welt, denn das, was sich aus den monumentalen Überresten des kaiserlichen Roms oder aber aus den Ruinen ableiten ließ, die über die römische Campagna und die Küsten Kampaniens verstreut lagen, erwies sich als sehr ungenau. Die Ausgrabungen in der Umgebung des Vesuvs brachten einen Einblick in das Leben im Altertum, gleichsam wie in einer Momentaufnahme festgehalten. Und dabei stieß man nicht nur auf die so begehrten Kunstschätze und Sammlerobjekte, sondern auf den ganz normalen Alltag in all seinen vielfältigen Aspekten, auf hochentwickelte architektonische Bauformen bis hin zu den einfachsten Lösungen.

Nach Jahrhunderten in der Dunkelheit wurde die Welt hier mit der Vielfältigkeit der Antike konfrontiert. Die Fortschritte bei den Ausgrabungen und den Entdeckungen neuer Fundstücke erregten solch ein Aufsehen, dass das aufgeklärte und kosmopolitische 18. Jahrhundert die Antike wieder entdeckte und ganz neu interpretierte, ja sie sogar als Modell übernahm, das zum Stilbegriff des Klassizismus' führte, der die Kunst und die Literatur im westlichen Europa um die Jahrhundertwende vom 18. zum 19. Jahrhundert mehr als fünfzig Jahre lang prägte. Die archäologischen Forschungen am Fuße des Vesuvs führten zu einer anderen Art des Umgangs mit der Antike, bei dem nicht mehr die Betrachtung von aus ihrem Kontext losgelösten antiken Sammlerobjekten im Mittelpunkt stand, sondern eine philologische Betrachtung der antiken Welt; und tatsächlich war es hier zum ersten Mal möglich, Dekorationen und Gemälde an ihrem ursprünglichen Platz zu sehen, Gegenstände des täglichen Gebrauchs in ihrer natürlichen Umgebung, Bauwerke an ihrem städtebaulich vorgesehenen Platz. Und doch beruht die Bedeutung Pompejis hauptsächlich darauf, dass die Stadt selbst ein greifbares Beispiel für den Geist der römischen Welt ist, der auf so nachhaltige Weise die Kultur der westlichen Welt und des östlichen Mittelmeers geprägt hat. In der Tat machte nicht Rom selbst die Größe des Imperiums aus, sondern die Tausende römischer Städte wie Pompeji, die sich vom Atlantischen Ozean bis zum Schwarzen Meer, von den kalten Heidelandschaften an der Nordsee bis hinunter zu den heißen Ufern am Roten Meer erstreckten.

Wer sich mit Pompeji beschäftigt, dem öffnet sich ein aufschlussreicher Einblick in die Antike. Wenn auch all dies in die Betrachtungen des Archäologen oder des Historikers mit einfließt, so lässt sich doch kaum bestreiten, dass selbst den unvorbereitetsten Besucher der Abenteuerdrang packt, wenn er die Mauern der Stadt überschreitet. Die gepflasterten Straßen, das monumentale Forum, die gut gegliederten Häuser, die reizvollen und einladenden Läden, die Werkstätten der Handwerker, die Gemälde mit ihren ursprünglichen Farben und anspruchsvollen Motiven, die Gebrauchsgegenstände, all dies zeigt sich dem Besucher mit unverhülltem Realismus; in der Tat meint man, hinter der nächsten Ecke das junge Mädchen stehen zu sehen, das mit der *hydria* unterwegs ist, um am nahegelegenen Brunnen Trinkwasser zu holen; den Schutzbefohlenen, der sich anschickt, an der Tür seines Patrons zu klopfen; die kleine Gruppe junger Unternehmer, die lebhaft über die anstehenden Wahlen diskutieren; den Wirt, der sich über die schlecht laufenden Geschäfte beklagt.

Warum dieses Buch?

Vor zweihundertfünfzig Jahren erweckte der erste Spatenstich eine von einer di-

cken Asche- und Lapillischicht verschüttete, schlafende Stadt wieder zum Leben, gleichzeitig begann damit aber auch ein langsamer und unaufhaltsamer Verfall. Man stimmt heute einhellig darin überein, dass die 23 Hektar große Stadtfläche, die noch verschüttet ist, unberührt bleiben soll, damit auch die nachfolgenden Generationen ihren Anteil haben können an diesem immens

6-7 Das Freskogemälde zeigt einen Phantasiegarten (paradeisos) mit zahlreichen Vögeln, die auf dem blauen Hintergrund des Himmels zwischen aufgehängten tragischen Masken umherflattern. In der Mitte steht ein muschelförmiges Becken aus Marmor, seitlich sind zwei Hermen angeordnet, über denen sich kleine Bilder mit liegenden Figuren befinden. Dieses wundervolle Fresko im Dritten Stil kommt aus dem oecus Nr. 32 des Hauses VI 17,42 in der insula occidentalis.

bedeutenden Erbe der Zivilisation und der Kultur.
Im Vordergrund steht nun die Erhaltung dieser einzigartigen Ausgrabungsstätte. Dieses Buch soll daher ein Zeugnis dessen sein, was Pompeji auf den 42 Hektar freigelegter Fläche aufzeigt, gleichzeitig möchte es die Hoffnung zum Ausdruck bringen, dass diese Kenntnisse dem modernen Menschen dazu dienen mögen, der eigenen Vergangenheit mit mehr Achtung und größerer Besonnenheit entgegenzutreten.

Geschichtlicher Überblick

Pompeji erstreckt sich auf einem Plateau vulkanischen Ursprungs, das sich durch einen Lavastrom gebildet hatte, dessen von Südosten nach Südwesten verlaufender Rand als Steilhang die südliche Grenze der alten Stadt war. Nördlich davon erhoben sich die sanften Hänge des Vesuvs, dessen fruchtbarer Boden sich hervorragend für den Weinbau eignete. Nach Süden hin lag das Plateau oberhalb des Flusses Sarno, der im Torrenone, einem der letzten Ausläufer des kampanischen Apennins etwa 20 Kilometer östlich der Stadt, entspringt. Der Fluss zog hier eine weite Schleife nach Norden und nachdem er das Plateau passiert hatte, mündete er in einem gemächlichen Lauf in den Golf von Neapel. Der für die geschichtliche und wirtschaftliche Entwicklung Pompejis bedeutsame Verlauf des Sarno durchzog ein weites und fruchtbares Tal und war vollständig schiffbar, was die Handelsbeziehungen mit den Ortschaften des kampanischen Binnenlands natürlich sehr begünstigte. Dank seiner zentralen Lage beherrschte das Plateau den Golf und ermöglichte so, den Verkehr der Schiffe, die um das Capo Campanella (Sorrent) nach Norden oder nach Süden segelten, zu kontrollieren. Die Lage war also ideal für die Entstehung einer Stadt. Die ersten Siedlungen wurden jedoch in einem etwas weiter südlich gelegenen Gebiet errichtet, dem heutigen S. Abbondio (Pompeji) am rechten Ufer des Sarno, und gehen in die mittlere Bronzezeit zurück. Im zweiten vorchristlichen Jahrtausend wurde alles Leben in jenem Ort durch einen Vulkanausbruch jäh ausgelöscht. Bis zur Katastrophe von 79 n. Chr. war dies die letzte belegte vulkanische Aktivität. Während der Eisenzeit (1000–700 v. Chr.) häuften sich in den Orten Striano, San Marzano und San Valentino Torio am mittleren Lauf des Sarno beträchtliche Siedlungen, die durch ihre Nekropolen bekannt wurden, in denen Grabbeigaben entdeckt wurden, die einen lebhaften Handel mit den damals bedeutenden Seehandelszentren bezeugen, vor allem mit der griechischen Kolonie Pithekusai (Ischia). Mit dem Niedergang dieser eher im Landesinneren gelegenen Siedlungen geht im 6. Jh. v. Chr. ein wachsendes Interesse am Plateau von Pompeji einher. Das Gebiet der Hochfläche wurde mit einer Begrenzungsmauer aus einer besonderen Tuffsorte, dem sogenannten Pappamonte-Tuff umfasst, die an mehreren Stellen der Stadt bei den Befestigungsanlagen aus jüngerer Zeit gefunden wurde. Dies zeigt, dass die hier ansiedelnden Stämme bereits ehrgeizige Pläne hatten, die die Anforderungen einer zukünftigen städtischen Siedlung berücksichtigten. Etwa zur gleichen Zeit entstanden auf zwei höher liegenden Flächen des Plateaus zwei stark ausgeprägte Tempel: Im Westen der Apollon-Tempel, im Südwesten der Dorische Tempel, der wahrscheinlich Minerva und Herkules geweiht war und oberhalb des letzten Abschnitts des Sarno stand, bevor dieser ins Meer mündet. In jüngster Zeit wurde mitten in der *regio* VI noch eine dritte Kultstätte ausgemacht, die von einem Heiligtum in einem kleinen Buchenwald gekennzeich-

8-9 Diese Lithographie von Friedrich Federer aus dem Jahr 1850 zeigt Pompeji von Südosten: Im Vordergrund ist das Theaterviertel zu erkennen, im Hintergrund sieht man den Vesuv und den Golf von Neapel.

8 links *Diese Art Öllampen aus Terrakotta (halbkreisförmiger Brenner, senkrechter Griff) war in der Hälfte des 1. Jahrhunderts v. Chr. sehr gebräuchlich und wurde auch in Töpfereien am Ort hergestellt.*

8 Mitte *Die olla perusa, ein für Pflanzen verwendeter Terrakotta-Krug, hatte drei Löcher im unteren Bereich, durch die das Wasser abfließen konnte.*

8 rechts *Diese hohe Schale ist mit geflügelten Figuren verziert, die durch Pflanzenanordnungen und Bänder getrennt sind. Die gegossene Verzierung und das glänzende Orange identifizieren die Keramik als „aretinisch“, eine Art des Tischgeschirrs, die ab dem 1. Jh. n. Chr. vor allem in Arezzo als Nachahmung von Bronzegefäßen hergestellt wurde.*

net sein soll, von dem allerdings keine baulichen Elemente gefunden wurden. Konkrete Hinweise auf eine städtische Siedlung wurden nicht gefunden und die archäologischen Forschungsarbeiten zur Überprüfung, ob dieser begrenzte Bereich, der den *insulae* rund um das Forum *(forum civile)* entsprach, mit der archaischen Siedlung übereinstimmte, brachten keine entsprechenden Antworten. Wer lebte zur damaligen Zeit in der Stadt? Lange wurde darüber diskutiert, ob es die Griechen gewesen waren, die schon seit über einem Jahrhundert die Küste und den Seehandel beherrschten, oder eher die Etrusker, die die Handelswege im Landesinneren kontrollierten. Interessanter erscheint zweifellos eine dritte, erst in jüngerer Zeit aufgestellte Hypothese, bei der den Ausonen eine Schlüsselrolle zukommt. Diese geht davon aus, dass dieses hier einheimische Volk sich sowohl durch die Kontakte zu den Griechen als auch durch die Kontakte zu den Etruskern alle notwendigen Kenntnisse zu eigen gemacht haben, um eine dauerhafte Siedlung zu errichten, mit dem Ziel, einen Marktplatz zum Warentausch zwischen dem kampanischen Binnenland und den Städten an der Mittelmeerküste aufzubauen.

Die Umfassungsmauer aus Pappamonte-Tuff kann sicherlich nicht als ernsthafte Befestigungsanlage angesehen werden, da es schon allein aufgrund des Materials selbst und der Eigenschaften der entdeckten Mauerabschnitte nicht möglich erscheint, die Mauer mehr als drei Reihen hoch zu bauen, was etwa einer Höhe von 1,20 Metern entspricht. Eine solche Mauer konnte gewiss nicht ausreichen, einem bewaffneten Angriff standzuhalten. Es ist nicht unwahrscheinlich, dass gerade die mit den Auseinandersetzungen zwischen den Griechen und den Etruskern (525-474 v. Chr.) um die Vorherrschaft in Kampanien verbundenen Ereignisse die Pompejaner dazu zwangen, die schwache Mauer aus Pappamonte-Tuff durch eine stabile Umfassungsmauer zu ersetzen. Die neue Umfassung bestand aus einem doppelten Mauerzug aus rechteckigen Sarnokalksteinblöcken, sie folgte dem gleichen Verlauf der vorhergehenden Mauer und umschloss somit das gleiche Gebiet. Durch die Verwendung eines Materials, mit dem höher gebaut werden konnte und das in der Lage war, Stöße mit Sicherheit besser abfangen zu

können, passte man sich den damals gängigen Belagerungsmethoden an. Aus vielerlei Gründen ist der Bau dieses neuen Verteidigungssystems im ersten Viertel des 5. Jh. v. Chr. einzuordnen. Der entscheidende Sieg der Griechen über die Etrusker bei der Seeschlacht von Cumae im Jahre 474 v. Chr. kennzeichnet jedoch den Beginn eines langsamen, aber unaufhaltsamen Verfalls Pompejis als Handelsimperium. Es ist mit großer Wahrscheinlichkeit anzunehmen, dass zwischen dem Ende des 5. und dem Beginn des 4. Jh. v. Chr. die samnitischen Stämme des kampanischen Apennin begannen, hinunter in die Täler zu kommen und sich sogar in den Küstenorten anzusiedeln. So auch in Pompeji, wo, wie es scheint, die vorher ansässigen Stämme durch die oskisch-samnitische Zuwanderung völlig verdrängt wurden. Aufgrund der daraufhin unvermeidlichen Auseinandersetzung zwischen Samniten und Römern um die Vorherrschaft in Kampanien errichteten die neuen Pompejaner um die Stadt eine neue Umfassungsmauer, auch diese wieder aus Sarnogestein, die aus nur einem Mauerzug bestand, innen mit *agger*, außen mit *vallum*. Die neue Umfassung folgte dem Verlauf der alten, nutzlos gewordenen Mauer, deren Steinblöcke für den Bau der neuen Siedlung wiederverwendet wurden.

Mit dem Sieg über die Samniten wurde auch Pompeji als Bundesgenosse in den Herrschaftsbereich Roms einverleibt und erlebte danach eine lange, ruhige Periode. In diesem Zeitraum erhält die Stadt ihr endgültiges Erscheinungsbild: Die Stadttore werden entsprechend dem Verlauf der wichtigsten Straßen geplant, und der eigentliche Stadtkern konzentriert sich im höher gelegenen westlichen Teil, nahe des Apollon-Tempels, um eine als Marktplatz verwendete freie Fläche herum, an der später das Forum entstehen wird. Das Gebiet im östlichen Teil wird in Ackerflächen aufgeteilt, die aber später der Erweiterung der Stadt dienen werden. Mit dem Ausbruch einer neuen militärischen Krise durch den Zweiten Punischen Krieg wird eine Verstärkung der Stadtmauern notwendig, die dieses Mal aus einem doppelten Mauerzug mit *agger* und *vallum* bestehen wird. Die von Hannibals Streifzügen verschonte Stadt sollte sich stets an ihr Bündnis mit Rom halten, und sogar zahlreiche *gentes* aus den von Hannibal zerstörten Städten wie Capua, Nocera und Preneste aufnehmen.

Wahrscheinlich wurden diesen Zuzüglern die Flächen im östlichen Stadtteil zugewiesen, die bereits in gleichmäßige *insulae* aufgeteilt waren, und es wäre nicht verwunderlich, wenn ihnen auch Ackerflächen außerhalb der Stadt zugeteilt worden wären. Man kann davon ausgehen, dass in der Mitte des 2. Jh. v. Chr. das gesamte Gebiet innerhalb der Stadtmauern von Wohnstätten überzogen war, die auf unterschiedliche, regelmäßig aufgeteilte *insulae* verteilt waren. Die fruchtbaren Landgebiete vulkanischen Ursprungs außerhalb der Mauern werden nun intensiv genutzt, und nach und nach entstehen dort nicht nur kleinere und größere Landgüter, sondern auch prächtige Villen, die sich die herrliche Panoramalage an der Küste zu Nutze machen. Die Entstehung neuer Märkte im Osten brachten auch nach Pompeji neuen Reichtum, der zu einem großen Teil in die Verschönerung der ganzen Stadt investiert wurde. Als Vorbild für die Bauformen und für die Verzierungen dienten dabei die architektonischen und künstlerischen Erfahrungen der hellenistischen Städte. Nun entstand das Forum und die wichtigsten Gebäude für das politische und religiöse Leben der Stadt wurden angelegt; das gesamte Gebiet um den Dorischen Tempel herum wurde neu gestaltet durch den Bau des Foro Triangolare, des Großen Theaters, des Quadriportikus ...

Die zu den bedeutendsten Orten der Stadt führenden Straßen wurden mit wundervollen, palastartigen Fassaden aus grauem Tuff verziert. Die Wanddekorationen der Häuser erfolgten mit Elementen des sogenannten Ersten Stils, der gekennzeichnet war durch die Imitation der Marmorverkleidung. Diese lang andauernde Blütezeit wurde abrupt unterbrochen, als die italischen Bundes-

10-11 Das Bild, ein schönes Beispiel für die sogenannte „Volksmalerei“ ist ein Zeugnis des heftigen Kampfes, der im Jahr 59 n. Chr. zwischen den Bürgern Pompejis und denen aus Nocera im Amphitheater von Pompeji entbrannte, und über den auch Tacitus (Annalen, XIV,17) berichtet. Dieses Fresko ist auch deshalb besonders wichtig, weil es die Palästra, rechts im Bild, und das Amphitheater mit dem Sonnensegel zeigt.

genossen, darunter auch Pompeji, für die Erlangung des „römischen Bürgerrechts“ gegen Rom in den Kampf zogen (89-80 v.Chr.). Die Stadt bereitete sich mit einer Verstärkung der Verteidigungsanlagen auf den sich als langwierig und hart abzeichnenden Krieg vor, indem zusätzlich zur Mauer 13 mächtige Wachttürme errichtet wurden. Dem Diktator Lucius Cornelius Sulla gelang es, dem Krieg ein Ende zu setzen, indem er mehrfach die Aufständischen unter der Führung von Lucius Cluentius besiegte und einige der Städte – darunter Stabiae –, die ihm den größten Widerstand geleistet hatten, zerstörte und plünderte.

In Pompeji begründete Sulla mit etwa 2000 Veteranen eine Kolonie mit dem Namen Colonia Cornelia Veneria Pompeiana, die in der Stadt schon bald das Ruder in die Hand nahm, trotzdem wurden die begonnenen hellenistischen Bauvorhaben weitergeführt. So entstand der Tempel der Venus, das Odeion (Kleines Theater), die Forums-Thermen, das Amphitheater usw. Erst in der zweiten Hälfte des 1. Jh. v. Chr. findet man unter den Magistraten Vertreter der alten und adligen samnitischen Familien. Von den heftigen Auseinandersetzungen, die der Herrschaft Augustus vorausgehen, scheint die Stadt nur am Rande berührt zu werden; es sollten Jahre des Wohlstandes und des Aufschwungs werden. Im Jahr 62 n. Chr. wurde Pompeji neben anderen Städten rund um den Vesuv von einem starken Erdbeben erschüttert, das einen großen Teil sowohl der öffentlichen Gebäude als auch der Privathäuser zerstörte. Unverzüglich wurde mit den Restaurierungsmaßnahmen begonnen, aber eine Reihe weiterer Erdbeben (Schwarmbeben) etwa um das Jahr 70 n. Chr. zwang die Stadt in die Knie: Wer konnte, verließ die Stadt und zog in sicherere Gebiete; viele verkauften ihre Besitzungen für wenig Geld, und wer den nötigen Mut und das Geld hatte, der erwarb in kürzester Zeit umfangreiche Besitzungen. Es war eine Periode heftiger sozialer Unruhen, in manchen Jahren war es nicht einmal möglich, die jährlichen Magistrate zu wählen. Nachdem diese Notstandssituation beendet war und Pompeji sich langsam wieder zu erholen schien, entsandte Kaiser Vespasian einen seiner Magistrate, Suedius Clemens, um wieder Ordnung in das Kataster der Stadt zu bringen und diejenigen zu bestrafen, die unrechtmäßig öffentlichen Boden besetzt hatten. Pompeji wurde eine riesige Baustelle, Handwerker, Maurer, Maler und Techniker arbeiteten ohne Unterlass, um die wichtigsten öffentlichen Gebäude wieder aufzubauen. Die Pompejaner scheinen von einem neuen Tatendrang ergriffen zu sein, der jedoch unwiderruflich zunichte gemacht wird, als am 24. August des Jahres 79 n. Chr. der Vesuv ausbricht und die Stadt unter einer mehr als sechs Meter dicken Schicht vulkanischer Auswurfsmassen begräbt.

11 oben Dieses kleine Bild zeigt ein Heiligtum am Meer mit einem kleinen viersäuligen Tempel zu seiner linken und eine weite unbedeckte Fläche mit einem Portikus im Hintergrund. Im Vordergrund sieht man einen Fischer mit Angelrute und Schnur. Diese Art der Darstellung war besonders in augusteischer Zeit sehr beliebt.

11 unten Ein Anlegeplatz am Meer mit einem T-förmigen, doppelten Portikus, rechts an der Seite befindet sich ein runder Turm als Abschluss, links ein quadratischer, dahinter sind ein Wald und weitere Gebäude zu erkennen. An den Rändern sitzen einige Fischer mit Angelrute und Schnur und im Vordergrund fährt ein Ruderboot vorüber.

Das Erdbeben von 62 n. Chr.

Am 5. Februar des Jahres 62 n. Chr. wurde Pompeji und das gesamte Gebiet um den Vesuv von einem gewaltigen Erdbeben heimgesucht. Auf der Grundlage jüngerer Forschungen nehmen Seismologen an, dass dieses Erdbeben auf der Mercalli-Skala die Stärke 8 gehabt haben muss.
Seneca beschrieb in seiner Abhandlung *Naturales Questiones* die Auswirkungen des Erdstoßes genau, wobei er auch die Häufigkeit von Erdstößen in Kampanien unterstreicht. In Bezug auf Pompeji gibt es ein außergewöhnliches Bilddokument des Erdbebens von 62 n. Chr.: Die Reliefs vom Lararium im Haus des Lucius Caecilius Iucundus, auf denen einige der vom Erdbeben zerstörten Bauwerke der Stadt abgebildet sind. Jüngere Studien haben gezeigt, dass noch weitere Erdbeben stattgefunden haben müssen, die als ein Schwarmbeben identifiziert wurden, wodurch Pompeji und die ganze Umgebung des Vesuvs in den Jahren zwischen 62 und 79 n. Chr. mehrmals getroffen wurde. Schon mehrfach wurde behauptet, dass die Häufung von Erdstößen in den Jahren vor dem Vulkanausbruch 79 n. Chr. mit dem Szenario von Naturereignissen übereinstimmt, die die Wiederaufnahme vulkanischer Aktivität eines seit langer Zeit untätigen Vulkans kennzeichnen.

12-13 *Die Tragik des Vesuvausbruchs von 79 n. Chr. bewegte viele Künstler, die im 19. Jh. Pompeji besuchten. Diese Abbildung zeigt ein Ölgemälde auf Leinwand von K. Brullow (1799-1852).*

12 unten *Die Reliefplatte vom Lararium aus dem Haus des Caecilius Iucundus (V 1,26) zeigt die durch das Erdbeben erschütterten Gebäude auf der Nordseite des Forums; in der Mitte erkennt man den einstürzenden Jupiter-Tempel, rechts eine Opferszene, als solle damit eine Wiederholung des Ereignisses abgewendet werden.*

Der Vesuv

Ursprünglich hatte der Vesuv die klassische Form eines Kegels, aber durch eine Reihe von Eruptionen in prähistorischer Zeit, vor allem im Zeitraum von vor 15 000 bis vor 3800 Jahren, wurde seine Gestalt deutlich verändert, da die heftigen Vulkanausbrüche zum Einsturz des Berggipfels führten. Bei den Ausbrüchen von etwa 1800 und 1000 v. Chr. formte sich dann im Gipfelbereich innerhalb einer größeren Caldera ein neuer Vulkankegel. Der äußere Rand, der diesen Kegel im Halbkreis umschließt, ist der Monte Somma, der Überrest des weit älteren Vulkans. Strabon (64 v. Chr. - 24 n. Chr.) hinterließ uns ein hervorragendes Zeitzeugnis darüber, wie der Vesuv vor dem Ausbruch aussah. In seiner „Geographika" beschreibt er den Vulkan folgendermaßen: „Oberhalb dieser Orte erhebt sich der Vesuv, der rundherum, mit Ausnahme des Gipfels, vollständig von herrlichen Feldern bedeckt ist; der aschgraue Gipfel selbst ist zu einem großen Teil flach, aber vollkommen unfruchtbar, hier sieht man Vertiefungen mit Spalten, die sich über rußigem Gestein öffnen, das aussieht, als wäre es vom Feuer verschlungen worden. Daher besteht Anlass zu der Vermutung, dass dieser Ort früher einmal

brannte und Feuerkrater hatte, die verloschen, als kein brennbares Material mehr vorhanden war. Vielleicht ist dies auch der Grund für die Fruchtbarkeit des Bodens auf den Hängen des Vulkans, so wie auch in Catania, wo man sagt, dass die Erde mit der durch das Feuer des Ätna herabgeschleuderten Asche besonders fruchtbar für den Weinanbau wurde" (V 4,8). Ein Dokument anderer Art zeigt uns hingegen, wie die Pompejaner selbst den Vesuv sahen: In der Casa del Centenario fand man ein Gemälde im Lararium, das im Vordergrund den mit Wein bekränzten Bacchus mit Thyrsusstab und Panther zeigt, hinter ihm sieht man einen Berg (den Vesuv?), der über und über mit Weinbergen bedeckt ist. Der Berg steht hier für das Haus der Gottheit des Weins und der Fruchtbarkeit schlechthin, eine Gefahr sahen die Pompejer in der Tat nicht in ihm.

Der Ausbruch

Am 24. August des Jahres 79 n. Chr., etwa um 10 Uhr morgens, erwachte der Vesuv nach mehr als 1000 Jahren Untätigkeit und explodierte in einer gewaltigen Eruption, die alle Ortschaften auf einem weiten Gebiet, insbesondere aber Pompeji und Herculaneum, zerstörte und auslöschte. Zu Beginn der Eruption kam es zu einer gewaltigen Explosion, der Vulkan schleuderte eine mehr als 20 Kilometer hohe Säule aus Lava, Asche, Gas und Bimsstein in den Himmel, die dann die typische schirmförmige Kontur annahm; durch einen starken Wind in großer Höhe, der in südwestlicher Richtung wehte, wurde der Gesteinshagel in die Tiefe gedrückt. Pompeji war also unmittelbar einem dichten Regen aus Lapilli und Schlacke ausgesetzt, der beinahe unaufhörlich bis zum darauf folgenden Morgen andauerte. Schon am selben Nachmittag kam es durch die Massen von Bimsstein zum Einsturz der ersten Dächer und somit auch zu den ersten Opfern. Da aufgrund der Aschenwolke in der Atmosphäre die Sonnenstrahlen nicht mehr bis auf den Boden durchdringen konnten, legte sich eine gespenstische Dunkelheit über die Stadt, die dann durch die ersten Feuer aufgrund herabgestürzter Öllampen durchbrochen wurde. Etwa um 7 Uhr 30 am Morgen des 25. Augusts erreichte eine Glutwolke die Stadt, ein wolkenartiges Gemenge aus heißen Gasen und Asche, deren Auswirkungen verheerend waren: Circa 2000 Menschen, also 15 % der Bevölkerung, erstickten oder verbrannten. Viele irrten noch über einer mittlerweile mehr als zwei Meter dicken Bimssteinschicht durch die Stadt. Oft starben sie in Gruppen, mal völlig überrascht, mal bei dem verzweifelten Versuch zu fliehen; dicht aneinandergedrängt, Eltern mit ihren Kindern im Arm, eng umschlungene Geschwister. Es folgte ein weiterer Ausbruch, und dann, kurz darauf, noch einer. Dieser besiegelte das Schicksal Pompejis; ein dichter Strom aus vulkanischen Massen ergoss sich über die Stadt und begrub die Opfer der vorangegangenen zwei Glutwolken zusammen mit den höheren Bauteilen der Gebäude vollständig unter sich. Ein berühmtes Opfer dieses letzten Schlags gegen Pompeji wurde offensichtlich Plinius der Ältere, der große Naturwissenschaftler und Kommandant der römischen Flotte, der auf einem Strand im nahegelegenen Stabiae an den giftigen Gasen erstickt war. Wenige Tage nach der Eruption zeigt sich das Gebiet um Pompeji und das ganze Sarnotal in einem völlig veränderten Erscheinungsbild, alles ist von einer dicken weißen Schicht wie von einem Leichentuch bedeckt. Der Sarno muss sich einen neuen Weg zum Meer bahnen. Selbst das Meer scheint sich zurückgezogen zu haben, da sich die Küste weiter nach vorne verlagert hat. Die Stadt ist sechs Meter hoch verschüttet, trotzdem ragen die stabilsten und höchsten Gebäuden aus der vulkanischen Schicht heraus. Obwohl der Zugang zum Gebiet der Stadt untersagt war, wurde Pompeji doch Opfer von illegalen Ausgräbern, die die Stadt im Laufe der Jahre plünderten. Mit der Zeit wich die weiße Decke einem dichten Pinienwald.

Die Briefe Plinius' des Jüngeren

Auf die Bitte von Tacitus, dem großen Historiker, hin schrieb Plinius der Jüngere zwei Briefe, in denen er über den Tod des Onkels, Plinius' des Älteren, berichtet. Der großartige Naturforscher und aufmerksame Beobachter war per Schiff nach Pompeji gekommen, sowohl um sich die grauenvolle Explosion des Vulkans und deren Folgen aus der Nähe anzusehen, als auch um den Fliehenden Hilfe anzubieten. Obwohl sich diese Erzählung der unfassbaren Tragödie nur an das anlehnt, was die wenigen Menschen berichteten, die der Gefahr entrinnen konnten so stellt sie doch ein präzises Zeugnis dar, das von großem wissenschaftlichen und dokumentarischem Wert ist. Hier also der erste Brief Plinius' des Jüngeren, in dem er über seinen Onkel berichtet (VI-16):
C. Plinius grüßt seinen Tacitus. Du bittest mich, das Ende meines Onkels zu schildern, damit du, o Tacitus, der Nachwelt seinen Tod wahrheitsgetreu überliefen kannst. Ich danke dir dafür, denn ich sehe, dass seinem Tod, wenn er von dir dargestellt wird, unvergänglicher Ruhm zuteil wird. […]
Glücklich müssen diejenigen sein, denen die Götter die Fähigkeit verliehen haben, darstellungswürdige Taten zu leisten oder lesenswerte Dinge darzustellen, besonders glücklich aber die, denen beides gegeben ist. Zu ihnen wird mein Onkel durch seine eigenen und durch deine Schriften gehören. Gerne nehme ich daher deinen Auftrag an, ja ich bestehe geradezu darauf ihn zu erhalten. Er war in Misenum und befehligte persönlich die Flotte. Am 24. August etwa um die siebente Stunde (13 Uhr) zeigte meine Mutter ihm eine Wolke am Himmel von ungewöhnlicher Größe und Gestalt. Er ließ sich seine Sandalen bringen und begab sich auf eine Anhöhe, von der aus man das Ereignis besonders gut beobachten konnte. Eine Wolke erhob sich, als Beobachter aus der Ferne war nicht auszumachen von welchem Berg; erst später erfuhr man, dass es der Vesuvius war. Ihre Form glich am ehesten einer Pinie, wie ein riesiger Stamm stieg die Wolke in den Himmel empor und verzweigte sich dort in eine Reihe von Ästen. Vermutlich war sie durch einen starken Luftzug intakt emporgewirbelt worden, und dann, als dessen Kraft nachließ, verlor sie den Auftrieb und verflüchtigte sich, auch durch das eigene Gewicht, wie ein riesiger Schirm in die Breite, manchmal weiß, manchmal schmutzig und fleckig, je nachdem ob sie mehr Erde oder mehr Asche mit hochgerissen hatte.
Als Mann mit großem wissenschaftlichen Interesse erschien es ihm wichtig, diese Erscheinung aus der Nähe zu betrachten. So ließ er ein Boot bereitmachen. […]
Beim Verlassen des Hauses erreichte ihn eine Nachricht von Rectina, der Frau des Cascus, die sich wegen der drohenden Gefahr ängstigte – in der Tat lag ihre Villa am Fuße des Berges und nur zu Schiff war eine Flucht möglich –, und sie bat ihn, er möge sie aus dieser bedenklichen Lage befreien. Daraufhin änderte er sein Vorhaben: Was er aus Wissensdurst begonnen hatte, ging er nun als Held an. Er ließ die Boote zu Wasser bringen und ging an Bord. Nicht nur Rectina wollte er zu Hilfe kommen, sondern auch vielen anderen, denn dieser schöne Küstenabschnitt war dicht bevölkert. Er eilte genau dorthin, von wo andere flohen, und hielt ohne Umwege genau auf die Gefahr zu; so furchtlos zeigte er sich, dass er alle Phasen und Veränderungen des Unheils diktierte oder niederschrieb. Schon bald fiel Asche auf das Schiff, immer heißer und dichter, je mehr sie sich der Küste näherten; dann auch Bimssteine und schwarze, halb verkohlte und geborstene Steine; schon befanden sie sich in einer Untiefe und wegen des zerberstenden Berges konnten sie nicht ans Ufer. Einen Moment lang zögerte er, ob er nicht doch umkehren sollte, wozu der Steuermann ihm riet, aber daraufhin sagte er sofort: „Das Glück ist mit den Mutigen. Halt auf Pomponianus zu!" Die Villa des Pomponianus befand sich in Stabia, am anderen Ende des Golfs. Der Küstenstreifen macht hier einen sanften Bogen, an dem die Wellen sich brachen und ins Land drängten. Noch war die Gefahr nicht in unmittelbarer Nähe, aber es war deutlich abzusehen, dass sie in unmittelbare Nähe kam, sollte sie zunehmen. Dort hatte Pomponianus schon sein Gepäck auf die Schiffe laden lassen und er war entschlossen zu fliehen,

14-15 *Dieses eindrucksvolle Ölgemälde von Pierre-Henri De Valenciennes aus dem Jahr 1813 erinnert an die letzten tragischen Momente im Leben von Plinius dem Älteren.*

14 unten *Plinius der Ältere, hier auf einem Porträt von Bollinger, starb während des Ausbruchs des Vesuvs auf einem Strand zwischen Stabiae und Pompeji bei dem verzweifelten Versuch, den Einwohnern von Pompeji zu Hilfe zu kommen.*

wenn der Gegenwind sich gelegt hätte. Für meinen Onkel hingegen war der Wind sehr günstig und er konnte dort anlegen und den verängstigten Freund in die Arme schließen, ihn trösten und ihm Mut machen. Und um dessen Angst zu beschwichtigen, ließ er sich ins Bad tragen. Nach dem Bad begab er sich zum Abendessen, dabei ist er in heiterer, oder

scheinbar heiterer Stimmung – was nicht weniger bewundernswert ist. Indessen loderten über dem Vesuvius an mehreren Punkten gewaltige Flammenherde und hohe Feuersäulen auf, deren Leuchten in der dunklen Nacht noch mehr hervorstach. Um das Grauen der anderen zu beruhigen, erklärte er immer wieder, es seien Bauernhöfe, die in der Aufregung zurückgelassen worden wären, und die nun in Feuer stünden, weil die Herdfeuer unbeaufsichtigt geblieben wären. Dann begab er sich zur Ruhe und fiel tatsächlich in einen tiefen Schlaf; [...]. Aber der Boden des Hofes, von dem aus man in seine Räume gelangte, war bereits so hoch von einem Gemisch aus Asche und Lapilli bedeckt, dass man nicht mehr aus dem Raum hätte herauskommen können, hätte man noch länger darin verweilt. Daher weckte man ihn auf. Er kam heraus und gesellte sich wieder zu Pomponianus und den anderen, die in dieser Nacht schlaflos geblieben waren. Gemeinsam berieten sie, ob es ratsamer wäre im Haus zu bleiben oder sich ins Freie zu begeben, denn die Gebäude wankten aufgrund häufiger und heftiger Erdstöße und schienen hin- und herzuschwanken, so als seien sie nicht mehr in ihren Fundamenten verankert, um dann wieder in Ruhe zu verharren. Andererseits bestand unter freiem Himmel die Gefahr, von herabfallenden Bimssteinstückchen getroffen zu werden, auch wenn diese leicht und bereits ausgeglüht waren. Nach Abwägung der Risiken entschied man sich jedoch für das Letztere. [...] Sie stülpten sich Kissen über den Kopf und schnürten sie mit Tüchern fest, um sich gegen den Steinschlag zu schützen.

Anderswo war bereits der Tag angebrochen, dort aber war es Nacht, schwärzer und undurchdringlicher als jede andere Nacht zuvor, doch wurde sie durch Fackeln und verschiedene Lichter aufgehellt. Sie beschlossen an den Strand zu gehen um aus der Nähe zu beurteilen, ob inzwischen eine Flucht über das Meer möglich wäre. Aber es blieb rauh und feindlich. Dort legte sich mein Onkel auf ein ausgebreitetes Tuch nieder; hin und wieder bat er um kaltes Wasser, von dem er nur einen Schluck zu sich nahm. Dann schreckten ihn Flammen und als ihr Vorbote der Geruch von Schwefel auf, der die anderen veranlasste, die Flucht zu ergreifen. Von zwei Sklaven gestützt erhob er sich und brach gleich darauf tot zusammen. Soweit ich vermuten kann, nahm ihm der immer dichter werdende Qualm den Atem und verschloss ihm den von Natur aus schwachen, engen und häufig entzündeten Schlund. Als es endlich wieder hell wurde, dies geschah am dritten Tag nach seinem Tod, fand man seinen Leichnam unberührt und unverletzt, bedeckt noch mit der Tunika, die er zuletzt getragen hatte: Er ähnelte eher einem Schlafenden als einem Toten.

Derweil waren meine Mutter und ich in Misenum – aber unsere Geschichte gehört nicht hierher, und du hast ja auch nur erfahren wollen, wie mein Onkel den Tod fand. Daher schließe ich hier. Nur eines möchte ich noch hinzufügen: Mein ganzer Bericht stützt sich auf das, was ich selbst erlebt habe und auf das, was ich unmittelbar nach der Katastrophe gehört hatte, denn dann kommt die Erinnerung der Wahrheit noch am nächsten. Du wirst eine Auswahl der wichtigsten Teile treffen, denn es ist ein Unterschied, ob man einen Brief oder ob man Geschichte schreibt, so wie es nicht dasselbe ist, an einen Freund zu schreiben oder für die Allgemeinheit. Lebe wohl.

Die Geschichte der Ausgrabungen
Im Jahr 1748, also zehn Jahre nach Beginn der Ausgrabungen in Herculaneum, wird in Pompeji mit den Forschungsarbeiten begonnen. Anfangs bleiben die Arbeiten mehr dem Zufall überlassen, so werden an der Kreuzung zwischen der Via di Stabia und der Via di Nola, im bereits erkennbaren Amphitheater und in der Villa des Cicero außerhalb der Porta Ercolano Ausgrabungen durchgeführt. Die ersten Ergebnisse scheinen so wenig

ermutigend zu sein, dass die Forscher sich lieber auf die Gebiete von Gragnano (Castellamare di Stabia) und Herculaneum konzentrierten, die viel versprechender zu sein schienen. Nach Pompeji kehrte man dann im Jahr 1755 wieder zurück. Leiter der Ausgrabungen war der Ingenieur J. Alcubierre unter Mitwirkung von zwei weiteren Ingenieuren: K. Weber und später F. LaVega, die die Katalogisierung durchführten, indem sie Zeichnungen der Gebäude anfertigten und Tagebuch über die Ausgrabungen führten. In dieser ersten Phase waren die Ausgrabungsarbeiten vor allem darauf ausgerichtet, „Kunstobjekte" wie Gemälde mit Abbildungen, Statuen und Fundstücke mit bestimmten Eigenschaften sicherzustellen. Nachdem die Räume einmal freigelegt waren, war es Aufgabe von C. Paderni, Direktor des Museums von Portici, die Fundstücke auszuwählen, die der Privatsammlung des Königs würdig waren, und die übrigen zu vernichten, damit nicht andere sie in Besitz nehmen konnten. Die ausgewählten Gemälde wurden von dem Bildhauer Canart mit einem besonderen Verfahren von den Wänden gelöst, um dann fortgebracht und nach Art einer modernen Galerie eingerahmt und aufgehängt zu werden. Die Art, in der diese Ausgrabungen durchgeführt wurden, erregte vor allem dank der heftigen Proteste von Seiten des Archäologen J. Winckelmann großes Aufsehen; durch die von zahlreichen Wissenschaftlern erhobenen Proteste sah sich König Karl III. am Ende gezwungen, diese zerstörerische Praxis aufzugeben. Im Jahr 1765 wurde F. La Vega die Leitung der Arbeiten in Pompeji übertragen, dessen Ziel es war, die ausgegrabenen Bauwerke nicht wieder zuzuschütten, vor allem, nachdem die herrliche Villa des Diomedes und die Gräberstraße entdeckt worden waren. La Vega war außerdem darum bemüht, die abgetragene Erde vom Ausgrabungsgebiet zu entfernen, so dass die Fortführung anderer Ausgrabungen nicht behindert würde. Die Forschungen konzentrierten sich hauptsächlich auf zwei Bereiche, im Süden das Theaterviertel und im Norden die Gräberstraße. Mit der Besetzung Neapels durch die Franzosen (1799-1815) wurde die Vorgehensweise bei den Arbeiten grundlegend verändert: Vor allem dank des leidenschaftlichen Einsatzes von Caroline Bonaparte, der Gattin von Joachim Murat, König von Neapel, wurde ein Plan aufgestellt, nach dem zuerst alle Gebiete, die zur antiken Stadt gehörten, enteignet wurden, woraufhin dann die bereits ausgegrabenen Bezirke so verbunden werden sollten, dass ein zusammenhängender Rundgang möglich wurde. Weiterhin stand noch die Freilegung der gesamten Umfassungsmauer auf dem Programm, wobei die Stadttore und

16 unten *Dieser Plan der Ausgrabungen in Pompeji stammt aus der ersten Hälfte des 19. Jh. Die Zeichnung unten in der Mitte stellt den südlichen Eingang des Amphitheaters dar.*

17 oben *Das Aquarell von L. Capaldo ist eine nicht ganz der Realität entsprechende Darstellung der Ausgrabung eines Peristyls in einem pompejischen Haus in der zweiten Hälfte des 19. Jh.: Unter den aufmerksamen Blicken von hochrangigen Besuchern tauchen aus der vulkanischen Erde Säulen, Wandmalereien, Kerzenleuchter und Bronzegeschirr auf.*

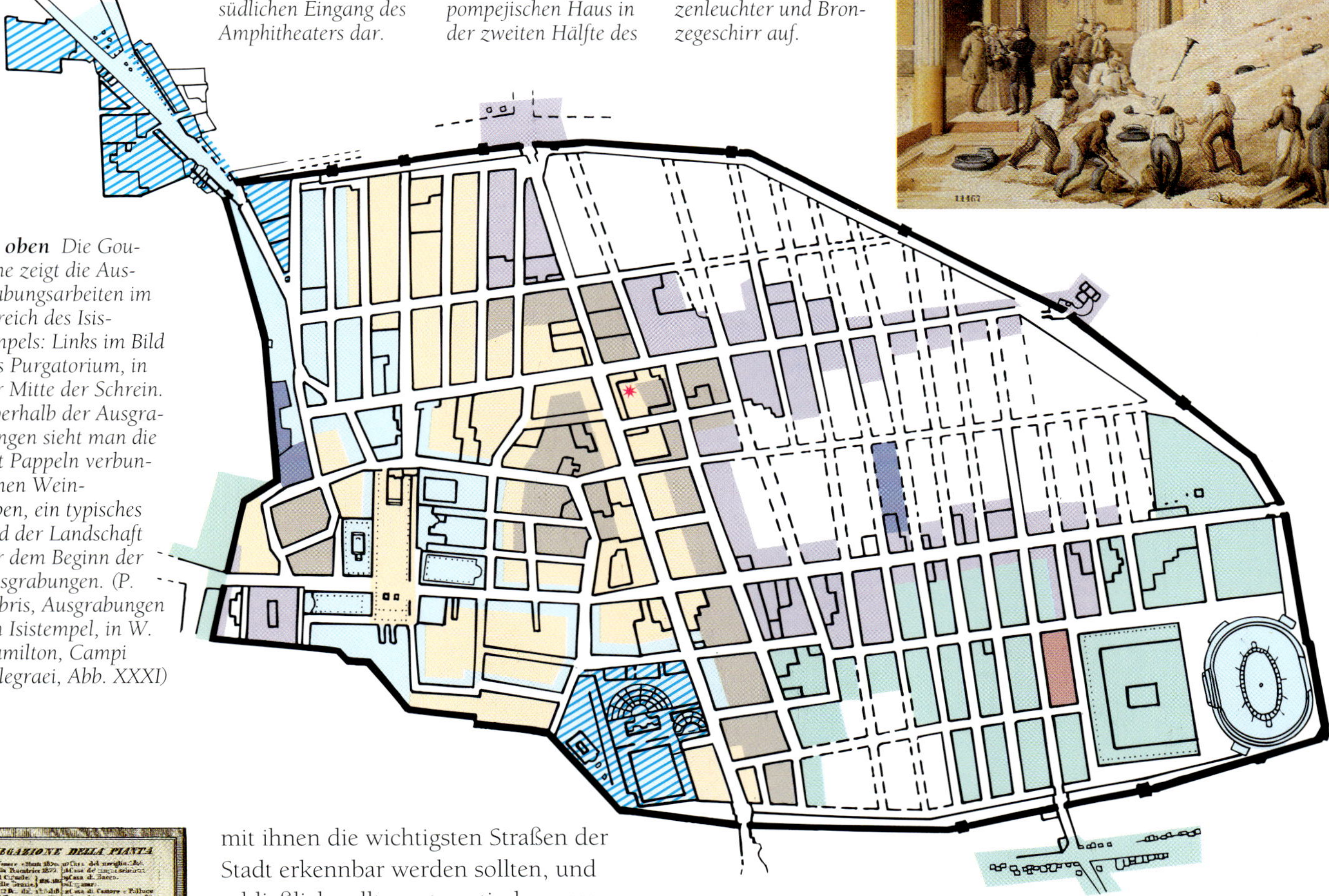

16 oben *Die Gouache zeigt die Ausgrabungsarbeiten im Bereich des Isistempels: Links im Bild das Purgatorium, in der Mitte der Schrein. Oberhalb der Ausgrabungen sieht man die mit Pappeln verbundenen Weinreben, ein typisches Bild der Landschaft vor dem Beginn der Ausgrabungen. (P. Fabris, Ausgrabungen am Isistempel, in W. Hamilton, Campi Phlegraei, Abb. XXXI)*

mit ihnen die wichtigsten Straßen der Stadt erkennbar werden sollten, und schließlich sollte systematisch, ausgehend von Westen nach Osten, jeder Stadtteil vom vulkanischen Schutt befreit werden. Das Programm erwies sich letzten Endes aber doch als extrem ehrgeizig, so dass im Jahr 1815, bei der Rückkehr der Bourbonen, nur ein Teil davon verwirklicht worden war, nämlich die Enteignung der Grundstücke und die Verbindung zwischen dem Theaterviertel mit dem nördlichen Gebiet entlang der Via Consolare und der Gräberstraße. Während der von 1815 bis 1863 andauernden Bourbonenzeit findet im Vergleich zur französischen Periode ein deutlicher Wandel statt: Die Ausgrabungen gehen weit langsamer vonstatten, bedingt vor allem durch fehlende Gelder und ungeeignete Arbeitsmittel, auch wenn die wenigen Arbeitskräfte unter der Leitung von tüchtigen Direktoren wie M. Arditi (1807-1838), F.M. Avellino (1839-1850) und S. Spinelli (1850-1836) standen. Die Arbeiten wurden im Wesentlichen dem französischen Programm folgend durchgeführt, aber 1863 war der Bereich westlich der Via di Stabia noch nicht vollständig freigelegt worden. Völlig ans Tageslicht gebracht wurden aber in diesen Jahren die Gebäude des Forums, die Forumsthermen, die Via di Nola bis zum gleichnamigen Stadttor, außerdem die folgenden Wohnhäuser: Haus des tragischen Dichters, Casa del Naviglio ??, Haus der Dioskuren, die Häuser mit den Mosaikbrunnen und das Haus des Meleagros, um nur die wichtigsten zu nennen. Eine ganz wesentliche Persönlichkeit in der Geschichte Pompejis war Giuseppe Fiorelli, der von 1863 bis 1875 die Ausgrabungen leitete, er führte eine neue Vorgehensweise ein: Anstatt zuerst die Straßen auszugraben und sich dann von unten her in die Häuser durchzuarbeiten, setzte er durch, dass die Häuser von oben ausgehend freigelegt wurden, womit das Einsturzrisiko gemindert und alle Bauteile eines Hauses geborgen werden konnten. Weiterhin systematisierte der Wissenschaftler die Topographie der

Erster Spatenstich
1748-1798
1806-1815
1815-1860
1860-1878
1879-1923
1924-1961
1961-1983
1983 bis heute
Umfassungsmauer

Leiter der Ausgrabungen:
1748-1780 R.J. Alcubierre
1764-1804 F. La Vega
1804-1806 P. La Vega
1807-1838 M. Arditi
1839-1850 F.M. Avellino
1850-1863 S. Spinelli
1863-1875 G. Fiorelli
1875-1893 M. Ruggero
1893-1900 G. De Petra
1901-1904 E. Pais
1905-1910 A. Sogliano
1911-1923 V. Spinazzola
1924-1961 A. Maiuri
1961-1976 A. Da Franciscis
1976-1977 L. D'Amore
1977-1982 F. Zevi
1982-1984 G. Cerulli Irelli
1984-1994 B. Conticello
1994 bis heute P.G. Guzzo

ans Tageslicht geförderten Stadtviertel, indem er die Stadt aufteilte in Bezirke *(regiones), insulae* und Häuser. Ihm ist außerdem die Erfindung des Verfahrens der Gipsausgüsse zu verdanken, die nicht nur die Gestalt der Opfer des Ausbruchs wiedergeben, sondern auch die von Wurzeln und allen anderen organischen Substanzen, die nach ihrem Zerfall einen Hohlraum in der vulkanischen Asche hinterlassen hatten. Seine Nachfolger M. Ruggero (1875-1893), G. De Petra (1893-1900), E. Pais (1901-1904) und A. Sogliano (1905-1910) arbeiteten auf dem eingeschlagenen Weg weiter. Während der letzten zwanzig Jahre des Jahrhunderts wurden sogar die nach Fiorellis Methode ausgegrabenen Häuser wie das Haus des Lucretius Fronto, das Haus der Vettier und das Haus der vergoldeten Amoretten, nicht mehr einfach nur mit irgendwelchen Bauteilen bedeckt, sondern wissenschaftlich genau mit den gleichen Merkmalen und denselben antiken Bauelementen. Außerdem war es endlich durchgesetzt worden, sowohl die Gemälde als auch die Mosaiken an ihrem angestammten Platz zu belassen. Im Jahr 1910 war der westlich der Via Stabia gelegene Teil und ein großer Teil der Häuser, die direkt an der östlichen Seite der Straße liegen, vollständig ausgegraben. Der Name Vittorio Spinazzola (1910-1923) ist mit der Ausgrabung der Via dell'Abbondanza verbunden; bis zu ihrer östlichen Begrenzung, der Porta di Sarno, versuchte er mit sorgfältigen Restaurierungen die Fassaden der Häuser einer vielfältigen Straße mit Balkonen, Vordächern und oberen Stockwerken wiederherzustellen. Unter seiner Leitung wurden außerdem das Haus des Loreius Tiburtinus, das Haus des Epheben und das Haus des Trebius Valens ausgegraben. Auf Spinazzola folgt eine lange Zeit mit einem der dynamischsten, aber auch umstrittensten Archäologen der ganzen Ausgrabungsgeschichte als Direktor: Amedeo Maiuri (1924-1961). Dieser große Archäologe legte mit seinem unglaublichen Tatendrang die Umfassungsmauer der Stadt vollständig frei, wobei er an deren Südseite die größte heute bekannte Nekropole Pompejis entdeckte. Nachdem die Via di Nocera vom Lapilli befreit war, konnten auch die Bezirke I und II erforscht werden. Allerdings war die Ausgrabung zu oberflächlich, mit unangemessenen Mitteln und viel zu wenig Geld durchgeführt worden, so dass ein großer Teil der ausgegrabenen Bereiche mehr schlecht als recht restauriert und dann praktisch sich selbst überlassen worden waren. So sind ausgerechnet die Bereiche, die zuletzt ans Tageslicht gebracht wurden, im schlechtesten Zustand. Dennoch ist Maiuri, abgesehen von der hervorragenden Ausgrabung der Mysterienvilla und des Hauses des Menander, der Beginn von stratigraphischen Forschungen unterhalb der Ebenen von 79 n. Chr. zu verdanken, die zu Erkenntnissen über die ältere Geschichte Pompejis führen sollten. Auf Maiuri folgte A. De Francis (1961-1976) der sich vor allem mit Restaurationsarbeiten beschäftigte, die einzige Ausgrabung in Pompeji war die der herrlichen Casa di Polibio. F. Zevi (1977-1982) und G. Ce-

18 oben *Das Foto zeigt die Ausgrabung eines Thermopoliums an der Via dell'Abbondanza (II 2,1). Die Ausgrabungen dieser wichtigen Verkehrsader fand unter der Leitung von Spinazzola (1911-1923) statt, der als Erster versuchte, auch die oberen Stockwerke und die Häuserfassaden mit den Balkonen und Vordächern zu bergen.*

18 Mitte *Der Fund von Bronzegegenständen und -statuen gehört zu den spannendsten Augenblicken. Hier wurde die Ausgrabung eines bronzenen Epheben in der Via dell'Abbondanza festgehalten.*

18 unten *Die erstmals von G. Fiorelli im Jahr 1870 erstelltten Gipsausgüsse zeugen von der Dramatik des Todes der Pompejer. Dieses Opfer des Ausbruchs wurde an der kleinen Straße entdeckt, die die insulae 20 und 21 der regio I voneinander trennt; aufbewahrt wird der Gipsausguss heute im sogenannten Garten der Flüchtlinge (I 21,1).*

rulli Irelli (1982-1984) widmeten sich vor allem der Lösung der Probleme im Zusammenhang mit den schweren Schäden, die das Erdbeben von 1980 der Stadt zugefügt hat. B. Conticello, der von 1984 bis 1994 die Leitung in Pompeji innehatte, veranlasste, dank beträchtlicher Geldmittel, die systematische, philologische Restaurierung aller bis dahin erfolgten Ausgrabungen, ausgehend von den *insulae* I und II, wo auch die von Maiuri nicht mehr zu Ende geführte Ausgrabung abgeschlossen wurde. Schließlich wurde die Ausgrabung des Complesso dei Casti Amanti neu in Angriff genommen. Der Rest ist aktuellste Geschichte, der derzeitige Leiter P.G. Guzzo (1994) hat vor allem die Lösung von verwaltungs- und finanztechnischen Problemen in Gang gebracht, ohne die es unmöglich wäre, die vollständige Restauration Pompejis und die Fortführung der Ausgrabungen zu planen. Bis heute sind in der Tat von der 66 Hektar umfassenden Stadtfläche lediglich 44 Hektar von der vulkanischen Masse befreit, allerdings besteht Einigkeit darüber, dass all jenes, was noch unter der Schicht aus Vulkangestein verborgen ist, den Nachkommen hinterlassen werden sollte.

19 oben *Die Ausgrabungen am Ende des 19. Jh. folgten sorgfältige Restaurierungsarbeiten, bei denen die Mauern verstärkt und die Tragwerke aus Holz wieder angebracht wurden, um die Räume wieder mit den Gemälden auskleiden zu können. Hier sieht man Rekonstruktionsarbeiten im Haus der Vettier.*

19 unten *Das Foto zeigt die Freilegung eines Hauses am Ende des 19. Jh. Wie man hier sieht, erfolgte die Ausgrabung nicht durch die gleichmäßige Freilegung einer insula von oben nach unten; die Forscher drangen in ein Haus ein und arbeiteten sich bis zum Fußboden vor, von dort aus gingen die Grabungen dann in der Breite weiter; die Ausgrabungen waren eine reine Handarbeit, die Lapilli-Schicht wurde mit Holzkisten auf dem Rücken fortgetragen. Zweifellos wurden auf diese Weise wenig Schäden verursacht, vor allem an den Gemälden. Im Vordergrund ist ein herrliches Fresko im Zweiten Stil zu sehen.*

Die städtebauliche Entwicklung

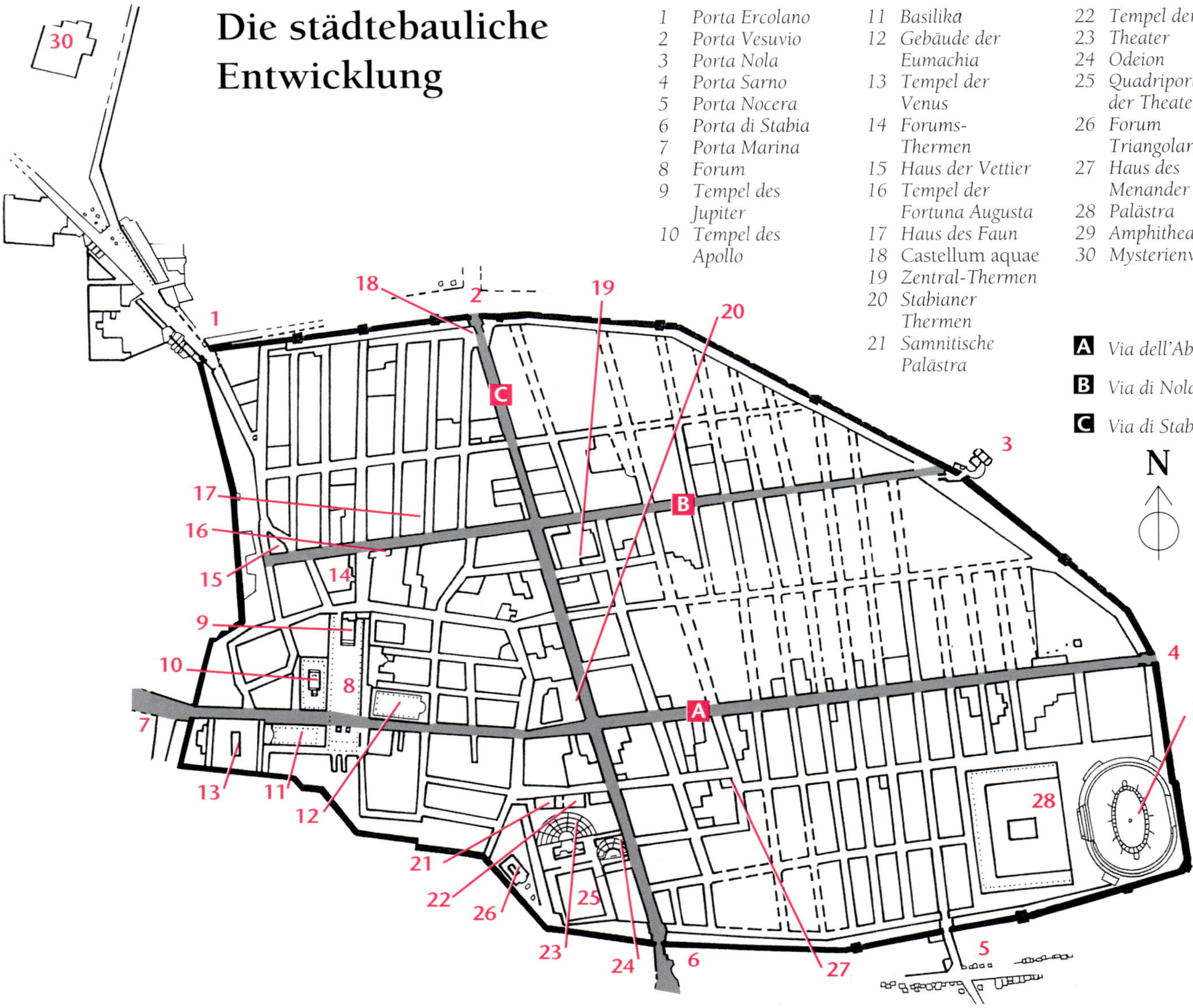

1 Porta Ercolano
2 Porta Vesuvio
3 Porta Nola
4 Porta Sarno
5 Porta Nocera
6 Porta di Stabia
7 Porta Marina
8 Forum
9 Tempel des Jupiter
10 Tempel des Apollo
11 Basilika
12 Gebäude der Eumachia
13 Tempel der Venus
14 Forums-Thermen
15 Haus der Vettier
16 Tempel der Fortuna Augusta
17 Haus des Faun
18 Castellum aquae
19 Zentral-Thermen
20 Stabianer Thermen
21 Samnitische Palästra
22 Tempel der Isis
23 Theater
24 Odeion
25 Quadriportikus der Theater
26 Forum Triangolare
27 Haus des Menander
28 Palästra
29 Amphitheater
30 Mysterienvilla

A Via dell'Abbondanza
B Via di Nola
C Via di Stabia

Die Form der Stadt

Das Gebiet, auf dem die Stadt entstand, war geomorphologisch gesehen, vorher viel ausgeprägter als heute. Die Stadtfläche lag auf dem Ausläufer eines Lavastroms des Vesuvs aus prähistorischer Zeit. Der Boden ging von einer Höhe von 40 Metern hinunter bis auf eine Höhe von 10 Metern über dem Meeresspiegel. Das höchste Gebiet lag im Nordwesten, wo später die *regio* VI entstand, von dort aus verlief es mit einer gewissen Regelmäßigkeit abwärts nach Südosten, bis zum Ende des Lavastroms, wo es zu einem starken Höhensprung kam; unterbrochen wurde diese Fläche durch eine deutliche von Norden nach Süden verlaufende Bodensenkung, über der in historischer Zeit die Via di Stabia verlaufen sollte, und durch zwei Lavahügel, auf denen der Apollon-Tempel im Westen und der Dorische Tempel (Tempel des Herkules und der Minerva) im Süden errichtet werden sollte. Bereits im 6. Jh. v. Chr. war auf diesem Lavastrom ein 66 Hektar großes Gebiet mit einer Mauer aus Pappamonte-Tuff umschlossen. Der Bau der Tempel ging der Stadt zeitlich voraus, die von Norden kommende Straße führte an beiden vorbei, am Apollon-Tempel verlief sie östlich davon und am Forum Triangolare nördlich. Auf einem mehr oder weniger flachen Gebiet zwischen diesen beiden Tempeln entwickelte sich recht schnell ein Marktflecken, der von beiden Kultstätten genutzt wurde. Die von Norden nach Süden verlaufende Bodensenkung entwickelte sich zu einer Art Umgehungsstraße für alle diejenigen, die nach Süden wollten, ohne die Heiligtümer zu passieren, ihr Verlauf war folgendermaßen: Via Consolare, Via delle Terme, Via della Fortuna und schließlich Via di Stabia. Sowohl rund um den Marktplatz als auch an der Via di Stabia entstanden

Atriumhaus mit hortus

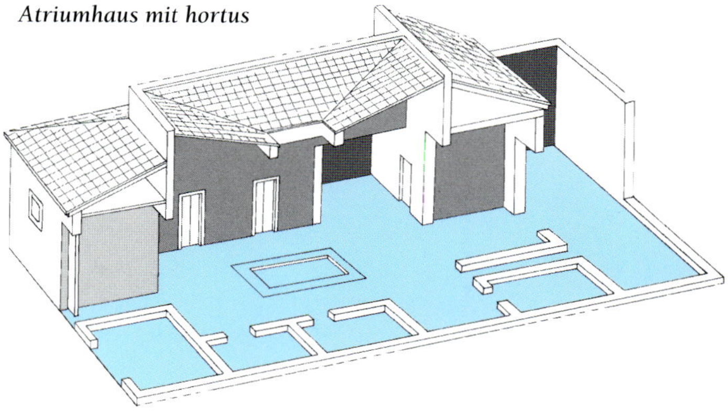

20 Diese Luftaufnahme zeigt den südlichen Teil des Forums, den man von Osten aus über die Via dell'Abbondanza und von Westen aus über die Via Marina erreicht. Die um das Forum liegenden, beinahe viereckigen insulae sind die ältesten Stadtviertel.

21 links Die Luftaufnahme zeigt die insulae 7, 8, 9, 11, 12, 13 der regio I an der Via dell'Abbondanza. Man beachte die regelmäßige Einteilung der einzelnen insulae, die durch rechtwinklig aufeinander treffende Straßen voneinander getrennt sind.

21 rechts Das Foto zeigt den letzten Abschnitt der Via dell'Abbondanza vor dem Forum. Dieser leicht ansteigende Straßenabschnitt war für Fahrzeuge gesperrt.

Zeichnungen Ein typisches Merkmal des italischen Hauses ist, dass gleiche Räume in der gleichen Reihenfolge angeordnet sind: vestibulum, atrium *mit* compluvium, alae *und* tablinum *und dahinter den offenen Bereich, in den ältesten Häusern ist dies ein* hortus. *In Häusern mit besonders großer Grundfläche sind auch zwei Peristyle zu finden. Daneben gibt es aber auch einfachere Häuser, die statt eines Atriums mit compluvium einen rechtwinkligen offenen Hof hinter dem Eingang haben.*

relativ regelmäßige Häuserblöcke (quadratische *insulae*), die in gewisser Weise die Form der Stadt bestimmten. Es lassen sich vier unterschiedliche Kernbereiche nennen: Der Forumsbezirk, die an der Via Stabiana liegenden *insulae,* die *regio VI* und schließlich der Ostteil der Stadt. Die ersten beiden scheinen eindeutig älter zu sein, aber die Diskussion über ihre genaue Datierung ist zwischen den Historikern und den Archäologen lebhafter denn je. Die städtebauliche Planung der Bereiche der *regio VI* und des weitaus größeren östlichen Stadtteils scheint am Schreibtisch stattgefunden zu haben; Ordnungselemente waren dabei wohl die Via di Mercurio beziehungsweise Via di Nola, Via dell'Abbondanza und schließlich Via di Nocera.

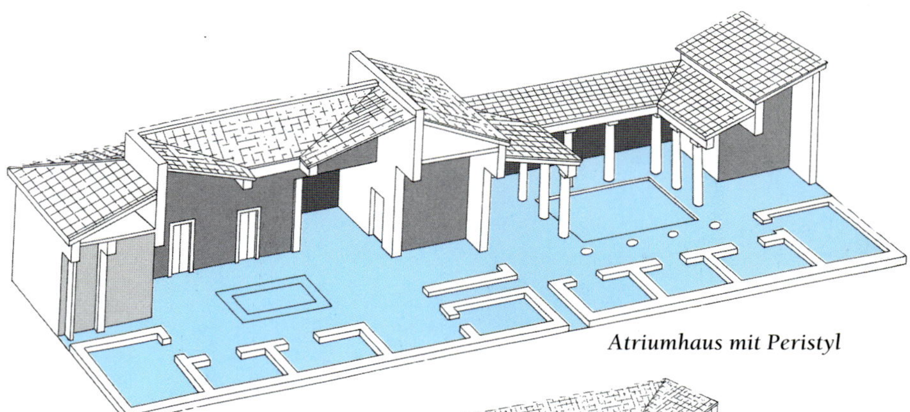

Atriumhaus mit Peristyl

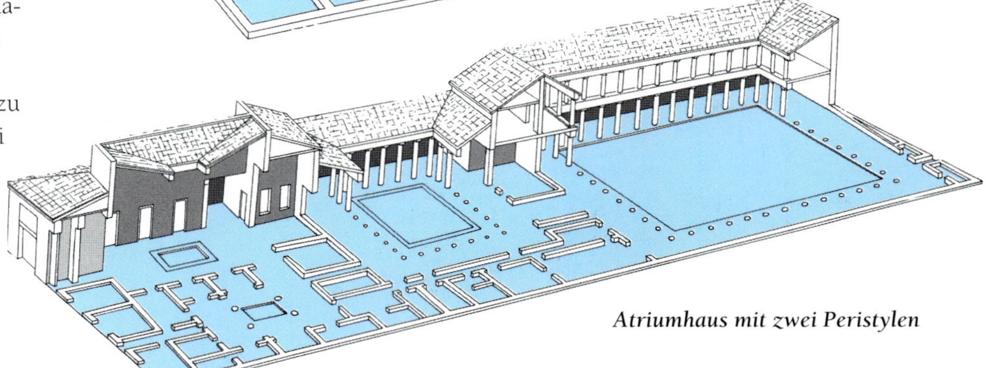

Atriumhaus mit zwei Peristylen

Die Verteidigungsanlage

Am wirkungsvollsten war die Verteidigungsanlage Pompejis zu Beginn des 1. Jh. v. Chr., in der Zeit vor dem Bundesgenossenkrieg. Das Verteidigungssystem bestand aus zwei parallelen Mauern aus großen Steinquadern, die mit einer Länge von 3200 Metern die gesamte antike Stadt umschlossen; vor dem äußeren Mauerzug verlief ein riesiger Ringgraben, *vallum,* während am inneren Zwischenwall ein Erddamm, *agger,* verlief, der im unteren Bereich von einer niedrigen Stützmauer, ebenfalls aus Steinblöcken, verstärkt war: Zwischen dieser Stützmauer und der angrenzenden Mauer der städtischen *insulae* verlief eine kleine Straße, durch die sich die Soldaten schnell dorthin bewegen konnten, wo sie am dringendsten gebraucht wurden. Ganz oben, zwischen den beiden Wällen, verlief ein Wehrgang, der durch die äußere zinnenbesetzte Mauer geschützt war. Um die Stadt möglichst unangreifbar zu machen, errichtete man auch 12 Wehrtürme. Die über die gleiche Strecke verlaufende älteste Befestigungsanlage aus dem 6. Jahrhundert v. Chr. bestand jedoch aus einer nicht sehr hohen Umfassungsmauer aus Blöcken, die aus Pappamonte-Tuff gehauen waren. Nun folgte eine Anlage mit doppeltem Mauerzug aus Sarnokalksteinblöcken, die in der Folge durch eine einteilige Mauer abgelöst wurde, die jedoch mit *vallum* und *agger* versehen war, danach endlich schließt sich die oben beschriebene an. Mit dem römischen Frieden unter Augustus verloren die Mauern so sehr an Bedeutung, dass sogar Häuser und Thermen auf ihnen errichtet wurden, so z.B. die Villa Imperiale, die Sarno-Thermen und die Vorstadt-Thermen, die Steinblöcke des Mauerwalls wurden sogar für die Restauration der bei dem Erdbeben von 62 n. Chr. zerstörten Häuser wiederverwendet. Dieser Praxis wurde allerdings bald durch das Edikt von Suedius Clemens ein Ende gesetzt.

Die Wehrtürme

Die am Ende des 2. und zu Beginn des 1. Jh. v. Chr. errichteten Wehrtürme machten die Verteidigungsanlage Pompejis mit Sicherheit weitaus effektiver. Die Türme waren dreigeschossig, die unterste Ebene lag ganz zwischen den beiden Mauerzügen, die zweite lag auf der Höhe des mit Zinnen besetzten Wehrgangs, die dritte überragte alles andere und ermöglichte eine weite Aussicht.
In den Turm gelangte man entweder durch eine kleine Tür am Fuße des Turms oder über eine äußere Treppe, die bis in die mittlere Etage führte.
Im Fall einer Belagerung konnten die Wehrtürme beinahe als unabhängige kleine Festungen fungieren, denn in ihnen waren Unterkünfte für die Truppen und Lebensmittelvorräte untergebracht,

22 oben *Dieser Abschnitt der Verteidigungsanlage befindet sich zwischen Porta Nocera und dem Turm II. Im Vordergrund erkennt man Reste einer Stallung, die nach dem Erdbeben von 62 n. Chr. dicht an der Mauer aus opus incertum errichtet worden war, und dann vielleicht im Zuge der von Suedius Clemens durchgeführten Neuordnung der öffentlichen Besitzungen wieder abgerissen wurde.*

22 Mitte links *In dem zwischen dem Turm Nr. II und der Porta Nocera liegenden Abschnitt der südlichen Verteidigungsanlage ist im unteren Bereich der aus samnitischer Zeit stammende, unregelmäßige Teil zu erkennen, der gleichmäßigere obere Teil aus Quadern dagegen entstand bei der Restaurierung der Mauer am Ende des 3. und zu Beginn des 2. Jh. v.Chr.*

22 Mitte rechts *Am Turm Nr. X im nördlichen Bereich der Verteidigungsanlage erkennt man im mittleren Teil die Schießscharten, im oberen Teil die größeren Öffnungen und ganz oben die Zinnen.*

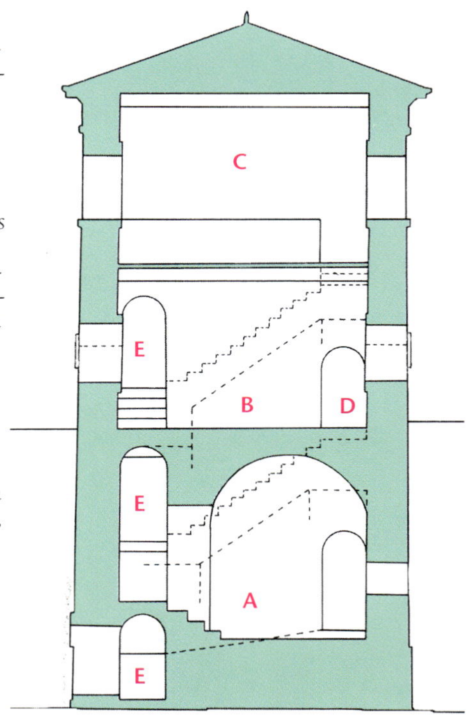

außerdem Wasserreserven in Zisternen. Nach der Eroberung Pompejis durch Sulla wurden sowohl die Türme als auch die Reste der Mauer nicht mehr benötigt, auch wenn auf dem Gemälde mit der Darstellung des im Amphitheater entbrannten Kampfes zwischen Einwohnern aus Nocera und aus Pompeji im Hintergrund die Türme II und III der südlichen Verteidigungsanlage noch intakt aussehen.

Die Stadttore

Die Stadttore befinden sich an den Enden der den Stadtplan Pompejis bestimmenden Straßen, dies sind zum einen die als *decumani* bezeichneten Straßen, die von Osten nach Westen verlaufen, und zum anderen die *cardi,* die die Stadt von Norden nach Westen durchziehen.

An den Enden der Via dell'Abbondanza findet man im Westen die Porta Marina und im Osten die Porta Sarno: Das Erstgenannte, zum Hafen führende Stadttor, besteht aus einem großen Torturm mit einem tonnenüberwölbten Gang, der in zwei Teile aufgeteilt ist, der größere für den Warenverkehr und der kleinere für die Fußgänger; die Porta Sarno hingegen bestand nur aus einem einzigen Durchgang und führte zu den Feldern und Dörfern im Sarnotal. Die Porta Nola im Osten und Porta Ercolano im Westen sind die Endpunkte des oberen *decumanus,* der sich aus der Via di Nola und der Via della Fortuna Augusta zusammensetzt und sich dann in der Via Consolare fortsetzt: Während Porta Nola nur einen Durchgang hat, findet man bei der Porta Ercolano drei, einen großen in der Mitte für Fahrzeuge und die beiden seitlichen für die Fußgänger. Die Via di Nocera, der östliche *cardo,* endet im Süden an der Porta Nocera, der nördliche Abschnitt hingegen, wo einige Wissenschaftler die Porta Capua vermuten, ist noch unbekannt. Zweifellos sind von den sieben bekannten Stadttoren Pompejis die Porta Ercolano mit ihren drei Durchgängen und die wie eine Bastion wirkende Porta Marina die beeindruckendsten. Die von Polizeikräften kontrollierten Stadttore hatten zwei Absperrungen, eine an der Innenseite und eine an der Außenseite, was aus den gefundenen Torangeln ersichtlich wird.

22 unten *Die zwölf Wehrtürme Pompejis waren viereckig und über drei Ebenen gebaut, wobei die ersten beiden zwischen den zwei Mauerzügen lag und die dritte über den Wehrgang hinaus ragte. Der Abschluss bestand entweder aus Zinnen oder aus einem Giebeldach.*

- A *Ergeschoss*
- B *Zwischenebene*
- C *Obergeschoss*
- D *Durchgang auf den Wehrgang der Mauer*
- E *Treppengang*

23 links *Der im nördlichen Bereich der Befestigungsanlage liegende Turm Nr. XI, die sogenannte „Torre di Mercurio", gehört zu den am besten erhaltenen Türmen von Pompeji; der Turm bildet den Abschluss der gleichnamigen Straße und wurde über ein älteres Stadttor gebaut.*

23 Mitte *Die Porta Nola, von der hier die innere Seite zu sehen ist, hat nur eine Toröffnung, der Schlussstein war mit einem Minervakopf verziert. Das am östlichen Ende des decumanus maximus gelegene Tor wurde gegen Ende des 3. Jh. v. Chr. gebaut.*

23 rechts oben *Durch die Porta Nocera, hier eine Ansicht von außen, lässt sich heute die Beziehung zwischen der höhergelegenen Stadt und den außerhalb der Stadtmauern auf niedrigerer Höhe gelegenen Feldern nachvollziehen. Im Vordergrund erkennt man die Überreste der Bastion, die die östliche Seite der zum Tor hinaufführenden Straße schützte.*

23 rechts Mitte *Die Porta Marina weist zwei Durchgänge auf, einen schmaleren für die Fußgänger und einen breiteren für Fahrzeuge. Dieser am östlichen Ende der Via dell'Abbondanza gelegene Zugang zur Stadt wurde bevorzugt für den Transport der vom Meer ankommenden Waren genutzt.*

23 rechts unten *Die Porta Ercolano hat drei Durchgänge, der große mittlere war für Fahrzeuge vorgesehen und die beiden kleineren an den Seiten für die Fußgänger. Das Tor war mit Pfeilern aus* opus vittatum mixtum *errichtet und mit Dekorstrukturen des Ersten Stils verziert, Elemente, die chronologisch gesehen offenbar nicht zueinander passen.*

Die Bautechniken

Für die Zeit der ersten Besiedlung im 6. Jh. v. Chr. bis hin zur Verschüttung der Stadt 79 n. Chr. lässt sich feststellen, dass sich die Stadt anfangs vom Zentrum zum Stadtrand hin erweiterte. Danach wurde die Stadt in sich selbst vergrößert, der Umfang der Bauwerke wurde verändert und die älteren Mauerwerke wurden teilweise oder sogar ganz ersetzt. Mit der Zeit ging man dazu über, die Geschichte Pompejis im Hinblick auf die Verwendung unterschiedlicher Materialien und Bautechniken aufzuteilen; so spricht man zum Beispiel von der „Kalkstein-Periode", der „Tuff-Zeit" usw. Es kamen verschiedene Baumaterialien zum Einsatz: Einmal der „Sarnokalk", ein dem Travertin verwandtes Konglomeratgestein, das an den Ufern des gleichnamigen Flusses vorkommt. Dieses sehr poröse und nicht leicht zu verarbeitende Gestein ist von hellbeiger Farbe und eignet sich hervorragend als Baumaterial. Dann das dunkelgraue und harte Er-

gussgestein der Lavaströme, das an den Hängen des Vesuvs abgebaut wurde und von basaltischer Natur ist. Die vulkanischen Lockermassen aus dem oberen Bereich der Lavaströme sind sehr leicht und porös und wurden hauptsächlich für Zwischenwände und im oberen Bereiche der Mauern verwendet. Der graue Tuff, der in dem am Fuße des Gebirges liegenden Gebietes zwischen Nocera und Sarno abgebaut wurde, ist sehr widerstandsfähig und leicht zu schneiden; der gelbe Tuff von den Phlegräischen Feldern nördlich von Neapel war eher weich und leicht zu verarbeiten. Weiterhin wurde neben Backsteinen Travertin verwendet, der vor allem für Fußböden, Türschwellen und Säulen eingesetzt wurde. Im Folgenden werden nun die in Pompeji üblichen Bautechniken beschrieben.

Opus quadratum. Für das Quadermauerwerk wurde sowohl „Sarnokalk" als auch grauer Tuff verwendet; die quaderförmig geschnittenen Steinblöcke wurden in versetzter Anordnung über die Längsseiten verlegt. Diese Mauertechnik, bei der kein Mörtel notwendig ist, wurde nicht nur für Befestigungsanlagen verwendet, sondern auch für Häuserfassaden. Das *Opus quadratum* ist eine der ältesten Bautechniken, die, vor allem in Verbindung mit „Sarnokalk", in Pompeji eingesetzt wurde.

Opus africanum. Diese auch „Webrahmentechnik" genannte Mauertechnik bestand aus vertikalen „Ketten" aus großen horizontalen und vertikalen Sarnokalk-Quadern, die in bestimmten Abständen

24 links oben Opus quadratum *mit gleichmäßigen Quadern aus Sarnokalk*

24 links unten Opus quadratum *mit behauenen Quadern aus grauem Tuff*

24 oben links Opus africanum *mit einem Rahmen aus Sarnokalksteinblöcken und einer Füllung aus Lavasteinen*

24 oben rechts Opus incertum *aus Lava und Sarnokalk*

zueinander angeordnet waren. Zwischen diese wurden unregelmäßige Blöcke aus Sarnokalk, Lava oder auch gemischt eingefügt, die mit nur wenig Mörtel verbunden waren. Der Mauerkern bestand aus Splitt und Zement *(caementum)*.
Opus africanum wurde am Ende des 3. Jh. v. Chr. in Pompeji eingeführt.
Opus incertum. Dieses Bruchsteinmauerwerk besteht ebenfalls aus einer Hohlmauer, deren Verkleidung auf beiden Seiten aus mittelgroßen Steinen bestand, die von gleicher Art oder unterschiedlich sein können, als Füllung diente Splitt und Mörtel; im Allgemeinen werden im unteren Teil die Steine aus der schwereren Lava verwendet, wohingegen im oberen Teil die aus den leichteren vulkanischen Lockermassen Verwendung finden. Häufig stößt man auf Mauern aus *opus incertum*, die mit wiederverwendetem Material errichtet wurden.
Opus pseudoreticulatum. Das *opus pseudoreticulatum* wurde sowohl aus Lavasteinen als auch aus Tuff hergestellt, die Steine waren extrem klein, etwa 10-12 Zentimeter, und wurden in ungleichmäßiger Rauten- oder Netzform angeordnet. In der ersten Hälfte des 1. Jh. v. Chr. wurde diese Technik zum ersten Mal in Pompeji angewendet.
Opus reticolatum. Dieses Netzmauerwerk besteht aus kleinen Steinblöcken in Form von stumpfen Pyramiden, die perfekt zugeschnitten und um 90 Grad gedreht netzförmig angeordnet wurden. Zeitlich ist es in der Mitte des 1. Jh. v. Chr. einzuordnen.

Opus latericium. Diese Mauerschale aus Lehmziegelmauerwerk besteht aus Backsteinen unterschiedlicher Größe und Stärke, die häufig längsseitig in versetzten Reihen gemauert wurden. Oft wurden in Mauern dieser Art Steine aus Ziegelbruch verwendet. Das *opus latericium* findet man in Pompeji ab der zweiten Hälfte des 1. Jh. v. Chr.
Opus vittatum. Bei diesem Mauerwerk handelt es sich um eine mit Splitt und Zement gefüllte Hohlmauer, deren Schalen aus parallelflachförmig behauenen Steinen aus Tuff oder aus Sarnokalk mit einer Stärke von 9 bis 13 Zentimeter versetzt hochgezogen werden. Es wurde in der ersten Hälfte des 1. Jh. n. Chr. in Pompeji eingeführt.
Opus vittatum mixtum oder opus listatum. Hierbei wird die Schale des Mauerwerks gebildet aus sich abwechselnden Reihen aus Steinen und mindestens einer doppelten Lage aus Ziegelsteinen. Diese Technik fand hauptsächlich nach dem Erdbeben von 62 n. Chr. Verwendung.

24-25 *Dieses zur Volkskunst zu zählende Freskogemälde stellt die Prozession der Schreiner zu Ehren eines Verstorbenen ihrer Zunft dar. Die Schreiner, deren spezielle Fähigkeiten für den Bau der Häuser fundamental war, standen in direkter Verbindung zu den Baufirmen.*

25 links oben Opus pseudoreticulatum *aus kleinen Lavablöcken*

25 links unten Opus reticulatum *aus unterschiedlichen Materialien: Grauer Tuff, Sarnokalk, Lava*

25 rechts oben Opus reticulatum *aus unterschiedlichen Materialien; im Vordergrund Torpfosten aus* opus vittatum mixtum

25 rechts unten Opus latericium *aus Ziegelsteinen in versetzt gemauerten Reihen*

Die Wasserversorgung

Vor dem Bau der öffentlichen Wasserleitung wurde die Wasserversorgung Pompejis durch gegrabene Tiefbrunnen ermöglicht. Allerdings lag der Grundwasserspiegel auf einem großen Teil der Stadtfläche mehr als 20 Meter tief. Daher besaßen fast alle Häuser ein eigenes System zur Wasserversorgung, durch das das Wasser für den privaten Gebrauch in enorme Zisternen geleitet wurde, die sich zumeist im Atrium oder im Peristyl befanden. Die öffentlichen Brunnen, zu denen jedermann Zugang hatte, lagen vor allem an verkehrsreichen Stellen. Bis jetzt wurden weniger als zehn öffentliche Brunnen gefunden, von denen sich die wichtigsten an der Kreuzung zwischen der Via Consolare und dem Vico di Narciso, zwei an der Via del Foro, in den Bereichen, wo später die *tabernae* Nr. 7 und 15 entstanden, in den Forums-Thermen und den Stabianer Thermen, in der südöstlichen Ecke der Basilika, im Forum Triangolare und in der Nähe der Porta Vesuvio. Zahlreiche weitere Brunnen wurden in den privaten Häusern gefunden; als es in der Stadt immer mehr öffentliche Brunnen gab, wurden viele dieser privaten Brunnen mit Amphoren versiegelt aus der Sorge heraus, bei einem plötzlichen Wassermangel doch gezwungen zu sein, sie wieder zu verwenden. Viele andere Brunnen, vor allem in den *regiones* I und II, dienten vor der Urbanisierung im 2. Jh. v. Chr. zur Bewässerung der Felder innerhalb der Stadtmauer. Das Wasser wurde mit Flaschenzügen oder mit einem Wasserrad aus den Tiefbrunnen gefördert. Ein großer Teil der Probleme hinsichtlich der Wasserversorgung wurde dann mit dem Bau der augusteischen Wasserleitung gelöst, über die ab dem Beginn des 1. Jh. n. Chr. von den Quellen des Acquaro, in der Nähe des Serino, Wasser nach Pompeji geführt wurde. Auf der Höhe von Palma Campania verzweigte sich die Wasserleitung, ein Arm führte nach Neapel und ein kleinerer erreichte Pompeji in der Nähe der Porta Vesuvio, dem höchsten Punkt der Stadt. Hier war ein *castellum aquae* errichtet worden, wo sich das Wasser in einem Reservoir sammelte. Von hier aus wurde es durch eine Reihe von Filtervorrichtungen über drei verschiedene, auf unterschiedlicher Höhe liegende Wehre verteilt, so dass sich Prioritäten bei der Verteilung ergaben. Die erste Wasserleitung speiste einen öffentlichen Brunnen, der direkt am Wasserkastell stand, von dem nur noch der marmorne Löwenkopf mit der *cannula* (kleines Rohr) aus Blei gefunden wurde. Die anderen beiden Leitungen verliefen entlang den Bürgersteigen der Via di Stabia und der Via dei Vetti um sich dann in die wichtigsten Straßen der Stadt zu verzweigen. Das Wasser floss durch birnenförmige, bleierne Wasserrohre *(fistulae),* die oben mit Muffen verschweißt waren und sicherlich keinem sehr großen Druck standhalten konnten, weshalb sie recht häufiger Instandsetzungsarbeiten bedurften. Aller Wahrscheinlichkeit nach speiste das städtische Wasserreservoir anfangs alle Brunnen, die öffentlichen Thermen und einige öffentliche Gebäude *(munera publica)*. Um einen gleichmäßigen Druck im ganzen Stadtgebiet zu garantieren, führten die *fistulae* zuerst in die *castella plumbea,* eine Art Hochbassin mit einer Seitenlänge von etwa 1-1,5 Metern und einer Höhe von ungefähr 6 Metern, in denen oben ein Wassertank aus Blei angebracht war. Von *hier aus wurde es durch die Verteilerrohre weitergeführt.*

hier aus wurde es durch die Verteilerrohre weitergeführt.
Die Brunnen, von denen bis heute 42 gefunden worden, waren mit einer gewissen Regelmäßigkeit über die ganze Stadt verteilt, so dass sie von fast allen Privathäusern leicht erreichbar waren. Alle Brunnen wurden also durch bleierne Wasserrohre versorgt, die an den Bürgersteigen verliefen, diese *fistulae* waren jeweils einzeln mit den *castella plumbea* verbunden, bis heute ist kein einziger Fall bekannt, in dem zwei Brunnen gleichzeitig von einer *fistula* gespeist wurden. Fast immer bestanden die Brunnenbecken aus vier rechteckigen Monolithen, die mit bronzenen Krampen verbunden waren, nur in einem einzigen Fall hat ein Brunnen die Form einer Halbkugel; als Material für das Becken wurde einmal Marmor benutzt, dreimal Travertin, zweimal Tuff und sonst immer das basaltische Lavagestein, in einem Fall schließlich ist das Brunnenbecken gemauert und mit unter Wasser erhärtendem *cocciopesto* verkleidet. Auf einer Seite des Beckens, meist mit einem eingeschnittenen Kanal versehen, in dem die Wasserleitung verlegt war; dieser Schutzpfeiler war ebenfalls mit Hilfe von Bleikrampen an der Stele mit der Maske befestigt. Der Boden des Brunnens besteht in einigen Fällen aus hochwertigem, feinkörnigem *cocciopesto* und oft auch aus in reichlich Mörtel eingebettetem Ziegelsteinmaterial. Der Boden zeigt stets ein leichtes Gefälle zum Abflussloch auf, das auf der dem Straßengefälle entsprechenden Seite angebracht wurde. Der Ablauf war normalerweise verschlossen, damit sich das Becken vollständig füllen konnte, geöffnet wurde es bei Instandhaltungs- und Säuberungsarbeiten. Eine zweite Abflussöffnung befand sich in der Mitte auf dem der Maske gegenüberliegenden Brunnenrand und diente als Überlauf. Offensichtlich wurden die Brunnen damals unaufhörlich gespeist, so dass das Wasser im Brunnen durch den ständigen Wasseraustausch immer sauber gehalten wurde. Auf der Fahrbahnseite wurden die Brunnen mit Prellsteinen, die meist aus basaltischem Lavagestein

auf der parallel zum Bürgersteig liegenden, ragt ein quaderförmiger Steinblock heraus: Auf diesen kleinen Stelen befindet sich auf der zum Becken gewandten Seite jeweils ein Relief in Form eines maskenartiges Gesichts in unterschiedlicher Gestalt, meist haben sie in irgendeiner Form mit Wasser zu tun (z. B. Satyrne, Meerwesen usw.) oder mit Opferhandlungen (z. B. Opferschalen, Ochsenkopf usw.). Mitten in der Maske ist die Öffnung für die *cannula*, die mit der vom Bürgersteig hochsteigenden fistula verbunden ist. Durch zwei seitlich angebrachte Bleikrampen ist dieser kleine Pfeiler mit dem Steinblock des Beckens verbunden. Geschützt war die *fistula*, die das Wasser zur Maske führte, durch einen Pfeiler, der praktisch so hoch war wie der ganze Brunnen, über seine ganze Länge war er waren, vor den Fahrzeugen geschützt. Das Erdbeben von 62 n. Chr. richtete erhebliche Schäden am Wasserversorgungssystem an, die jedoch schon bald darauf wieder behoben worden zu sein scheinen; erst durch die unmittelbar der Eruption vorausgehenden Bewegungen der Erdkruste sollte es endgültig beschädigt werden, woraufhin eine umfassende Erneuerung der städtischen Wasserversorgung in Angriff genommen wurde, bei der die *fistulae* in einer gewissen Tiefe verlegt werden sollte. Zum Zeitpunkt des Vulkanausbruchs lagen auf fast allen Bürgersteigen tiefe Gräben offen, wie jüngere archäologische Forschungen belegt haben. Die wenigen Privathäuser, die mit der öffentlichen Wasserversorgung verbunden waren, schlossen sich mit eigenen Wasserleitungen an die *castella plumbea* an. Von diesen sind heute etwa die Hälfte wieder in Betrieb.

26 links oben *Dieser bronzene Wasserhahn besteht aus zwei seitlichen Anschlüssen, die mit den Rohrleitungen* (fistulae) *verschweißt wurden, dazwischen befindet sich ein Zylinder, in den ein anderer, genau passender Zylinder eingeschoben wurde, der mit einem Durchgangsloch versehen war: Befand sich das Loch auf der Achse der Anschlüsse, ließ es das Wasser durch, lag es quer dazu, wurde das Wasser gestoppt. Gedreht wurde der Zylinder mit einem Schlüssel an dem rechteckigen Gestell auf dem Ventil.*

26 links unten *Die Brunnen waren an den wichtigsten Straßen der Stadt aufgestellt; fast auf allen Brunnenstelen ist vorne ein Gesicht dargestellt: Hier zeigt es einen Ochsenkopf, das Symbol für Opfergaben an die Götter.*

26-27 Das castellum aquae *an der Porta Vesuvio lag am Ende des Aquädukts Claudio, das das Wasser vom Serino im kampanischen Apennin bis nach Pompeji führte. Dieses, in den Erdwall der Mauer eingegliederte Bauwerk hat eine prächtige Fassade aus* opus latericium, *schön erkennt man hier die Dreiteilung mit Bögen und hervortretenden Lisenen, die drei Öffnungen für die Wasserleitungen aus Blei, durch die das Wasser in der ganzen Stadt verteilt wurde, und davor die Steinblöcke, die als Prellstein dienten.*

27 oben *Diese mit einer Inschrift versehene* fistula *(Wasserrohr) aus Blei hat einen leicht eiförmigen Querschnitt, sie ist an der Oberseite mit einer Schweißnaht aus Blei und Zinn geschlossen.*

27 unten *Der hier abgebildete mit Ventilen ausgestattete Wasserverteiler stammt aus der* Insula Occidentalis: *Es handelt sich dabei um das Endstück einer* fistula, *von hier aus gingen drei Ventile ab, die das Wasser in kleinere* fistulae *in unterschiedliche Richtungen verteilten.*

Die Welt der Malerei und des Mosaiks

29 oben *Die Wandmalerei des Zweiten Stils ist gekennzeichnet durch die tiefenräumliche Illusion. Auf dieser Wand in der Mysterienvilla (Raum 16, Ostwand) sieht man im Vordergrund auf einem hohen Sockel zwei Säulen zwischen Antenpfeilern, darüber Rundbögen; im Hintergrund eine Wand mit Orthostaten, Gesims und polychromen Quadern.*

28 links *Eine Wand des Ersten Stils im oecus Nr. 22 im Haus des Sallustius (VI 2,4). Man erkennt einen hohen schwarzen Sockel, mehrere weiße Orthostaten, drei Reihen bunter stuckierter Quader, einen glatten Fries und ein hervorstehendes Stuckgesims mit Zahnschnitt.*

_28-29_ *Auf der östlichen Wand des Saales „q" im Haus der Vettier (VI 15,1) sind Apollo mit der Zither und Artemis mit Köcher und Bogen dargestellt; die Schlange auf dem Boden umwindet den Omphalos, während von links ein Opferstier herbeigeführt wird; darüber tanzt eine Mänade zur Musik des Tympanums.*

Im Jahr 1882 schrieb August Mau ein grundlegendes Werk über die Malerei in der Antike, *Geschichte der dekorativen Malerei Pompejis*, in dem er zum ersten Mal eine Systematisierung der Wandmalereien in Pompeji unternimmt. Dank seiner Überlegungen und den nachfolgenden Forschungen unterscheidet und katalogisiert man heute die römischen Wandgemälde bis 79 n. Chr. in vier Dekorationssysteme, die – eigentlich ungenau – als „Stile" bezeichnet werden. Der sogenannte Erste Stil, auch Inkrustationsstil, ist der älteste chronologisch belegte Dekorationsstil in Pompeji (200 – 80 v. Chr.). Hierbei wurden architektonische Elemente imitiert (Tür- und Fensterrahmen, Lisenen, Kragsteine, Säulen, Orthostaten), die mit Stuck aufgetragen und bemalt oder marmoriert wurden. In dieser Art wurden vornehme, palastartige Häuser dekoriert; in einigen der repräsentativsten Häuser Pompejis, wie dem Haus des Faun und dem Haus des Sallustius, wurde er nie abgelöst, dort verwendete und restaurierte man ihn auch noch, als längst andere Dekorationstechniken üblich geworden waren. Dieser Stil stammte nicht direkt aus Pompeji selbst, sondern war wahrscheinlich vom griechischen Osten übernommen worden, wo diese Art der Dekoration in vielen Fällen tatsächlich aus Marmorelementen war. Der Zweite, oder architektonische Stil, scheint sich zur Zeit Sullas durchgesetzt zu haben

29 Mitte *Die Freskogemälde des Dritten Stils zeichnen sich oft durch große Bilder mit mythologischen Szenen auf dem mittleren Wandabschnitt aus. Auf dieser Wand in Raum „b" im Haus des Priesters Amandus (I 7,7) ist „Herakles im Garten der Hesperiden" dargestellt.*

29 unten *Die Wanddekoration im Dritten Stil im tablinum des Hauses des Lucretius Fronto (V 4,11) ist stärker aufgegliedert als die vorhergehenden. Die einzelnen Bauteile verlieren ihre funktionale Vision und werden zu einfachen Dekorelementen: Die Säulen werden durch schmale Blütenkandelaber ersetzt, die Gesimse durch herrliche Arabesken; die perspektivische Verkürzung der architektonischen Elemente nimmt die imaginären Strukturen des Vierten Stils vorweg.*

(80-25 v. Chr.), zwar wurden hier die Dekorationselemente des Ersten Stils übernommen, nur wurden sie nicht mehr plastisch mit Stuck aufgetragen, sondern gemalt. Die Gemälde stellten auf der Wand perspektivische Ansichten dar, im Vordergrund ist ein hoher Sockel gemalt, auf dem zwei oder vier Säulen stehen, die die Mittelzone der Wand in drei Teile aufteilen und Architrave, Bögen und Kassettendecken tragen. In der weiteren Entwicklung dieses Stils wurde im mittleren Abschnitt eine Tür, Schertür, eingefügt, die noch später geöffnet dargestellt wurde und einen Ausblick auf Gärten, Fluchten, Kolonnaden und Pavillons bot. Es fehlen weder naturalistische Bilder und Szenen, noch Personen, die sich oberhalb des Sockels und hinter den Säulen bewegen, ein schönes Beispiel hierfür sind die Gemälde in der Mysterienvilla und in der Villa des Fannius Synistor in Boscoreale. Der Dritte Stil, auch Ornamentalstil genannt (25 v. Chr.-35 n. Chr.), scheint in gewisser Hinsicht im Zweiten Stil seinen Ausgangspunkt zu haben: Die Struktur der Wand verändert sich nicht, aber die Säulen auf der Wand werden dünner, fast wie Säulen aus Elfenbein, die architektonischen Elemente nehmen tatsächliche Ornamentalformen an, die Malereien zeigen miniaturistische Details auf und lebhafte Farben werden bevorzugt, die sich vom schwarzen oder weißen Hintergrund deutlich abheben. Die Ornamentbänder erhalten häufig ägyptisierende Motive, und die Friese wirken wie marmorne Intarsien. Im mittleren Wandabschnitt, dargestellt in Form einer Ädikula, befindet sich das oft auch große Gemälde, das fast immer von hervorragender Qualität ist und mythologische Themen als Motiv hat, was auf die Übernahme von Elementen aus der griechischen Kultur hinweist. Bedeutende Beispiele hierfür sind zu finden im Haus des Lucretius Fronto, in der Villa Imperiale und in der Mysterienvilla. Der Vierte oder illusionistische Stil war zwar in Pompeji schon im zweiten Viertel des 1. Jh. n. Chr. zu finden, aber erst nach dem Erdbeben von 62 n. Chr., als viele Häuser restauriert wurden, sollte er zu seiner größten Entfaltung kommen. Diese Art der Malerei scheint einerseits eine Fortführung des Zweiten Stils zu sein, indem er die dort dargestellten geordneten architektonischen Elemente auf die Spitze treibt, andererseits aber auch des Dritten Stils, denn die Farben in der Malerei vervielfältigen sich. Wunderbare Beispiele für die Malerei des Vierten Stils finden sich im Haus des Loreius Tiburtinus, im Haus der Vettier und im Haus des Tragödiendichters.

Eine andere Art der Malerei auf den Wänden Pompejis ist die Volksmalerei. Unter dieser Bezeichnung vereinigen sich alle Darstellungen des Alltags, die vielleicht auf realistischere Weise die bescheidenere Kultur und Gesellschaft der Pompejaner in der Antike aufzeigen, so zum Beispiel der Fries in den *praedia* (Besitzungen) der Iulia Felix mit den Bildern des Forums, die Beisetzungsprozession der Schreiner und die Brottheke, der Kampf im Amphitheater zwischen Bürgern aus Pompeji und Nocera oder die religiösen und propagandistischen Inschriften entlang den Straßen. Schon mehrfach wurde über die Frage diskutiert, ob die Wandmalereien in der Antike mit der Technik der Freskomalerei oder der Enkaustik ausgeführt wurden. Fest steht, dass es sich in Pompeji um Freskomalereien handelt: Die Farben wurden auf den erst kurz zuvor vorbereiteten und daher noch feuchten Putz aus Kalzit und zerriebenem Marmor aufgetragen, deshalb wurde stets nur so viel Putz vorbereitet, wie an einem Tag bearbeitet werden konnte. Die aus Sand und Kalk bestehenden unteren Putzschichten – dies konnten bis zu sieben sein – wurden mit einer immer feiner werdenden Körnung auf die trockene Mauer aufgetragen und dienten einerseits dazu, die Unebenheiten der Mauer auszugleichen und andererseits, die bemalte Wand vor der aufsteigenden Feuchtigkeit zu schützen. Häufig findet man eine Schicht aus Tonstückchen zwischen der Mauer und dem Unterputz, wodurch die Feuchtigkeitsschäden begrenzt werden sollten. Bevor die letzte Putzschicht aufgetragen wurde, zeichnete meist der erfahrenste Maler die Linien des Gemäldes vor, dann überließ er seinen Platz den *parietari,* die die Wände von oben nach unten bemalten, und schließlich den *imaginarii,* die die eigentlichen Bilder ausführten. In der Casa dei Casti Amanti wurde erst kürzlich ein Raum entdeckt, der damals gerade dekoriert wurde, so dass man alle Arbeitsphasen und die verwendeten Werkzeuge untersuchen konnte.

Die Mosaikfußböden stehen meist in engem Zusammenhang mit der Verwendung des Raumes und auch mit dem Wandgemälde, insgesamt machen sie aber nur einen kleinen Teil der Fußböden in ganz Pompeji aus, der am häufigsten verwendete Bodenbelag war sicherlich das *cocciopesto,* ein gestampfter Boden aus einer Mischung aus Ziegelbruchstücken und Mörtel, der in manchen Fällen mit roter Farbe überzogen war. In Pompeji gab es außerdem noch eine besonders kostengünstige,

aber sehr haltbare lokale Variante, denn man ersetzte die Ziegelbruchstücke durch kleine Lavabrocken. Diese „lavapesta“ genannte Art des Fußbodens wurde aufgewertet durch die Einfügung von Mosaiksteinen aus Marmor, mit denen geometrische Formen oder gleichmäßig gepunktete Muster gelegt wurden, ganz typisch war ein kleines Kreuz, das aus vier weißen und einem mittleren schwarzen Mosaikstein bestand oder umgekehrt. Die Mosaikböden wurden aus kleinen Elementen in Form von stumpfen Pyramiden zusammengesetzt, die aus Stein, Glaspaste und bevorzugt aus Marmor waren. Diese Mosaiksteine wurden in ein Zementbett gesetzt und so lange bearbeitet, bis sich eine ebene Fläche ergab. Die einfachste Art des Mosaiks, das *opus tessellatum,* stellte in erster Linie geometrische Formen dar und wurde aus größeren Mosaiksteinen hergestellt. Mosaiken mit gegenständlichen Motiven hingegen wurden mit Mosaiksteinchen angefertigt, die zum Teil kleiner als ein Quadratzentimeter waren, *opus vermiculatum.*

Solche Bilder, die man als *emblema* bezeichnete, wurden in der Regel in der Mitte des Fußbodens angeordnet. Abschließend sei noch das *opus sectile* erwähnt, dabei handelt es sich um zusammengefügte, mehrfarbige Marmorplatten, die meist geschlossen, in einem Viereck oder in einem Kreis angeordnet waren und als *emblema* verwendet wurden.

30-31 oben *Im Vierten Stil sind Stillleben sehr verbreitet, die sowohl in den Mittelzonen der Wandabschnitte angeordnet sein können, als auch in den abgegrenzten Feldern. In diesem Fall handelt es sich um ein Bild, das zusammen mit drei weiteren den Fries in der Oberzone der Wand bildete.*

30-31 Mitte *Dieses polychrome Mosaikfries in* opus vermiculatum *umgab den Fußboden am Eingang im Haus des Fauns (VI 12,2): Es stellt eine Girlande aus Blumen und Früchten dar, die durch ein Band zusammengehalten werden, durch die zwei tragischen Masken von Frauen mit Spirallocken wirkt es noch anmutiger.*

30 links und 31 rechts *Diese Schüsseln mit Farben, die noch nicht zubereitet waren, wurden im Haus I 9,9 gefunden. In den Läden der Maler waren die Farben in künstliche und natürliche Farben unterteilt. Plinius der Ältere überliefert uns in der* Naturalis Historia *eine lange Liste mit Farben, die er in* floridi *(lebhafte Farben) und* austeri *(dunkle Farben) einteilt, sogar die Preise sind darin verzeichnet. Die kostbarsten Farben, wie zum Beispiel das* armenium *(blau) wurde normalerweise nur vom Auftraggeber selbst besorgt, um das Betrugsrisiko zu verringern.*

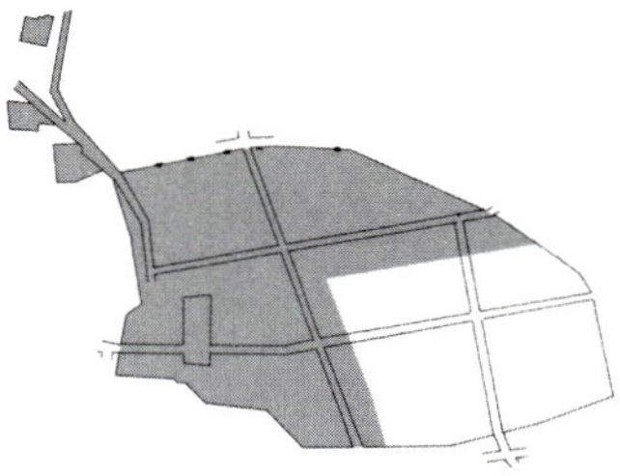

Das südliche Viertel von Pompeji

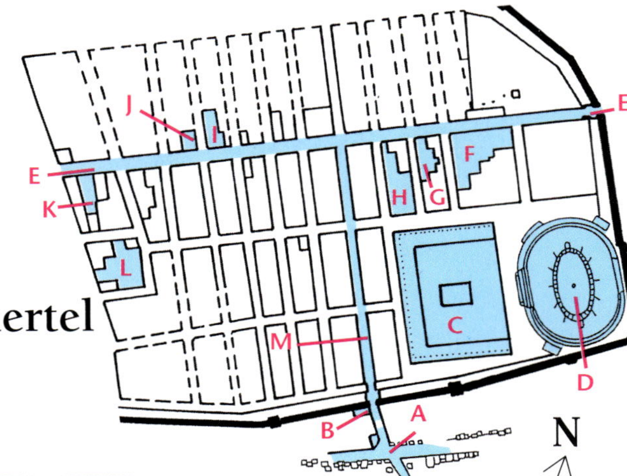

A	Gräberstraße vor der Porta Nocera	H	Haus des Loreius Tiburtinus
B	Porta Nocera	I	Haus des Polybius
C	Palästra	J	Casa dei Casti Amanti
D	Amphitheater	K	Walkerei des Stephanus
E	Via dell'Abbondanza	L	Haus mit dem Menander
F	Praedia der Iulia Felix	M	Via Nocera
G	Haus der Venus in der Muschel		

Im südlichen Viertel von Pompeji befinden sich die jüngsten Ausgrabungen (1930-1960), leider ist es aber auch das Viertel mit den schwersten Beschädigungen, für die neben dem Erdbeben 1980 auch die jahrelange Nachlässigkeit und Verwahrlosung verantwortlich sind. Das Viertel erstreckt sich rund um die Via dell'Abbondanza und die Via Nocera. Pompeji präsentiert sich hier nicht als Ruinenstadt, sondern als städtisches Zentrum voller Leben mit intakten Häusern unter rekonstruierten Dächern, mit Gärten, die nach dem Vorbild der Antike wieder bepflanzt wurden, mit einigen öffentlichen Gebäuden, die wieder im alten Glanz erstrahlen. Kommt man von der Gräberstraße aus in die oberhalb gelegene Stadt, sieht man die imposante Porta Nocera und die mächtige Stadtmauer mit den viereckigen Wehrtürmen. Im Hintergrund zeigt sich dann der Vesuv und im Vordergrund die *insulae* der Stadt mit Dächern in der Farbe wie sie früher aussahen und grünen Gärten. In diesem Viertel herrschte ein reges Treiben von Kaufleuten und Handwerkern, es war aber auch ein Viertel, das charakterisiert wurde durch die Euphorie der pompejischen Jugend, die die große Palästra besuchten und durch den lärmenden Trubel der Menschen, die unterwegs waren um die Gladiatorenspiele anzusehen.

Porta Nocera und die Nekropole

Die Stadt über die Porta Nocera zu betreten ist ein eindrucksvolles Erlebnis, die Gräberstraße, die Verteidigungsmauer, das Tor, dies alles zusammen formt sich zu einem in Pompeji einzigartigen, monumentalen Bild. Nachdem man die von Grabmonumenten gesäumte Straße hinter sich gelassen hat, erblickt man weiter oben das Stadttor. Es hat einen tonnengewölbten Durchgang, der in *opus incertum* aus Vesuv-Lava errichtet worden war. Man erreicht den Eingang über eine gepflasterte Straße, die langsam, aber stetig ansteigt; an den Seiten der Straße stehen zwei hohe Mauern in *opus quadratum,* die zum Tal hin mit zwei kleinen zinnenbewehrten Türmen endete: An den Seiten des Tores kann man noch erkennen, wie mächtig diese hohen Mauern im Quadermauer-

zum Teil abgerissen und die Steinblöcke als Baumaterial verwendet. Solche und andere Übergriffe, wie auch die Besetzung des *pomerium* (unbebaubarer Streifen Landes vor und hinter der Stadtmauer), geschahen in einem Klima allgemeiner Unruhen, als die zentrale Kontrolle nachließ, und skrupellose Menschen die Situation zu ihren Gunsten ausnutzten. Außerhalb der Porta Nocera gibt es ein bedeutendes Zeugnis dieser Geschehnisse. Mitten auf der Kreuzung zwischen der aus der Stadt herausführenden Straße und der Straße, die von Nuceria (Nocera) aus kommend an der südlichen Stadtmauer entlang nach Westen führte, befindet sich eine kleine viereckige Säule *(cippus)* aus Travertin mit einer Inschrift, die daran erinnert, wie Suedius Clemens, von Kaiser Vespasian nach Pompeji gesandt, die

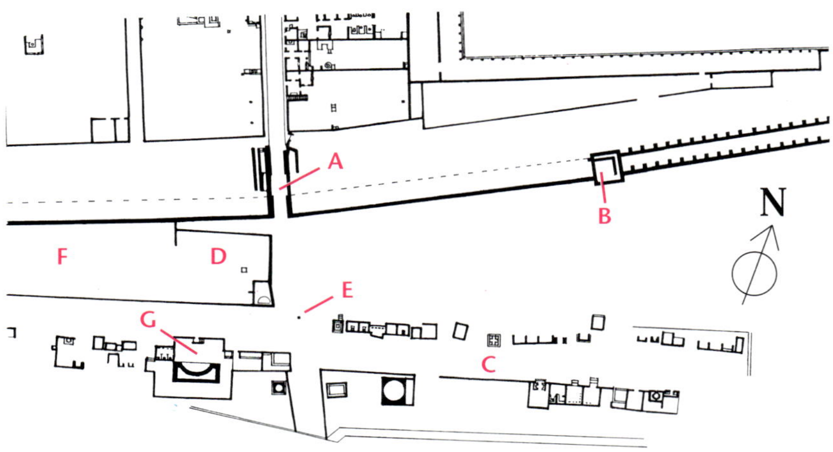

werk einst ausgesehen haben müssen, und welche Furcht sie den Seeleuten eingeflößt haben müssen. Und doch sind das Tor und die Mauern, die wir heute noch sehen, nur die wenigen Überreste der mächtigen Verteidigungsanlage, die nach den Bundesgenossenkriegen (89-80 v. Chr.), bei denen Pompeji und die italischen Verbündeten dem Heer Sullas unterlagen, nicht mehr benötigt wurden. Nach dem Erdbeben von 62 n. Chr. dann wurden die Mauern

A	Porta Nocera
B	Turm Nr. III
C	Via della Necropoli
D	Stallung
E	Cippus des Suedius Clemens
F	Pomerium
G	Grab der Eumachia

32 oben *Diese Ansicht der Gräberstraße an der Porta Nocera zeigt die Kreuzung zwischen der aus der Stadt herausführenden Straße und der parallel zur Stadtmauer verlaufenden Straße, die von Gräbern gesäumt ist; in der Mitte steht der cippus (kleine viereckige Säule) mit der Inschrift von Suedius Clemens.*

von Privatleuten unrechtmäßig besetzten öffentlichen Grundstücke wieder an die Stadt Pompeji zurückführte. Auch an der Porta Ercolano, an der Porta Vesuvio und an der Porta Marina wurden ähnliche Inschriften entdeckt. Das unnachgiebige Vorgehen von Suedius Clemens ist hier sogar nachweisbar, so wurde die unterhalb der Mauern und links vom Stadttor errichtete Stallung dem Erdboden gleichgemacht, und um den Bereich des *pomerium* eindeutig zu begrenzen, wurde eine kleine, parallel zur Stadtmauer verlaufende Mauer in *opus incertum* gezogen. Auch einige Gräber, die im Bereich der Pomerialstraße errichtet worden waren, wurden zerstört und mit Erde zugeschüttet. An der Gräberstraße vor der Porta Nocera, die als Fortführung der Verbindung zwischen Porta Stabia und Porta Nocera in die nahe gelegene Stadt Nuceria Alfaterna führte, finden sich bis zur Porta Nocera nur auf der südlichen Seite der Straße Gräber, geht man dort weiter Richtung Nocera, sieht man auch auf der nördlichen Seite Grabmonumente. Diese Nekropole wurde in den 50er Jahren von A. Maiuri entdeckt und ausgegraben. Durch die in den vergangenen Jahren durchgeführten archäologischen Forschungen konnte nachgewiesen werden, dass sich diese Nekropole mehrere Kilometer lang ohne Unterbrechung an der nach Nuceria führenden Straße erstreckte; vor kurzem erst wurde das reiche Grab der Lucretii, einer sehr einflussreichen Familie der Stadt entdeckt. Der Bau der Gräber scheint keinen besonderen Vorschriften unterworfen gewesen zu sein, außer dass die zugewiesene Fläche nicht überschritten werden durfte. Tatsächlich liegen Gräber von Familien aus den unterschiedlichsten sozialen Schichten dicht nebeneinander.

Die ersten Gräber der Nekropole an der Porta Nocera entstanden zu Beginn des 1. Jh. v. Chr., vielleicht zur Zeit Sullas, genutzt wurde sie auch noch in der Zeit vor dem Untergang der Stadt. Hier fanden Angehörige einiger der wichtigsten Familien Pompejis ihre letzte Ruhestätte, so zum Beispiel die Stronnii, Caesii, Tillii, Octavii, Herennii, Epidii, Sepunii. Wie fast in der gesamten römischen Welt wurden auch in Pompeji die Toten eingeäschert: Der auf einer Bahre liegende Verstorbene wurde in Festkleidung und, wenn er ein Magistrat war, mit den Symbolen seines Standes, in einem Krematorium verbrannt; die Asche wurde zusammen mit einer Münze in einer Urne aus Ton oder Glas aufbewahrt, die sich wiederum in einem Bleibehälter befand. Das Ganze wurde dann in einem umfriedeten Bereich des Grabes beigesetzt, als Grabstein wurde eine *columella*, eine kleine Grabsäule in Form einer stark stilisierten Büste aus Lava oder Travertin errichtet. Manchmal befanden sich in den Gräbern auch Räume mit einer Reihe von Nischen, in denen die Ascheurnen und die Grabsäulen aufgestellt wurden. Die *columellae* tragen häufig kurze Inschriften mit dem Namen des Verstorbenen und dessen Alter. Am 21. Februar jeden Jahres endete das neun Tage dauernde Totenfest, Ferialia, bei dem die Angehörigen an der Grabstätte bestimmte Riten im Gedenken an ihre Lieben begingen. Am Jahrestag des Todes hingegen fanden private Feierlichkeiten, die Parentalia, statt.

33 links oben *An der Südseite der Gräberstraße sieht man, wie dicht die Grabstätten aufeinander folgen: Die Flächen in der Nähe der Stadttore waren als Grabanlagen besonders begehrt.*

33 links unten *Im südwestlichen Abschnitt der Gräberstraße vor der Porta Nocera sieht man Grabbauten unterschiedlicher architektonischer Machart; im Vordergrund ist das Grabmonument des Freigelassenen* (libertus) *Publius Vesonius Phileros zu erkennen, dessen Ädikula in* opus latericium *errichtet wurde.*

33 Mitte *Die Inschrift auf dieser zu einem Grabmonument der Nekropole vor der Porta Nocera gehörenden Marmortafel berichtet, dass Popidius Nicostratus das Grab für sich, für Popidia Ecdoche, seine Konkubine, und für seine Familienangehörigen bauen ließ. Die an den Seiten abgebildeten Gegenstände deuten auf seinen Beruf als Landmesser hin: Links ein Instrument zur Feldmessung, rechts das Bleilot* (perpendiculum) *und zwei Absteckstäbe* (signa).

33 rechts *Diese marmorne Grabstatue, die zwischen den Gräbern Nr. 4 und Nr. 6 in der nördlichen Reihe gefunden wurde, ist in Tunika und Decke eingehüllt als Pudicitia dargestellt.*

Die Reihenhäuser in der Via di Nocera

Die Via di Nocera bildet den östlichen *cardo* der Stadt. Die gepflasterte Straße weist noch die Spuren der langen Nutzung auf, denn die von den Wagenrädern hinterlassenen Spurrillen gehen tief ins Pflaster, und die Ränder der Bürgersteige sind stark abgenutzt. Diese Straße stellte städtebaulich gesehen die Ordnungsachse für den gesamten südöstlichen Teil der Stadt dar, denn die östlich und westlich davon gelegenen *insulae* sind perfekt an deren Verlauf ausgerichtet, wodurch das ganze Viertel eine gewisse Einheitlichkeit ausstrahlte. Die erste Bebauung dieses Gebietes scheint jüngsten Untersuchungen zufolge nach dem Zweiten Punischen Krieg (218-202 v. Chr.) vorgenommen worden zu sein: Aufgrund der Verwüstung und Zerstörung vieler Städte in Mittelitalien durch das Heer von Hannibal wurden neue landwirtschaftliche Anbauflächen und neue Baugebiete benötigt. Pompeji konnte beides bieten und daher erhielten viele hinzugezogene Familien sowohl ein Stück Nutzland als auch ein Gebiet innerhalb der Stadtmauern, auf dem sie sich ein Haus errichten konnten. Die in dieser Zeit gebauten Gebäude waren extrem einfach, funktional, billig und leicht zu erstellen. Sie erstreckten sich auf einem schmalen und langen Gebiet von etwa 300 Quadratmetern und waren in unterschiedlichen Grundrissmustern angeordnet. Einmal waren sie alle über der Breitseite der *insula* angeordnet; in anderen Fällen wiederum lagen sie sowohl über der Breit- als auch über der Längsseite. Der bebaute Teil lag jeweils an der Straßenfront rund um einen offenen Hof, dahinter gelangte man stets in einen kleinen *hortus*. Ein Teil dieser Häuser war durch Kauf und Verkauf schon bald wieder größeren Umbauten unterworfen. In der ersten Kaiserzeit (1. Jh. n. Chr.) entstanden sehr große Häuser, die in Wettstreit traten mit den großen und luxuriösen Patrizierhäusern der nördlichen *insulae* der Stadt. Nach dem Erdbeben von 62 n. Chr. kam es nochmals zu einer radikalen Veränderung: Diese großen Häuser wurden aufgeteilt und zu einem großen Teil sogar niedergerissen, wodurch Platz geschaffen wurde für die Entstehung von Läden und Werkstätten. Das südliche Viertel um die Via di Nocera verwandelte sich somit von einem Wohngebiet zu einem geschäftigen Handels- und Handwerksviertel, es füllte sich mit Läden, Thermopolien, Schänken etc.

Schauen wir uns einige der heute für Besucher zugänglichen Häuser an: Die Tonlampenwerkstatt (I 20,3) ist ein komplexes Gebäude, in dem der Besitzer eine ganze Reihe lukrativer Tätigkeiten aufgenommen hatte: In zwei Brennöfen, die sich in den gegenüberliegenden Ecken eines großen offenen Raumes befanden, stellte er Öllampen und *fritilli* her, die klassischen Becher, die sowohl Wein- als auch Würfelbecher waren. Von dem größeren Brennofen sieht man noch deutlich den unteren Teil mit den gleichmäßigen Öffnungen für die Brennstoffzufuhr, von hier aus wurde die Temperatur in der darüber liegenden Brennkammer reguliert. Verkauft wurden die Öllampen und die *fritilli* in dem an der Straße liegenden Laden, wo gleichzeitig auch mit dem Wein gehandelt wurde, der aus dem hinter dem Haus liegenden großen Weingarten kam. Außerdem hatte derselbe Besitzer Zimmer im oberen Stockwerk und ein

34 oben *Die „Magische Hand" des phrygischen Gottes Sabazios, von der man hier die Handfläche sieht, wurde im Haus der Magischen Riten gefunden (II 1,12), sie ist das Symbol für diesen eher unbekannten Kult.*

34 Mitte links *Diese Ansicht der Via di Nocera von Süden aus gesehen ermöglicht einen schönen Blick auf die erst vor kurzem rekonstruierten Häuser mit ihren Dächern in der ursprünglichen Position.*

Sommer-Triklinium im Weingarten, das er an Passanten vermietete.
Das Haus mit dem Garten des Herkules verdankt seinen Namen dem Fund einer Statue des Helden, die in dem großen Garten beim Lararium entdeckt wurde, in diesem Garten wurden Rosen gezüchtet, die als Grundlage für die hier hergestellten Duftessenzen dienten, die in kleinen Phiolen verkauft wurden. Im Haus selbst ist noch ein großer Teil der älteren Baustruktur erhalten und analoge Strukturen von Häusern wurden bei den im Garten durchgeführten stratigraphischen Untersuchungen entdeckt.
Im Haus mit dem Blühenden Lararium wurde auf der Nordwand des kleineren Gartens ein kleines Lararium entdeckt, das vollständig mit Freskomalereien ausgestattet war, auf denen kleine bunte Blumen – daher der Name – und fliegende Putti dargestellt waren. Dass der Handel blühte, zeigt die wundervolle Wanddekoration im Vierten Stil im *oecus* Nr. 8 mit den Bildern der Europa und dem Stier und der fischenden Venus. Besonders elegant ist der Sockel gestaltet, auf dem schwarzen Hintergrund wechseln sich Jagdszenen und Hirtenszenen bei Mondlicht ab. Das so genannte Haus der Magischen Riten ist ein um ein Peristyl herum angeordnetes Heiligtum, das dem Sabazios-Kult geweiht war, einer thrakisch-phrygischen Gottheit, die als Gott des Lebens und des Ackerbaus verehrt wurde. Ihm zu Ehren tranken die Anhänger ein berauschendes Getränk aus Gerste und Weizen. Von besonderem Interesse sind hier die Gemälde im Dritten Stil im Triklinium Nr. 3, gleich nördlich vom Eingang, und der Raum Nr. 6 in der Nordost-Ecke des Peristyls, der in Zusammenhang mit den Kulthandlungen stand. Von besonderer Bedeutung war der Fund von zwei Votivhänden, dem Symbol des Gottes, und zwei magischen Terrakotta-Gefäßen, die mit Attributen und Bildern des Gottes verziert sind.

34 Mitte rechts *Das Haus mit dem Garten des Herkules (II 8,6) besaß eine große Anbaufläche, die durch den Abriss einiger älterer Häuser entstanden war.*

34 unten *Das Haus mit dem Garten des Herkules ist durch eine hohe Mauer von der Via di Nocera getrennt, so wurden die Rosenpflanzungen vor dem Wind geschützt und die Feuchtigkeit besser erhalten.*

35 links oben *Die Tonlampenwerkstatt (I 20,2) war in der letzten Phase Pompejis sehr ertragreich: Im Hintergrund Ofen, in dem vor allem Öllampen und fritilli gebrannt wurden.*

35 links unten *Dieser zum Garten hin offene kleine Portikus befindet sich im Haus II 9,1. Ein Pfeiler des Portikus' ist mit einer Darstellung des Priapos dekoriert, dessen Symbol der Phallus war.*

35 Mitte *Diese kleine Marmorstatue wurde im Garten des Hauses II 9,3 gefunden.*

35 rechts *Dieses Bild aus dem oecus des Hauses II 9,3 zeigt eine Szene im hellen Mondschein: Zwei auf den Hinterbeinen stehende Hirsche stützen sich auf einen mit Efeu bewachsenen Baum.*

36 links *Dieses qualitativ hochwertige Stuckrelief stellt einen unbekleideten Faustkämpfer in heldenhafter Pose dar: Die Hände sind mit Schlagriemen bewaffnet, eine Art Schutzhandschuhe, die mit Lederriemen befestigt waren* (caestus).

Die Palästra

Die Palästra bildet zusammen mit dem Amphitheater ein bedeutendes öffentliches Areal, das sich über das gesamte südöstliche Randgebiet der Stadt erstreckt. Anhand der östlich der Via di Nocera und südlich der Via dell'Abbondanza liegenden Seitenwege wird erkennbar, dass dieses Gebiet für Fahrzeuge gesperrt war. Die Palästra wurde in augusteischer Zeit (27 v. Chr. - 14 n. Chr.) mit öffentlichen Geldern errichtet. Sie entstand auf einem Gebiet, das wahrscheinlich schon von regelmäßigen *insulae* besetzt gewesen war. Ausschlaggebend für den Bau der Palästra war die Absicht des Kaisers Augustus, den *collegia iuvenum* einen Ort zur Verfügung zu stellen, an dem die jungen Leute sich treffen und trainieren konnte. Jedes Jahr führte die pompejische *iuventus* ihre Vorbereitungen in der *probatio equitum* vor, einer Art Militärparade und Zurschaustellung an Haltung und Ausbildung. Die Palästra zeigt sich als 141 x 107 Meter großes Rechteck, an drei Seiten befinden sich Portiken, die vierte Seite im Osten, gegenüber dem Amphitheater gelegen, besteht aus drei großen Eingängen und einer Mauer mit Zinnen, um auch an den militärischen Charakter der Einrichtung zu erinnern; weitere Nebeneingänge lagen an den Enden des südlichen und des nördlichen Portikus'. Die Säulen waren in römischer Kompositordnung: Die gekehlte Basis stand auf einem im Vergleich zur ebenen Fläche etwa 90 Zentimeter hohen Stylobat aus *cocciopesto*, der Säulenschaft aus *opus latericium* war mit einer dicken Mörtelschicht als Grundlage verputzt, die wiederum mit einer Schicht aus Kalzit und zerriebenem Marmor verkleidet wurde, so dass die Säulen

36 Mitte *Auf diesem Stuckrelief ist Dionysos als Ringkämpfer dargestellt: Der Gott-Athlet stützt sich mit dem Ellbogen auf einen für Turnübungen verwendeten Ring.*

36 rechts *In solchen unterschiedlich geformten Glasphiolen wurden Öle und Salben aufbewahrt, mit denen sich die Ringkämpfer vor allem vor den Wettkämpfen den Körper einrieben.*

36-37 *Der Sportplatz vom Amphitheater aus gesehen: An der Vorderseite ist er mit einer zinnengekrönten Mauer umfasst, die von drei großen Eingängen unterbrochen ist. In der Mitte der großen Fläche befindet sich das großzügige Schwimmbecken und im Hintergrund erkennt man die Portiken mit Säulen in Kompositordnung.*

37 unten links *Dieser schöne Steigbügel aus Bronze wurde mit Lederriemen am Sattel befestigt. Den Reitern dienten sie sowohl zum Aufsteigen als auch zum Festhalten.*

37 unten rechts *Ein Schabeisen für die Haut war für die Athleten ein unverzichtbares Werkzeug; nach den Wettkämpfen wurde es dazu benutzt, die Haut vom Öl und von den Salben zu reinigen. Die Abbildung zeigt ein Schabeisen mit der charakteristischen, in einer Tülle auslaufenden gewölbten Klinge* (ligula); *der Griff* (capulus) *ist in diesem Fall auf der Innenseite mit einem Faustkämpfer verziert.*

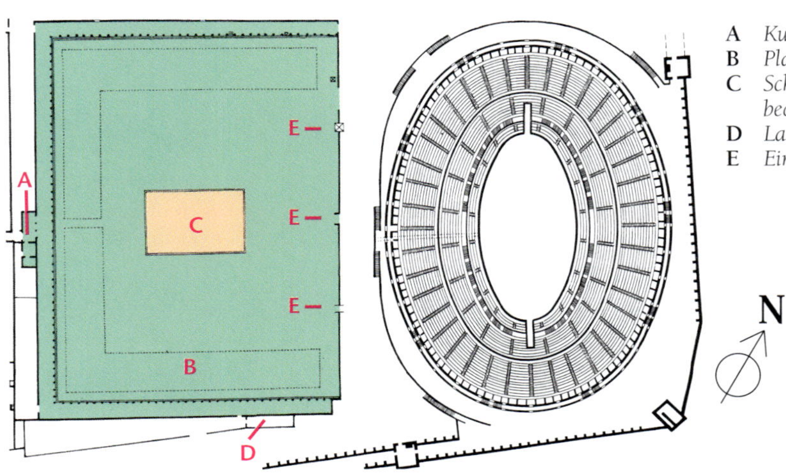

A *Kultstätte*
B *Platanenallee*
C *Schwimmbecken*
D *Latrine*
E *Eingänge*

in Marmorimitation mit Kanneluren verziert werden konnten; das Kompositkapitell war mit Akanthusblättern und Voluten verziert. Das Dach war mit Tonziegeln gedeckt, die unten in einer Palmetten-Sima mit Gorgonenhaupt endete; von hier tropfte das Regenwasser dann in einen Rinnstein am Fuß des Stylobats, durch den das Wasser in Zisternen unterhalb der Portiken geführt wurde. Der Boden unterhalb des Portikus war aus gestampfter Erde, was für die Athleten besonders angenehm war, da sie in der Regel barfuß trainierten. In der Mitte des westlichen Säulengangs befindet sich ein dreischiffiger Raum mit zwei Pfeilern und Halbsäulen an der Stirnseite, die ein Tympanon stützen mussten, womit der Mittelpunkt der ganzen Konstruktion dargestellt werden sollte. An der Rückwand des Mittelschiffs stand ein großer mit Marmorplatten verkleideter Altar mit gekehltem Sockel und Rand; es ist anzunehmen, dass hier Augustus als Begründer der Anlage verehrt wurde und die Siegerehrungen für die besten Sportler der pompejischen *iuventus* stattfanden. Parallel zu den drei Säulengängen war eine doppelte Reihe aus Platanen angepflanzt, die zum Zeitpunkt der Eruption schon etwa hundert Jahre alt gewesen sein mussten, die Gipsausgüsse ihrer Wurzeln sind noch in situ zu sehen. In der Mitte der Palästra war ein Schwimmbecken mit einer Größe von 34,55 x 22,25 Meter errichtet worden, das mit wasserundurchlässigem Beton ausgekleidet war, die Ränder waren aus grauem Nocera-Tuff. Das abschüssig gebaute Schwimmbad mit einer Tiefe bis zu 2,60 Meter wurde aus dem städtischen Aquädukt gespeist; ausgehend von dem *castellum plumbeum* an der nordwestlichen Ecke des Hauses des Loreius Tiburtinus in der Via dell'Abbondanza verlief ein Bleirohr bis zum Schwimmbecken, durch das unaufhörlich Wasser nachkam. Das ablaufende Wasser floss durch einen kleinen Abwasserkanal, der mit der großen Latrine an der Südseite verbunden war, so dass dieser Raum stets schnell gereinigt werden konnte. Die Latrine war über eine kleine Tür unter dem Portikus erreichbar, an drei Seiten gab es Sitze aus trachytischer Lava, die wahrscheinlich mit Marmor verkleidet waren. Zu Beginn wurde die Latrine auch bei Veranstaltungen im Amphitheater benutzt, denn ursprünglich gab es auch an der Ostseite außerhalb der Palästra einen Eingang. Durch das Erdbeben von 62 n. Chr. wurde die Palästra schwer beschädigt und wahrscheinlich waren im Jahr 79 n. Chr. einige Bereiche der Anlage noch nicht wieder zugänglich: Zahlreiche Säulen mussten wieder aufgerichtet werden, und zum Zeitpunkt der Eruption waren viele noch nicht wieder hergerichtet. Die Säulen des westlichen Portikus haben an der Basis Keile, die mit Blei in die Spalten gegossen wurden, nachdem die Säulen wieder aufgestellt worden waren, bei anderen ist nur der nackte Säulenschaft vorhanden; die hinteren Wände der südlichen und westlichen Säulengänge mussten wahrscheinlich völlig neu gearbeitet werden, denn sie wurden ganz ohne Wandmalereien gefunden, die Dekorationen an der nördlichen Wand hingegen waren erhalten geblieben. Bei dem Vulkanausbruch allerdings stürzte diese dann vollständig ein, wobei aber unter den Trümmern die Wandmalereien im Dritten Stil erhalten blieben. Zahlreiche Graffiti, die sich auf militärische oder sportliche Errungenschaften oder auch auf glückliche oder unglückliche Liebschaften beziehen, bezeugen die intensiven Betätigungen, die hier – ausschließlich von Männern – ausgeübt wurden; ein anderes Graffito trug die in einem merkwürdigen magischen Quadrat angeordnete Inschrift *„rotas-opera tenet-arepo-sator"*, die von einigen Wissenschaftlern als das Kryptogramm des Paternosters interpretiert wurde. Die Palästra wurde erst vor kurzem vollständig restauriert, die Platanen wurden wieder angepflanzt und auch die nördliche Mauer ist wieder aufgebaut worden.

A *Arena*
B Ima cavea
C Media cavea
D Summa cavea
E *Attika*
F *Äußerer Gang*
G *Zugangstreppen*

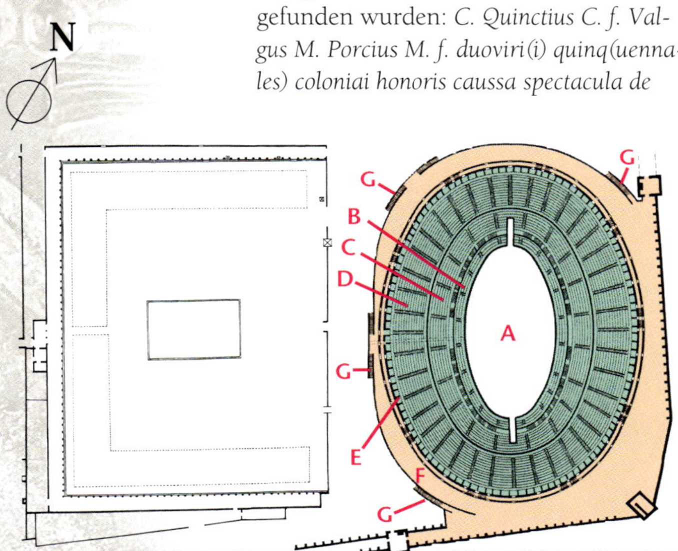

Das Amphitheater

Das Amphitheater von Pompeji ist das älteste bis heute bekannte Gebäude für Gladiatorenspiele, es wurde etwa 70 v. Chr. von den beiden *duumviri quinquennales* Q. Valgus und M. Porcius erbaut. Dies berichten zwei Inschriften auf Travertinplatten, die in der crypta, dem Gang unterhalb der untersten Sitzreihe, gefunden wurden: *C. Quinctius C. f. Valgus M. Porcius M. f. duoviri(i) quinq(uennales) coloniai honoris caussa spectacula de sua peq(unia) fac(iunda) coer(arunt) et coloneis locum in perpetuom deder(unt).* (Caius Quinctius Valgus, Sohn des Caius, und Marcus Porcius, Sohn des Marcus, ließen als *duumviri quinquennales* auf eigene Kosten das Theatergebäude zu Ehren der Kolonie errichten und übergaben es den Einwohnern der Kolonie für immer.) Der Platz für den Bau des Amphitheaters in der südöstlichen Ecke der Stadt wurde nicht nur deshalb gewählt, weil er noch unbebaut war, sondern auch, weil der Erdwall an der Rückseite der Stadtmauer für etwa ²/₅ des Gebäudeumfangs ausgenutzt werden konnte. Außerdem war die Lage für eine Einrichtung dieser Größenordnung ideal, denn sie befand sich in der Nähe zweier wichtiger Stadttore, Porta Nocera und Porta Sarno, was den Zustrom und den Abzug der Zuschauer wesentlich erleichterte. Wenn man bedenkt, dass das Amphitheater etwa 20 000 Menschen fasste, das ist mehr als die gesamte Bevölkerung von Pompeji ausmachte, kann man sich vorstellen, was für ein Gedränge geherrscht haben musste, wenn Gladiatorenspiele stattfanden. Das Bauwerk steht innerhalb eines weiträumigen Gebietes, das wahrscheinlich von Platanen umsäumt gewesen war; die eindrucksvolle Außenseite ist von zwei Ordnungen gekennzeichnet: Der untere Bereich besteht aus einer durchgehenden Reihe von Blendarkaden mit Rundbögen, die mit hellen Steinblöcken (Sarnokalk) abgesetzt waren, die Wände darunter bestanden aus *opus incertum* aus dem dunklen Lavastein des Vesuv. In diesen blinden Bögen fanden die für solche Feste typischen Verkäufer ihren Platz, wie aus vielen Inschriften hervorgeht, eine davon lautet: *Permissu aedilium Cn. Aninius Fortunatus occup(at)* (Mit Erlaubnis der Ädilen nimmt diesen Platz Cn. Aninius ein). Zwischen dem unteren und dem oberen Bauteil gab es einen breiten Gang rund um das Amphitheater. Auch der Aufbau war von Rundbögen unterteilt, die hier aber seltener und niedriger sind; durch diese gelangte man entweder über doppelte Treppenrampen zu den kleinen Bogengängen der Attika, da diese noch höher lagen, oder zu den Sitzreihen im Inneren des Amphitheaters. Zum oberen Umgang, und somit zu den Sitzplätzen, gelangte man an der Nordwest- und an der Westseite über zwei riesige von sechs

38 links *Rund um das Gebäude führten mehrere monumentale Treppen zur media und zur summa cavea: Die hier gezeigte doppelrampige Treppe auf einem Unterbau aus sechs Rundbögen liegt gegenüber der Palästra.*

38 rechts *Da die Arena teilweise unterhalb des Straßenniveaus gebaut wurde, waren die Gänge dorthin leicht abschüssig. Dieser wie die Straßen gepflasterte Gang am Südende der Anlage ist von Sockeln für Ehrenstatuen gesäumt.*

38-39 *Der elliptische Grundriss des Amphitheaters wird durch die konzentrischen Kreise der Sitzreihen noch verstärkt; diese Aufnahme mit dem Vesuv im Hintergrund zeigt deutlich die hohe Brüstung zum Schutz der Zuschauer und die Anordnung der Sitzreihen in drei verschiedene Ränge.*

Bögen gestützte Treppen mit doppelten Rampen, außerdem gab es an der Süd- und an der Nordseite zwei Treppen mit einer Rampe. Die Arena, der offene Bereich, in dem die Gladiatorenwettkämpfe stattfanden, liegt unterhalb des Straßenniveaus und war über zwei absteigende, weite und lange Torwege mit Tonnengewölbe erreichbar, die auf der größeren Achse der Ellipse lagen. Im Hauptgang auf der nördlichen Seite befanden sich am Anfang rechts und links je eine Nische mit Inschriften, die Cuspio Pansa, dem Vater und dem Sohn, zuzuschreiben sind. Sie restaurierten das Amphitheater nach dem Erdbeben von 62 n. Chr. auf eigene Kosten. Im gleichen Torweg auf der östlichen Seite sieht man die Löcher, in denen kleine Holzbalken mit einem Handlauf eingebaut waren, der auf dem Weg nach unten Halt bieten konnte. Am Ende der Durchgänge, bevor diese in die Arena hinausführten, konnte man zur *crypta* gelangen, die parallel zur Arena verlief und über die man zu den weiter unten gelegenen Sitzreihen gelangte, die für die Prominenz der Stadt vorgesehen waren. Die Arena war von den Zuschauerplätzen durch eine 2,18 Meter hohe Brüstung getrennt, die mit unterschiedlichen Motiven bemalt war. Die Sitzreihen, *cavea,* waren durch sorgfältig bearbeitete Brüstungen aus grauen Tuffsteinen in drei Hauptränge untergliedert; *ima cavea, media cavea, summa cavea.* Zur *ima cavea* gelangte man durch die *crypta*, zur *media* und *summa cavea* hingegen nur von oben über enge aber bequeme Treppen. Durch Treppen oder durch Schranken war die *cavea* im rechten Winkel zur Arena in keilförmige Segmente unterteilt. Die recht breiten Stufen waren der Länge nach in zwei unterschiedlich hohe Teile unterteilt, der vordere war höher als der hintere, so dass genügend Platz für die Füße blieb, ohne die davor Sitzenden zu belästigen. In der *ima cavea,* wo die Prominenz der Stadt Platz nahm, waren die Plätze nummeriert und durch einen roten Streifen abgeteilt. Weitere Plätze, von denen man stehend die Vorstellung betrachten konnte, befanden sich weit oben in den Bogengängen der Attika. Das Amphitheater von Pompeji war mit einem *velarium* ausgestattet, einem Schatten spendenden Segel, das mit Hilfe von Holzbalken, die an der obersten Brüstung befestigt waren, angebracht werden konnte. Diese hielten wiederum Leinentücher in dunklen Far-

40 oben *Beinschienen dieser Art wurden mit Lederriemen, die durch bewegliche Ringe gezogen wurden, an den Beinen befestigt. Dieses Exemplar ist mit einem Relief aus Pflanzenelementen verziert.*

ben. Die Spiele in Pompeji waren sehr bekannt und zogen Menschen aus der ganzen Umgebung an; finanziert wurden die mindestens eine Woche andauernden Veranstaltungen von den Magistraten, die alljährlich in die städtische Magistratur gewählt wurden, aber auch sonst fanden sich während des Jahres Anlässe um weitere Spiele zu organisieren. Die Gladiatoren, die schon in der Zeit vor den Spielen trainierten, fanden im Quadroportikus der Theater Unterkunft, wo prächtige Rüstungen gefunden wurden. Während der Zeit der Spiele zog dann eine phantasmagorische Prozession durch die ganze Stadt um den Bürgern die Protagonisten der Spiele vorzuführen; wenn sie dann durch den nördlichen Eingang in die Arena gelangt waren, grüßten die Gladiatoren den Magistrat, der die Spiele ausgerichtet hatte, woraufhin diesem die Ovationen des Publikums zuteil wurden. Die Gladiatoren hatten eine solch große Anhängerschaft, dass es beinahe schon an Fanatismus grenzte. Durch den jeweils stark ausgeprägten Lokalpatriotismus kam es zwischen Pompeji und Nocera häufig zu Handgreiflichkeiten, wenn es darum ging, dem einen oder dem anderen Kämpfer Beifall zu spenden. Nach 57 n. Chr. mussten die Feindseligkeiten immer mehr eskaliert sein, nachdem Nuceria von Nero zur Kolonie ernannt worden war und Pompeji einen Teil seiner Ländereien an Nuceria hatte abgeben müssen. Tacitus berichtet in den Annales (XIV-17), dass es im Jahr 59 n. Chr. bei den von Livineius Regulus veranstalteten Spielen, der, nebenbei gesagt, aus dem römischen Senat vertrieben worden war, zu Auseinandersetzungen zwischen den Einwohnern von Pompeji und Nuceria kam, wobei sie sich zuerst mit Beschimpfungen angriffen, sich dann mit Steinen bewarfen und schließlich zu den Waffen griffen, mit der Folge, dass es viele Verletzte und sogar einige Tote gab. Nero, als Schutzherr der Kolonie Nuceria, übergab den Fall zur Beurteilung dem Senat, der eine Schließung des Amphitheaters für 10 Jahre und die Verbannung der Aufwiegler anordnete.
Dieser bedeutende Zwischenfall wurde auch auf einem Fresko recht realistisch festgehalten, auf dem der Höhepunkt der Auseinandersetzungen aus der Vogelperspektive dargestellt ist, dieses Bild wurde im Haus I 3,23 gefunden.

40 Mitte *Dieses Fresko aus dem Haus VII 2,25 zeigt ein Quadriga-Rennen, die Wagenlenker werden durch die ungleiche Farbe der Kleidung unterschieden. Es ist nicht bekannt, ob in Pompeji Wettkämpfe dieser Art stattfanden, allerdings lässt der Fund eines Bildes dieser Art vermuten, dass auch hier solche Rennen durchgeführt wurden.*

40 unten links *Dieses Graffito aus dem Haus IX 1,12 zeigt eine Kampfszene zweier Gladiatoren: Nach dem Kampf mit den Schwertern stehen sich die beiden mit bloßen Händen gegenüber; die Krone auf dem Kopf deutet darauf hin, dass hier der Gladiator auf der rechten Seite den Sieg davontragen wird.*

40 unten rechts *Auf der kostbaren Reliefverzierung dieses für thrakische Gladiatoren typischen Bronzehelms wird Rom verherrlicht.*

Die Via dell'Abbondanza

Diese Straße verdankt ihren Namen einem Relief der Göttin des Überflusses (Abbondanza), einer allegorischen Gottheit, die dargestellt ist durch eine weibliche Gestalt mit einem Füllhorn auf der linken Schulter, das Relief befindet sich auf der Travertin-Stele eines Brunnens in der Nähe des Forums. Die Via dell'-Abbondanza, eine wichtige Verkehrsader der Stadt, bildet den unteren *decumanus*, der die ganze Stadt von Osten nach Westen durchläuft. Sie kann in drei Abschnitte unterteilt werden, die sich in Form, Nutzung und Alter unterscheiden. Der erste Abschnitt beginnt an der Porta Sarno im Osten und durchquert mit einer leichten Steigung die *regiones* I und II, bevor sie auf die Via di Stabia, eine weitere wichtige Straßenachse, trifft: Sie ist vier Meter breit und vollständig gepflastert, die tiefen Spuren, die die Räder der Fahrzeuge in dem harten Basaltstein hinterlassen haben, sind ein eindeutiger Hinweis auf die Intensität des Verkehrs. Zu beiden Seiten der Straße liegen etwa 60 Zentimeter oberhalb des Straßenniveaus Bürgersteige *(iter)* mit einer Kante aus großen Lava- oder Tuffsteinblöcken; nicht selten sieht man an den Ecken dieser oberhalb der Straße liegenden Steine – vor allem in der Nähe von Schänken oder Thermopolien – schlaufenartige Öffnungen, an denen Pferde oder Zugtiere festgebunden werden konnten. Während die Straßen im Zuständigkeitsbereich der Ädilen lagen, waren für die Unterhaltung der Bürgersteige die Besitzer der Häuser verantwortlich, die an dem jeweiligen Stück des Bürgersteigs lagen, daher sind die Oberflächen häufig anders gestaltet: Mal in grobem *cocciopesto,* mal mit Marmorüberzug, mal in *lavapesta.* In regelmäßigen Abständen und an den Kreuzungen wurden zwischen die Pflasterung der Straße große rechteckige Steinblöcke mit abgerundeten Ecken eingefügt, die auf gleicher Höhe mit dem Bürgersteig waren, eine Art Zebrastreifen zum Überqueren der Straße, eine sehr praktische Einrichtung, vor allem bei schlechtem Wetter, wenn sich auf der Fahrbahn das Regenwasser sammelte, das durch das leichte Gefälle der Straße schnell zu einem richtigen Bach anwachsen konnte. Direkt an den Bürgersteigen standen auf der Fahrbahn in regelmäßigen Abständen die öffentlichen Laufbrunnen, die von dem in augusteischer Zeit errichteten Aquädukt gespeist wurden. Der zweite Abschnitt der Via dell'Abbondanza, östlich der Via di Stabia bis zur Via dei Teatri, war für Fahrzeuge gesperrt, denn bei der Via di Stabia liegt die Straße 80 Zentimeter höher. Dieser Höhenunterschied, den die Fußgänger mit Stu-

41 links *Dieses Relief, das die Göttin des Überflusses (Abbondanza) darstellt, gab der Straße ihren Namen, es schmückt den Travertinpfeiler des Brunnens in der Nähe des Forums.*

41 Mitte *Der westliche Abschnitt der Via dell'Abbondanza war für den Verkehr gesperrt; aus jüngsten archäologischen Untersuchungen geht hervor, dass die Fahrbahn in früherer Zeit im Vergleich zum Bürgersteig sehr viel niedriger gelegen haben muss.*

41 rechts oben *Auf dieser von Westen aus aufgenommenen Aufnahme der Via dell'Abbondanza ist gut zu erkennen, dass man auf dem Weg zum Forum eine gleichmäßige, aber deutliche Steigung zu überwältigen hatte.*

41 rechts unten *Es ist nicht schwer sich das bunte Treiben und das Stimmengewirr vorzustellen, das diese Straße belebte: Straßenverkäufer, Läden, Thermopolien, Menschen, die sich um die Brunnen drängten und vorüberziehende Wagen.*

42-43 *Diese Rekonstruktion zeigt, wie die Via dell'Abbondanza früher einmal ausgesehen haben muss: Hier gab es Wäschereien, Werkstätten, cauponae und thermopolia. An den langen Bürgersteigen sind die Löcher zu erkennen, durch die die Zügel der Pferde und Zugtiere gezogen wurden.*

CIVESVM·POLYBIVM·IIVIR

CASELL
ERASTVS·CV

44 oben *Die Fassaden der Läden boten sich als Träger für Wahlparolen geradezu an, oft war es der Besitzer selbst, der hier seine eigene politische Überzeugung zum Ausdruck brachte, und damit auch die seiner Kunden.*

44 unten *An der Via dell'Abbondanza steht das Haus der mit Blumen ausgemalten Zimmer (I 9,5), eines der schönsten und am besten erhaltenen Häuser Pompejis. Ein Zimmer der am Atrium liegenden cubiculi ist mit einer prächtigen Wandmalerei dekoriert, auf der neben Elementen, die sich auf den Isis-Kult beziehen, ein paradeisos mit Blumen, Früchten und Vögeln dargestellt ist.*

44-45 *Diese Foto zeigt eine der schönsten thermopolia in Pompeji: Die Schanktische, in die die Behälter für Essen und Getränke eingelassen wurden, sind mit bunten Marmorstücken verkleidet. Auf der Wand im Hintergrund ist ein Tempel mit einer Opferszene dargestellt, in der Mitte steht Dionysos, an den Seiten Merkur; darunter zwei sich dem Altar nähernde Schlangen, die die Schutzgottheiten des Hauses symbolisierten.*

45 oben links *Die große Türöffnung der Läden wurde mit einer Schiebetür geschlossen, die sich in einer Rinne in der Türschwelle aus Basalt bewegte.*

fen überwanden, wurde nach etwa 50 Metern wieder aufgehoben, wodurch das vom Forum herunterkommende Wasser in einen Abfluss gezwungen wurde. Diese Stufe war notwendig geworden, da sonst das von weiter oben ungebremst herabstürzende Regenwasser an der Kreuzung mit Via di Stabia Schäden hätte verursachen können. Der dritte Abschnitt der Via dell'Abbondanza, der ebenfalls für den Verkehr gesperrt war, führt dann mit einer stärkeren Steigung hinauf zum Forum. Jüngsten Untersuchungen zufolge muss die Straße hier früher niedriger gelegen haben, denn der Eingang zum Forum erfolgte über eine große Treppe aus grauem Tuff. Von der Via di Stabia aus gesehen hat wohl besonders dieser Eingang der ganzen Straße und dem Forum eine monumentale Ausstrahlung verliehen, vor allem wenn man bedenkt, dass alle Häuserfronten in diesem Abschnitt aus großen Tuffsteinen bestanden, die durch Lisenen und Hohlkehlengesimse gleichmäßig unterteilt waren. Die einzelnen Abschnitte der Straße waren nicht gleichzeitig geplant worden, der erste Abschnitt scheint der jüngste zu sein (3.-2. Jh. v. Chr.) und der dritte der älteste (6. Jh. v. Chr.), auch wenn die Pflasterung der Straße mehr oder weniger gleichzeitig erfolgt sein muss, nämlich in der zweiten Hälfte des 1. Jh. v. Chr.

Die Straße lebte von dem stetigen Kommen und Gehen der vielen Menschen, die hier unterwegs waren: Kunden, Verkäufer und Bauern, die von außerhalb in die Stadt gekommen waren, Frauen, die an den öffentlichen Brunnen Wasser holten, Wagen, die nicht ohne Schwierigkeiten durch die Stadt zogen. An der Straße lagen Läden, Thermopolien, Schänken, und die Eingänge zu den Wohnhäusern scheinen sich nur mühsam zwischen die breiten Öffnungen der zahlreichen Läden zu drängen. An fast allen Häuserfassaden gab es Vordächer

45 oben rechts *Läden und Thermopolien an der Via dell'Abbondanza nahmen einen großen Teil der Häuserfront ein, es gab aber auch oft direkt dahinter Eingänge zu den Privathäusern: Hier sieht man den Gipsausguss einer mit großen Bronzebeschlägen verzierten Tür.*

45 unten links *Oft sind im oberen Bereich der Mauern runde oder viereckige Felder zu sehen, die beim Verputzen ausgespart wurden und mit geometrischen Mustern oder auch mit Reliefs verziert wurden.*

45 unten rechts *Diese herrliche Elfenbeinstatue stellt die indische Göttin Lakschmi dar, die, wie Aphrodite, die Göttin der Schönheit und der Fruchtbarkeit war. Dieser kostbare Fund, ein Zeugnis für die Handelsbeziehungen von Pompeji mit dem fernen Orient, wurde im Haus I 8,5 an der Via dell'Abbondanza gemacht.*

und Balkone, die irgendwie beinahe den ganzen Bürgersteig überdeckten. Einige restaurierte Häuser kann man bei den *insulae* 11 und 12 sehen. Die verputzten Wände der Fassaden dienten auch als beliebter Werbeträger, sowohl für Wahlparolen als auch für Werbung; eine in großen, roten Lettern verfasste Inschrift folgte der anderen, mal wurde der eine, mal der andere Kandidat gepriesen, mal wurden handwerkliche Erzeugnisse angeboten, mal Dienstleistungen. In solch einer Straße lässt sich der Alltag in Pompeji besser nachvollziehen als an jeder anderen Stelle der Stadt.

Praedia der Iulia Felix (II 4,2)

Dieses Haus gehört zu den größten und eindrucksvollsten Häusern von Pompeji, neuere archäologische Untersuchungen haben gezeigt, dass es durch die Verbindung zweier *insulae* entstanden war, die ursprünglich durch eine Straße getrennt gewesen waren, die vermutlich nach dem Erdbeben von 62 n. Chr. aufgegeben und in die Besitzung eingegliedert wurde. Der bebaute Teil dieses Komplexes befindet sich im nördlichen und westlichen Bereich an der Via dell'Abbondanza, während sich dahinter ein großer Garten erstreckt. Der bebaute Bereich wurde zum ersten Mal in den Jahren 1755 bis 1757 unter der Leitung von R.J. De Alcubierre und seinem Assistenten K. Weber ausgegraben. Damals zielte die Ausgrabung nur darauf ab, jene Dinge zu bergen, die als Kunstobjekte definiert waren, und die Gemälde von den Wänden zu reißen, die C. Paderni, Direktor des „Museums" von Portici, für geeignet hielt, die persönliche und höchst außergewöhnliche Pinakothek der königlichen Familie der Bourbonen zu bereichern. Wie üblich zu jener Zeit wurden die Gebäudeteile nach der Plünderung wieder zugeschüttet. Zuvor aber, im Mai des Jahres 1757, erstellte Weber einen Plan des Gebäudes, auf dem er die Fund- und Entnahmeorte der Gegenstände und Gemälde verzeichnete und nummerierte und dann in einer Liste festhielt. Die Besitzungen der Iulia Felix wurden dann unter der Leitung des Archäologen A. Maiuri von 1936 bis 1953 endgültig wieder ans Tageslicht gebracht. Bereits bei der ersten Ausgrabung stieß man auf einen wichtigen Fund, der Hinweise auf die Charakteristika des Hauses gab: Bei dem Eingang Nr. 6, der mit Halbsäulen und einem kleinen Giebel aus *opus latericium* schön gestaltet war, wurde eine Inschrift entdeckt, die besagt, dass nach dem Erwerb des weiträumigen Geländes, der Besitzer nämlich einen vielfältig nutzbaren Gebäudekomplex errichten ließ, den er an Dritte einschließlich Händler weitervermietete. Der große Komplex kann in vier unterschiedliche Bereiche unterteilt werden: Das Privathaus, der Bereich um das Peristyl, die Thermen und der Garten. Der nach 62 n. Chr. neu erbaute Eingang zum privaten Teil des Hauses befindet sich bei Nr. 10 in der Mitte der kleinen Gasse an der Westseite. Das Atrium mit *compluvium* und das *tablinum* liegen auf der Achse des ursprünglichen Eingangs und des Gartens, und noch heute sind die Wände fast vollständig mit Fresken bedeckt, nur die Mittelbilder waren abgenommen und weggebracht worden. Das *tablinum* Nr. 92 muss früher einmal ein einzigartiges Kunstwerk gewesen sein, die Wandgemälde im Vierten Stil bestanden aus Sockeln, auf dessen schwarzen Hintergrund grüne Pflanzen gemalt waren, die roten und gelben Wandabschnitte der dreigeteilten Mittelzone hatten kleine Bilder in der Mitte mit Villen, Tempeln und fliegenden Figuren. Die Oberzone war mit großformatigen Stillleben dekoriert. Die Südwand wurde bei den Ausgrabungen im 18. Jh. vollständig abgenommen und fortgebracht, von der Nordwand hingegen wurden nur die Stillleben entfernt, die heute im Nationalmuseum von Neapel zu sehen sind.

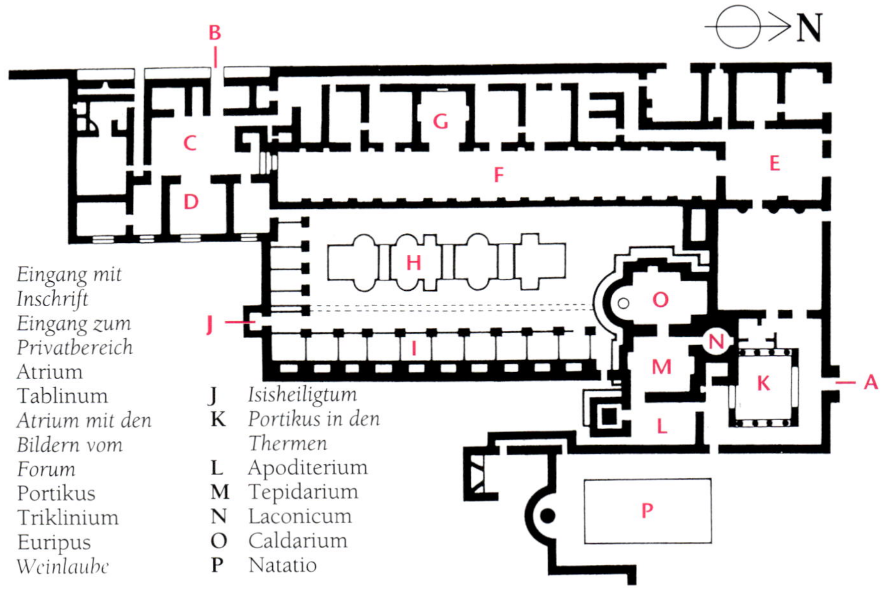

A *Eingang mit Inschrift*
B *Eingang zum Privatbereich*
C Atrium
D Tablinum
E *Atrium mit den Bildern vom Forum*
F Portikus
G Triklinium
H Euripus
I *Weinlaube*
J *Isisheiligtum*
K *Portikus in den Thermen*
L Apoditerium
M Tepidarium
N Laconicum
O Caldarium
P Natatio

46 oben *Das Peristyl des Hauses war auf der Westseite von einem prachtvollen Portikus mit viereckigen Marmorsäulen und auf der Ost- und der Südseite von einer Pergola umgeben; in der Mitte lag der euripus.*

46 Mitte *Die „Praedia der Iulia Felix" umfassten einen weiträumigen Gartenbereich, der in viereckige, von Holzzäunen begrenzte Beete unterteilt war, wahrscheinlich wurde der Garten von den Gästen nach dem Bad für Spaziergänge genutzt.*

Das Peristyl war sowohl vom Privathaus als auch von der Via dell'Abbondanza über den Eingang Nr. 3 zugänglich. Auf den Wänden des Eingangsraumes Nr. 24 befand sich ein gemalter Fries mit der Darstellung des Forums, von dem, ebenfalls im 18. Jh., Teile entfernt wurden. An der Westseite befindet sich ein herrlicher großer Säulengang mit viereckigen kannelierten Marmorpfeilern mit korinthischen Kapitellen; in der Mitte der Rückwand des Portikus', die im Vierten Stil dekoriert war, führt eine Verbindung zu einem prachtvollen Sommertriklinium mit einem Wasserspiel in Form einer Kaskade, die in kleinen Stufen herabfällt. war, von hier aus gelangte man in einen kleinen Quadriportikus mit Sitzbänken an den Wänden, der als Warteraum diente, und schließlich in die nebeneinander angeordneten üblichen Räumlichkeiten: *frigidarium, tepidarium* mit dem an der Nordseite anschließenden *laconicum* (Schwitzbad), und *caldarium*. Im Außenbereich lag das *natatio* (Schwimmbecken), das hauptsächlich im Sommer genutzt wurde. Die neben den Thermen liegende *caupona*, erreichbar über den Eingang Nr. 7 der Via dell'Abbondanza, war in mehrere Bereiche jeweils mit Steinbänken und einem runden Tisch unterteilt; zu dieser Schänke gehörte auch ein *thermopolium*, in dem Speisen und Getränke direkt an der Straße verkauft wurden. Der hinter den Gebäuden liegende weiträumige Garten war durch niedrige Holzzäune in große Vierecke aufgeteilt, in denen Obstbäume gepflanzt waren. Dieser Garten war auch über einen Eingang an der Südseite, nicht weit vom Amphitheater, zugänglich. Die verschiedenen Bereiche der Besitzung waren miteinander verbunden und waren von den Kunden von verschiedenen Seiten her bequem erreichbar.

Die Wände waren mit Nillandschaften bemalt und die Decke mit Sarnokalk-Stücken verkleidet, so dass der Besucher den Eindruck hatte, sich in einer Grotte zu befinden. In der Mitte des Peristyls lag ein *euripus*, ein lang gestrecktes rechteckiges Becken mit einem Marmorrand, der durch halbrunde und eckige Nischen und kleine Brücken aufgelockert wurde. An den Seiten im Osten und im Süden wechselten sich hinter einem Schatten spendenden Portikus auf viereckigen Säulen aus *opus mixtum* halbrunde und eckige Nischen ab, die ebenfalls eine Grottenverkleidung hatten. Es ist nicht auszuschließen, dass der Aufbau des Gartens im Hinblick auf Kulthandlungen im Zusammenhang mit dem Isiskult vorgenommen worden war, denn an der Südseite befindet sich ein kleines, der Göttin geweihtes Heiligtum. Die Baderäume waren durch den aus *opus latericium* errichteten Eingang Nr. 6 erreichbar, der über eine Rampe direkt mit der Via dell'Abbondanza verbunden

46 unten *Von der Mitte des westlichen Portikus' aus gelangte man in ein außergewöhnliches Triklinium, das in eine herrliche Brunnenanlage eingefügt worden war. Über die Marmortreppe floss das Wasser in kleinen Kaskaden hinunter in das Becken.*

46-47 *Auf diesem Fries, der sich auf den Wänden des an der Via dell'Abbondanza liegenden Atriums (E) befand, sind typische Marktszenen dargestellt: Links sieht man mehrere Stoffverkäufer, in der Mitte Verkäufer von Bronzegefäßen und von rechts nähern sich einige Kunden.*

47 unten *Dieser Ausschnitt zeigt im Vordergrund einen Verkäufer von Metallwerkzeugen und Geschirr und an der rechten Seite einen Schuhverkäufer. Im Hintergrund sieht man die Säulen des Portikus' am Forum und rechts den Sockel für eine Reiterstatue.*

Das Haus der Venus in der Muschel (II 3,3)

Dieses von A. Maiuri im Jahr 1952 ausgegrabene Haus nimmt den gesamten nordwestlichen Teil der *insula* ein, seinen Namen verdankt es einem großen Freskogemälde auf der Südseite des Gartens. In dem mit purpurroten Fresken dekorierten *Vestibulum* befanden sich früher Medaillons mit Porträtbüsten. Das etruskische Atrium war mit bühnenmäßigen Dekorationen im Vierten Stil ausgestattet, die aber inzwischen stark verblichen sind; mitten im Atrium befand sich das marmorne *impluvium,* in dem sich das Wasser sammelte, das vom

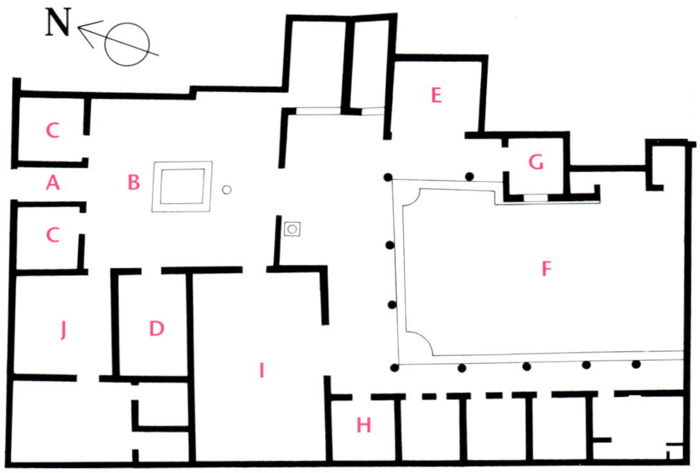

A Vestibulum
B *Atrium*
C Cubiculi
D Triclinium
E *Peristyl*
G Cubiculum
H Oecus
I *Großer Saal*
J *Wirtschaftstrakt*

Dach durch das *compluvium* einfiel und von dort einer Zisterne zugeführt wurde. Im Jahr 1943 wurde das Atrium durch eine Bombe schwer beschädigt. An der Nordseite des Atriums lagen zwei *cubiculi,* an der Westseite befand sich rechts der Wohntrakt der Sklaven, der über einen eigenen Zugang zur Via dell'Abbondanza verfügte, von dem noch der Gipsabguss erhalten ist. In der Mitte befand sich ein *triclinium* mit Fresken im Vierten Stil; interessant ist hier das Stuckgesims, das das Tonnengewölbe und die Freskomalerei in den architektonischen Feldern trennt, die in Form von Balkonen dargestellt sind, die durch Rammsporne gestützt sind und über deren Brüstungen sich Pfauen befinden. Immer noch auf der Westseite des Atriums öffnet sich im Süden ein großer Saal mit einem schwarzweißen Mosaikboden, dessen neue Wanddekoration im Jahr 79 n. Chr. noch nicht fertig gestellt war. Das *tablinum* liegt in diesem Haus nicht in der sonst üblichen Position, nämlich auf der Achse Vestibulum, Atrium und Peristyl, sondern östlich des äußeren Säulengangs. Die Motive der leider ziemlich verblassten Wanddekoration scheint in Zusammenhang mit dem Apollo-Mythos zu stehen, denn auf dem Mittelbild an der Nordwand sind Apollo und Daphne dargestellt; in den Wandfeldern sind außerdem Motive dargestellt, die die Verbindung zu Apollo zum Ausdruck bringen: So spielt eine Figur auf der Kithara, eine Frau dreht die Spindel, eine andere Figur scheint sich bei der Darbietung eines Opfers Apollo hinzuwenden. Ganz besonders faszinierend in diesem Haus aber ist das Peristyl, denn es wird auf der Südseite des Gartens in der Wandmalerei

48 oben *Im nördlichen Portikus des Peristyls war ein Dachstuhl errichtet worden, um die weite Öffnung zwischen den Säulen und der hinteren Wand aufzufangen. Die Wände sind im Vierten Stil bemalt und mit kleinen Bildern mit Villen am Meer zusätzlich bereichert.*

__48 Mitte__ Das Peristyl des Hauses war um einen dreiseitigen Portikus herum angelegt, dessen aus Ziegelsteinen errichtete Kompositsäulen im unteren Drittel gelb und im oberen Bereich weiß und kanneliert waren. Die Westseite ist vollständig mit Fresken im Vierten Stil bemalt.

__48 unten__ Das Fresko auf der linken Seite der Rückwand des Peristyls zeigt im Vordergrund eine Marmorstatue des Mars, die durch einen Zaun aus schmalen überkreuzten Latten von dem dahinter liegenden Phantasiegarten (paradeisos) *getrennt ist.*

__48-49__ Der Architekt des Hauses legte einen Weg an, auf dem man Schritt für Schritt den Bereich des Peristyls wahrnehmen konnte, so dass der wirkliche Garten mit dem Phantasiegarten verschmolz, der als Freskogemälde die hintere Wand verzierte: In der Mitte eines großen Fensters, das sich zum Meer hin öffnet, zieht eine Venus in der Muschel vorüber.

__49 oben__ Auf dem mittleren Teil der Rückwand des Peristyls befindet sich das große Fresko der Venus, die seitlich in einer Muschel liegt. Wie ein Schiff wird diese von einem Delfin gezogen, auf dem ein Putto reitet, ein anderer Putto scheint sie vor sich her zu schieben.

perspektivisch fortgeführt, wo neben einer Statue (Mars) und mehreren Marmorbrunnen eine phantastische Fauna dargestellt ist: In der Mitte des Wandgemäldes jenseits des Gartens öffnet sich ein großes illusionistisches Fenster zum Meer, wo eine rosafarbene Muschel vorbeizieht, gezogen von Delfinen, auf denen Putti reiten, darin liegt die Venus. Dieses Gemälde wirkt allerdings nur aus größerer Entfernung betrachtet, aus der Nähe betrachtet zeigen sich nämlich die Widersprüchlichkeiten einer von unterschiedlichen Händen angefertigten Arbeit. Auch an der Ostseite versuchte man, die realen architektonischen Strukturen zu verleugnen, so sind die äußeren Wände des Raums 11 mit dem Freskogemälde eines Gartens mit Marmorbrunnen verziert, auf dessen Rändern Tauben sitzen.

Die West- und die Nordseite hingegen sind vollständig von Säulen umgeben. Der schmale Säulengang des westlichen, mit bühnenmäßigen Gemälden im Vierten Stil verzierten Portikus' führt zu weiteren Räumen; diese Räume waren zweistöckig. Der nördliche, sehr breite Säulengang weist kleine impressionistische Bilder auf, auf denen Tempel und Villen am Meer dargestellt sind. Interessant sind auch die Räume 11 und 14: In dem ersten, der südlich vom östlichen Portikus liegt, sieht man Wandabschnitte mit blauem Hintergrund und einer in der Mitte angeordneten, perspektivisch gesehenen Ädikula, in der Mitte davon befindet sich ein Bild, das bisher noch nicht mit Sicherheit interpretiert werden konnte, vielleicht handelt es sich um eine seltene Darstellung der Geburt des Hermaphroditen; der zweite Raum befindet sich hinter dem westlichen Abschnitt des nördlichen Säulengangs. Auf Freskogemälden im Vierten Stil sind hier auf einem sehr eleganten gelben Hintergrund illusionistische Architekturen dargestellt, zwischen denen sich schwebende Putti bewegen. Das Haus der Venus in der Muschel, das im Zweiten Weltkrieg vor allem im vorderen Teil durch Bomben stark beschädigt wurde, wurde nach ersten, eher groben Maßnahmen in den 50er Jahren, erst vor kurzem vollständig restauriert.

Das Haus des Loreius Tiburtinus (II 2,2)

A *Eingang*
B *Ala mit Venus*
C *Atrium*
D *Viridarium*
E *Oberer Kanal*
F *Oecus im Vierten Stil*
G *Unterer Kanal*
H *Oecus mit dem trojanischen Zyklus*
I *Brunnen*
J *Sommertriclinium*

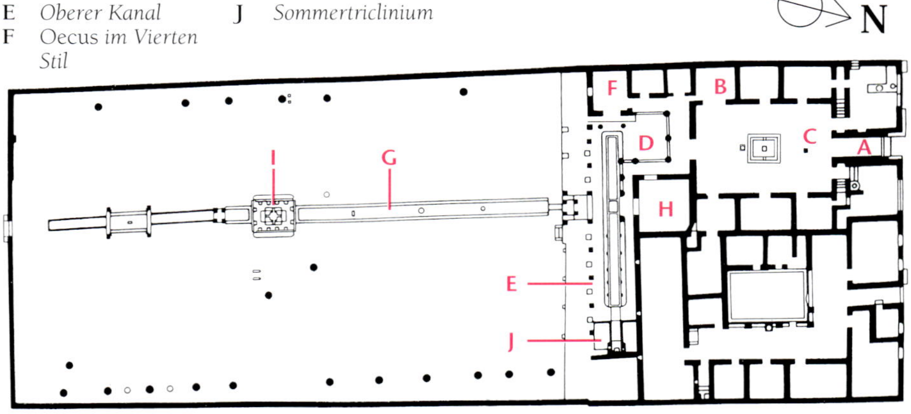

50 oben *Die Marmorstatue auf dem mittleren Brunnen des unteren euripus stellt einen Putto dar, der auf einem Felsen sitzend eine tragische Maske in der Hand hält. Die nach hellenistischem Vorbild hervorragend gestaltete Statuette kommt in Pompeji in zahlreichen Varianten vor.*

Der nördliche Teil dieses unter der Leitung von Spinazzola von 1916 bis 1921 ausgegrabene Haus liegt an der Via dell' Abbondanza und nimmt einen großen Bereich der *insula* ein. Es ist eines der größten Häuser ganz Pompejis. Der Name entstand aufgrund zahlreicher Wahlparolen auf der Fassade dieses und der gegenüberliegenden Häuser, einige forderten dazu auf einen gewissen Loreius zu wählen, andere warben für einen gewissen Tiburtinus; außerdem war in der Mitte der südlichen Wandtafel im *oecus* „F" das Gemälde eines weiß gekleideten Isis-Priesters mit rasiertem Kopf, der Opferschale, Situla und Sistrum hält, dessen Name darunter geschrieben war: Amulius Faventinus Tiburs. Der letzte Eigentümer war wahrscheinlich D. Octavius Quartio, dessen Bronzesiegel in einem *cubiculum* gefunden wurde. Neben dem Eingang lagen zwei zum Haus gehörende *cauponae;* das mit sechseckigen Marmorstücken verzierte Atrium hatte in der Mitte ein *impluvium* mit hohen Rändern das einen Brunnen mit einem hohen senkrechten Wasserstrahl hatte; die seitlich liegenden Räume sind mit Gemälden im Vierten Stil ausgestattet, über denen sich Stuckgesimse im Ersten Stil befinden. Von besonderem Interesse ist der Raum „B", wo sich in der Mitte der Wandfelder mit rotem Hintergrund einige in der Luft schwebende Gestalten abheben, darunter eine fischende Venus und Kriegerstatuen, weiter oben sieht man kleine Bilder auf schwarzem Hintergrund mit Jagdszenen. Vom Atrium aus gelangt man in ein kleines Peristyl, das an der Stelle des ur-

50 Mitte links *In der Mitte des oberen Kanals befand sich ein Brunnen mit einem mittleren und mehreren seitlichen Wasserstrahlen; dahinter befindet sich auf der Achse des unteren euripus ein kleiner Tempel mit vier Säulen; durch den Brunnen waren beide Systeme ideal verbunden.*

50 Mitte rechts *Der hier von Norden aus gesehene untere euripus ist erst vor kurzem mit der originalgetreuen Rekonstruktion der Pergolen und der Neupflanzung der ursprünglich hier ansässigen Bäume vollständig restauriert worden.*

50 unten *Der Brunnen in der Mitte des unteren Kanals besteht aus einem Becken mit an der Wand lehnenden Säulen, auf denen sich früher Marmorstatuetten befanden. Von der Mitte aus verzweigen sich kleine Treppen, über die das Wasser ins Becken zurückfließt.*

sprünglichen *tablinum* errichtet worden war, was an den Spuren auf der Südmauer des Atriums zu erkennen ist. Am *viridarium* liegen zwei der im Hinblick auf die Freskogemälde interessantesten Räume Pompejis: Das *oecus* „F" und das *triclinium* „H". Der erste Raum weist eine feine Dekoration im Vierten Stil auf, deren weißer Hintergrund durch architektonische Felder mit Trophäengruppen aufgeteilt ist; die einzelnen Wandabschnitte sind von Rahmen aus Miniaturbildern umgeben; auf der teilweise erhaltenen und ergänzten Decke wechseln sich runde und rechteckige Teile aus Stuckrelief ab. Das *triclinium* „H" zeigt auf zwei Registern Szenen der Geschichte von Troja. Sehr sehenswert ist auch die Anlage der zwei *euripi* (Kanäle): Der obere *euripus* ist von einer Pergola überdeckt, die von kleinen, mit bacchischen Motiven verzierten Pfeilern gestützt wird, darunter stehen auch zahlreiche Gartenstatuen. Die Nordwand ist mit einer Jagdszene in einem exotischen Umfeld bemalt, an der Westseite ist der Mythos von Diana und Aktaion, im Hintergrund an der Ostseite die Mythen von Narziss und von Pyramus und Thisbe dargestellt. Unter Letzterem ist die einzige bekannte Signatur eines Malers in Pompeji zu lesen: *Lucius pinxit*.
Die zwei Bilder sind voneinander getrennt durch eine von zwei korinthischen Säulen gestützte *Ädikula*, in der Apsis befand sich ein kniender Knabe mit einer Amphore, aus der das Wasser in den Kanal floss. Der andere *euripus* zieht sich von Norden nach Süden durch den Garten. Dort wo die beiden Kanäle aufeinandertreffen erhebt sich ein kleiner viersäuliger Tempel, an dessen Basis sich ein Brunnen mit mehreren halbkreisförmig angeordneten, schrägen Düsen und ein senkrecht hinaufsteigender Wasserstrahl in der Mitte befand. Ein weiterer außergewöhnlicher Brunnen befand sich in der Mitte des unteren Kanals: Auf dem viereckigen Unterbau steht in der Mitte eine Art Pyramide mit vier kleinen Treppen, über die das Wasser herunterfloss. Das Wasser zum Betreiben der Brunnen wurde direkt aus einem *castellum plumbeum* entnommen, das an der nordwestlichen Ecke der *insula* stand.

51 oben *Am östlichen Anfang des oberen Kanals steht ein Sommertriclinium in Form einer zweisäuligen Ädikula mit halbrundem Hintergrund. Davor befand sich die Statuette eines knienden Jünglings, der eine Amphore hielt, aus der Wasser in den Kanal floss. Links von der Ädikula sieht man ein Bild mit dem Mythos des Narziss', rechts ist die Erzählung von Pyramus und Thisbe dargestellt.*

51 Mitte *Auf der Westseite des oberen euripus war auf zwei einzelnen Bildern der Mythos von Diana und Aktaion dargestellt, zwischen den beiden Fresken führt eine Tür in das oecus mit Gemälden im Vierten Stil. Links Diana, die von Aktaion beim Bad überrascht wird, rechts Aktaion, der von seinen Hunden zerfleischt wird.*

51 unten *Dieser Hermaphrodit schmückte früher den Rand des Brunnens in der Mitte des unteren Kanals, der auch von dem kleinen Tempel in der Mitte des oberen Kanals aus gut zu sehen war. Die Statue liegt mit leicht nach hinten geneigtem Kopf seitlich auf einem Felsen.*

Das Haus des Iulius Polybios (IX 13,3)

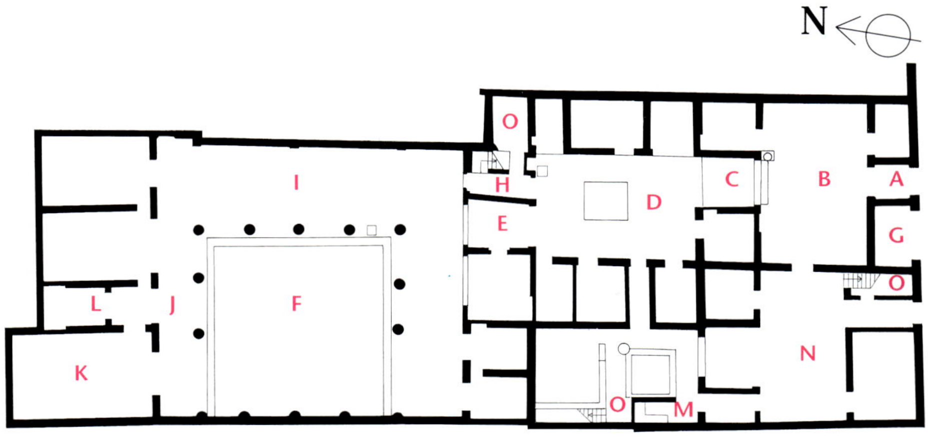

Das Haus des Iulius Polybios ist eines der imposantesten Gebäude an der Via dell'Abbondanza, sowohl im Hinblick auf seine Größe, es nimmt drei Viertel der *insula* ein, als auch im Hinblick auf Wandmalereien und Einrichtungsgegenstände. Die Zuordnung zu Polybios beruht auf zahlreichen Wahlparolen, die nicht nur auf den anliegenden Wohnhäusern und auf der Fassade dieses Hauses gefunden wurde, sondern auch auf

den Wänden im Eingang selbst, wo sie für Iulius Polybios als *duumvir* warben. Das Haus könnte allerdings auch einem gewissen Iulius Philippus gehört haben, dessen Bronzesiegel in einem der Schränke im Haus gefunden wurde. Die monumentale Fassade des zweigeschossigen Hauses wurde im Jahr 1910 von V. Spinazzola freigelegt, der Rest des Gebäudes hingegen wurde von 1966 bis 1978 von A. De Franciscis vom vulkanischen Schutt befreit. Auf der Fassade fand man links von der *taberna Nr. 4* ein vierzeiliges Graffito eines unbekannten Dichters: *Nihil durare potest tempore perpetuo./ Cum bene Sol nituit redditur Oceano;/ Decrescit Phoebe quae modo plena fuit./ Sic Venerum feritas saepe fit aura levis.* (Nichts kann ewig andauern. Hat die Sonne ihren Lauf beendet, versinkt sie im Ozean. Der Mond nimmt ab nach Vollmond. Und so geht auch der Schmerz der Liebe oft vorüber wie ein leichter Hauch.) Vor kurzem erst (1997) wurden sowohl die Baustrukturen als auch die Wanddekorationen vollständig restauriert. Das Haus, so wie man es heute sieht, ist das Ergebnis des Zusammenschlusses von mindestens zwei älteren Häusern, was zu der Entstehung eines recht ungewöhnlichen Haustypus' führte, denn dort wo sich vorher das *viridarium* befand, wurde später ein Atrium errichtet (Q), wodurch sich eine für Pompeji unübliche Zimmerfolge ergab: *Vestibulum,* überdachter Hof, das *tablinum,* das zu einem Durchgangsraum wird, Atrium, *tablinum* und schließlich das Peristyl. Die helle Fassade war im Ersten Stil gestaltet: Quader, die oben mit einem Zahngesims abschlossen waren, und Türen, deren hervortretende Stucklisenen von einem gekehlten Gesims überragt waren, verliehen dem zweistöckigen Haus ein beeindruckendes, elegantes Aussehen. Das Haus wurde zum Zeitpunkt der Eruption von 79 n. Chr. gerade restauriert, so sieht man in der nordwestlichen Ecke des überdachten Hofs (B), noch einige zerbrochene Amphoren, die vielleicht für das *cocciopesto* wieder verwendet werden sollten, und einen Haufen gelber Pozzo-

A *Eingang*
B *Überdachter Hof*
C *Durchgangszimmer*
D Atrium
E Tablinum
F *Peristyl*
G *Laden*
H *Korridor*
I *Östlicher Portikus*
J *Nördlicher Portikus*
K Triclinium „*EE*"
L *Alkoven*
M *Küche*
N *Wohntrakt der Sklaven*
O *Treppe zum oberen Stockwerk*

52 *Die an der Via dell'Abbondanza liegende Fassade des Hauses des Polybios erscheint schlicht und würdevoll, und genau diesen Eindruck wollte der Besitzer, der aktiv am politischen Leben der Stadt beteiligt war, von sich hinterlassen.*

52-53 *Der Portikus ist in viereckige, den Interkolumnien entsprechende Abschnitte aufgeteilt, die rotgrundigen Giebelfelder sind in der Mitte mit einer weißen Reliefscheibe verziert. An der Wand stehen die Schränke und Kisten für den Hausrat.*

53 oben *Der gleich hinter dem Eingang liegende überdachte Hof ist durch Malereien im Ersten Stil gekennzeichnet. Besonders interessant ist die falsche Tür links vom Durchgangsraum.*

53 Mitte oben *Vor der Küche des Sklaventraktes befand sich ein Fresko, auf dem eine Opferszene und eine Glück bringende Schlange dargestellt ist. Oben rechts ist der Gang zu erkennen, der zu den Räumen im oberen Stockwerk führte.*

53 Mitte unten *Das Peristyl ist auf drei Seiten von einem Säulengang umgeben, auf der vierten Seite liegen Halbsäulen an der Wand an; der untere Teil der Säulen war gelb stuckiert.*

53 unten *Der Boden des Atriums war aus Flusskieseln gelegt; im Vordergrund erkennt man die Brunnenmündung (puteal), die die Öffnung der darunterliegenden Zisterne bedeckte.*

lanerde, die zur Herstellung des Mörtels benutzt wurde. Der Haupteingang befindet sich bei Nr. 3, das Vestibulum führt in einen überdachten Hof mit einer wundervollen Dekoration im Ersten Stil, der jedoch zum Zeitpunkt der Katastrophe gerade ersetzt werden sollte. In der ältesten Phase dieses Hauses befand sich in der Mitte der Nordwand dieses Hofes ein großer Durchgang zum *tablinum*, während rechts davon der Zugang zum Korridor war, der zu dem dahinter liegenden *viridarium* führte, und links eine Tür zu einem *cubiculum*; später wird das

tablinum zu einem Durchgangsraum, der ursprüngliche Korridor verliert seine Funktion und wird anderen Räumen angegliedert, schließlich wird der Eingang zum *cubiculum* zugemauert, rein optisch bleibt er aber erhalten, indem seine Funktion auf der Wand als Malerei imitiert wird. Hingegen wird anstelle des *viridariums* hinter dem ursprünglichen *tablinum* ein etruskisches Atrium mit einem gepflasterten Boden errichtet, der Boden des *impluviums* ist mit einem Überzug aus bunten Marmorplatten ausgekleidet, und die Ränder sind mit *cocciopesto* verkleidet, das mit Rhomben aus weißen Mosaiksteinen verziert ist. Vom Atrium aus öffnen sich an der Westseite eine ganze Reihe von Wohräumen, die im Dritten Stil verziert sind. Zwischen diesen verläuft ein Korridor, der in den Wohntrakt der Sklaven führte. An der Nordseite des Atriums hingegen liegen das *tablinum*, der Zugang zum Peristyl und schließlich das *lararium*. Das Peristyl ist auf drei Seiten von einem Portikus mit toskanischen Säulen umgeben, an der Westseite liegen Halbsäulen an der Wand an; der östliche Säulengang ist in architektonisch-künstlerischer Hinsicht besonders interessant, denn hier ist die Wand durch ein Giebelmuster entsprechend zu den Interkolumnien in viereckige Abschnitte unterteilt. Auf dem roten Hintergrund der Tympanons ist eine weiße Reliefscheibe gearbeitet. An der Ostseite ist innerhalb eines Dekorsystems im Dritten Stil ein Fries mit Stilleben zu erkennen, wo sich Vögel, Theatermasken, Früchte und Landschaften abwechseln. Am nördlichen Säulengang liegen die Repräsentationsräume: Im Westen ein herrliches, im Dritten Stil auf schwarzem Untergrund dekoriertes *triclinium,* auf der Ostwand

ist eine wundervolle mythologische Landschaft mit den dramatischen Phasen der „Hinrichtung der Dirke" dargestellt. Ganz besonders interessant ist auch die Wandmalerei der anderen Räume an der Nordseite des Peristyls, in denen auch die Deckenmalerei erhalten geblieben ist, auch diese Räume sind im Dritten Stil dekoriert. Zu den besonders beachtenswerten Funden gehört eine Reihe von Kleiderkisten unter dem östlichen Portikus und die zu einem Fackelträger umfunktionierte Bronzestatue eines jungen Mannes (Apollo? Ephebe?) mit archaisierenden Gesichtszügen, die im *triclinium* EE hinter dem Peristyl entdeckt wurde. Dieses *triclinium* gehört auch deshalb zu den interessantesten Räumen des Hauses, weil man hier auf Überreste von bronzenen Liegen und auf das feine Tafelgeschirr gestoßen war.

54 links oben *In der Mitte des nördlichen Säulengangs öffnet sich dieses wundervolle oecus mit seiner eleganten Wanddekoration im Vierten Stil, die wahrscheinlich erst kurz vor dem dramatischen Ende fertig gestellt worden war.*

54 links Mitte *Diese Darstellung in der Mitte der westlichen Wand des cubiculum, das an der Rückseite des südlichen Säulengangs liegt, zeigt den römischen Kriegsgott Mars mit Helm, Lanze und Schild; auf der gegenüberliegenden Wand befindet sich eine Darstellung der Venus.*

54 links unten *Diese prächtige Bronzestatue, eine Darstellung des Apollo, wurde im großen triclinium hinter dem Peristyl entdeckt. Die im Wachsausschmelzverfahren hergestellte Figur gab eine archaisierende Darstellung des Apollo wieder, wie sie am Ende des 1. Jh. v. Chr. ziemlich verbreitet war.*

54 rechts oben *Dieser architektonische Durchblick im Vierten Stil verzierte die Oberzone der Rückwand im cubiculum mit Venus und Mars.*

54 rechts unten *Die hier abgebildete Szene ist ein Ausschnitt des großen Gemäldes „Hinrichtung der Dirke" auf der Ostwand des großen tricliniums hinter dem nördlichen Säulengang.*

55 links *Auf diesem bronzenen crater (Mischkrug), einem kostbaren Stück aus dem Hausrat, sind acht Personen im Relief dargestellt, die vor kurzem als die sieben Heroen identifiziert wurden, die Polyneikes beim Zug gegen das von ihrem Bruder Eteokles beherrschte Theben unterstützten.*

55 rechts oben *Diese halbnackte Venus trägt auf der rechten Hand einen Putto, der ihr einen Spiegel hält.*

55 rechts unten *Diese zarte fliegende Gestalt auf rotem Hintergrund befand sich im cubiculum hinter dem südlichen Portikus.*

Das Haus der Casti Amanti (IX 12,6)

Im Jahr 1987 begann die systematische Erforschung des südlichen Sektors der *insula* 12 in der *regio* IX, die bis heute (1998) noch nicht abgeschlossen ist. Bereits zu Anfang zeichnete sich ab, dass der ausgegrabene Komplex verschiedenen Besitzern zuzuordnen ist, er wird aber einheitlich als „Casa dei Casti Amanti" bezeichnet aufgrund eines Bildes, auf dem sich zwei Personen während eines Banketts zärtlich zu küssen scheinen. Direkt an der Via dell'Abbondanza liegen nämlich vier unterschiedliche Besitzungen, hinter denen sich noch eine fünfte befindet. Beim Haus Nr. 6 handelt es sich um eine Bäckerei *(pistrinum)*, deren Eingangsbereich zwei

A *Eingang zum „pistrinum"*
B *Bereich mit Mahlsteinen*
C *Raum für die Zubereitung des Brotes*
D *Backofen*
E *Dachgarten*
F Triclinium
G *Peristyl*
H *Empfangsraum mit unvollendeter Wanddekoration*
I *Stall*
J *Durchgangsraum*

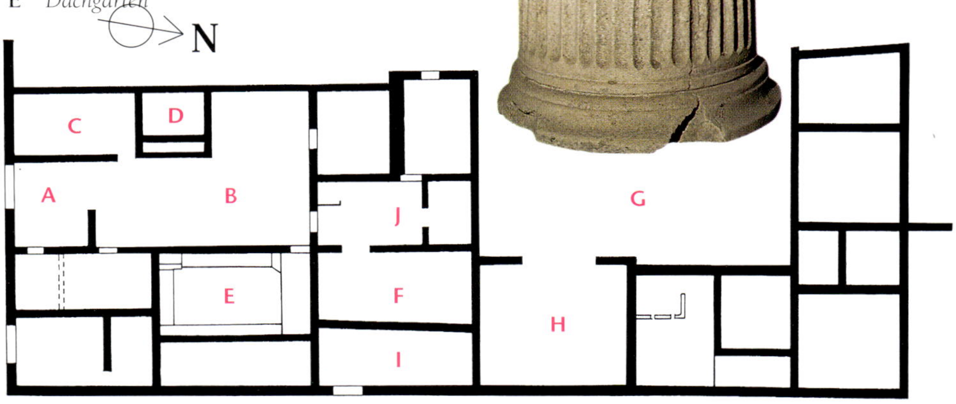

Durchgänge hatte: Die östlich gelegene Tür führte in einen kleinen Raum, von dem aus vielleicht kontrolliert wurde, was in diese Bäckerei herein- und herausgebracht wurde; die nördliche Tür führte ins Herz des Arbeitsbereiches, wo auf dem gepflasterten Boden vier Mahlsteine standen und in der Mitte der Westwand der große Ofen: Über der aus Ziegelsteinen gebauten Stirnseite mit Rundbogen war eine Mauer aus *opus incertum* errichtet worden, die an einigen Stellen Ausbesserungen aufweist. Gleich hinter dem Rundbogen befindet sich die Öffnung des aus Lavablöcken errichteten, großen Backofens. Links vom Backofen war ein großer rechteckiger Raum, in dem Getreide eingeweicht und die Brote zubereitet wurden, die von hier aus über eine quadratische Öffnung in

der Nordwand direkt in den Ofen gelangten. Die Mahlsteine wurden mit Hilfe von Zugtieren betrieben; hinten links an der Nordwand fand man Reste einer Futterkrippe mit Heu. Die restlichen Räume im Erdgeschoss und ein großer Teil des Obergeschosses wurden als Wohnräume verwendet; das Obergeschoss war über eine Treppe im Raum „J" erreichbar, der als Durchgangsraum für den gesamten herrschaftlichen Bereich diente. Von hier aus gelangte man in das *triclinium*. Die herrliche Wandmalerei ist hier aus dem Dritten Stil: Die Wände sind durch schmale stilisierte Säulen in abwechselnd rote und schwarze Felder aufgeteilt: In der Mitte der roten Abschnitte sind zarte geflügelte Figuren abgebildet, in der Mitte der schwarzen Felder hingegen befinden

56 oben Diese Brunnenmündung (puteal) aus Marmor verbarg die Öffnung der in der Nähe des Dachgartens liegenden Zisterne.

56 Mitte links Das Foto zeigt den großen Backofen der Bäckerei an der Via dell'Abbondanza, die zum Zeitpunkt der Eruption gerade restauriert wurde.

56 Mitte rechts Die Forschungen im Peristyl führten zu genauen Kenntnissen über damals gebräuchliche Pflanzen und über die Organisation und Einteilung der Beete.

56 unten Im großen Saal waren auch die Wandfelder, also der bemalte Bereich zwischen den Wandabschnitten mit kostbaren Malereien versehen, meist elegante Girlanden und eindrucksvolle architektonische Durchblicke.

sich Bilder, auf denen Bankette dargestellt sind. Die Ostwand des *tricliniums* scheint eindeutig in einer späteren Zeit erneuert worden zu sein, allerdings mit den gleichen stilistischen Merkmalen wie vorher. Interessant ist auch der Raum „H", der aufgebaut ist wie ein kleiner Dachgarten, wodurch die ganzen Herrschaftsräume Licht und Luft erhielten; besonders beachtenswert ist das Fresko auf der Westwand, auf dem in der Oberzone Herkules dargestellt ist, der vor die zwölf Götter gebracht wird, und, im unteren Bereich, zwei sich einem Altar nähernde Schlangen, die Schutzgottheiten symbolisieren. Ebenfalls auf der Westwand hat sich der Probeentwurf erhalten, den der Maler angefertigt hatte, bevor er die Opferszene in einer Nische auf derselben Wand auftrug. Schließlich sei noch Raum „J", der Stall, erwähnt: Hier waren einige der Maultiere untergebracht, die an den Mahlsteinen arbeiteten. Der gesamte Komplex des *pistrinum* befand sich gerade in einer Restaurationsphase, was belegt wird durch die demontierten Mahlsteine und die überall, sogar im *triclinium* verteilten Kalkhaufen. Von großem Interesse ist auch der Bereich um das Pe-

57 oben Die Wände des mit Fresken im Dritten Stil dekorierten triclinium waren in der Mitte mit Szenen von Banketten ausgestattet: Auf diesem Bild ist im Vordergrund ein vollständiges Glasservice auf einem kleinen, dreibeinigen Holztisch dargestellt.

57 unten Dieser wundervolle Fries mit der Darstellung eines Rennens von Bigen, die von Hirschen gezogen und von Putti gelenkt werden, gehört zur Wanddekoration des großen Saals, die zum Zeitpunkt der Eruption noch nicht vollendet war.

ristyl, das sich mitten in der *insula* befindet. Diese Räume sind nicht mit den an der Via dell'Abbondanza liegenden Häusern verbunden, und vielleicht auch nicht mit dem alten Teil des Hauses und dem Seitenweg. Durch die Ausgrabungen konnten alle architektonischen Details des Komplexes rekonstruiert werden, sogar die ursprüngliche Dachabdeckung aus Dachziegeln, Dachpfannen und palmettenförmigen Stirnziegeln konnte wiederhergestellt werden. Auch der Garten brachte viele neue Erkenntnisse, paläobotanische Ausgrabungen ermöglichten eine Neuanlage der ursprünglichen Pflanzungen, die in leicht erhöhten, von einem Rohrgeflecht umgebenen Beeten angeordnet waren. Die von Rosen und Farnen übersäten Beete zeichneten in der Längsrichtung eine schmale, durch Halbkreise unterbrochene Allee, während die Sicht zur Südwand durch eine Pergola versperrt war; auf der niedrigen Mauer zwischen den Säulen des nördlichen Säulengangs fand man eine Brunnenstatue, die ein Kind mit einem Delfin darstellte. Die Räume nördlich des Peristyls sind meistens im Vierten Stil dekoriert; vielleicht befanden sie sich noch in der Fertigstellung, denn auf einigen Wänden waren die Mittelbilder noch nicht eingefügt worden. Aber als der bei weitem interessanteste Raum erwies sich der weiträumige Saal Nr. 12 in der südöstlichen Ecke des Peristyls, der sowohl vom östlichen Säulengang als auch von der Gartenallee aus über eine monumentale Vorhalle erreichbar war, deren zwei Säulen von einem Tympanon überragt wurden. Die aus Rohrgeflecht errichtete Zwischendecke des Raumes war mit regelmäßigen Kassetten und einer Halbkuppel verziert. Während allerdings die Decke schon fertig gestellt war, befanden sich die Wände noch mitten in den Restaurationsarbeiten, wodurch sich hier die Möglichkeit ergab, bezüglich der Freskomalerei ein klares Bild über die zeitlichen Vorgänge, die Arbeitsweisen und die verwendeten Arbeitsmittel zu erhalten. Die Wände waren nur zum Teil fertig gestellt worden, und dort, wo die Dekoration unvollständig war, sieht man entweder die letzte Putzschicht, auf der schon mit Eisenoxid die Vorzeichnung erstellt war, oder die Schicht des groben Putzes, mit der die Wand vorbereitet wurde. Überall auf dem Boden verstreut fand man Schüsselchen mit Farbe und Werkzeuge, ein deutlicher Hinweis darauf, dass am 24. August des Jahres 79 n. Chr. die Arbeiten hier in vollem Gange waren. Durch die Ausgrabungen konnte, zumindest in diesem Fall, nachgewiesen werden, dass die Maler gleichzeitig an mehreren Wänden arbeiteten, dass die Bemalung der Wände in kürzester Zeit erfolgte, und dass es eine genau umrissene Hierarchie unter den Handwerkern und eine genaue Aufteilung der Rollen gab.

58 links *Auf dieser Darstellung eines Gastmahls ist im Vordergrund ein kleiner Tisch mit einem kostbaren Tafelservice aus Silber abgebildet. Auf den Liegen des triclinium sind zwei Paare zu erkennen: Das eine, sich zärtlich küssende Paar gab den Ausschlag für den Namen dieses Gebäudekomplexes.*

58 rechts *Diese Statue eines zusammengekauerten Kindes wurde am Rand des Peristyls entdeckt, sie sollte aber wohl als Abschluss eines Brunnens im Garten aufgestellt werden. Auffällig ist die goldene Färbung der Haare.*

Die fullonica des Stephanus (I 6,7)

Die *fullonicae* waren sowohl für das Waschen und Reinigen der Kleider zuständig, als auch für die Behandlung von Stoffen nach dem Weben, um sie für die weitere Verarbeitung vorzubereiten. Die Walker waren in Verbänden organisiert, die sich je nach ihrer Spezialisierung unterschieden, so gab es z.B. die *quactiliarii* (Hersteller von Filz) und die *offectores* (Färber). Die von 1912 bis 1914 von Vittorio Spinazzola ausgegrabene Walkerei wurde aufgrund von zwei Wahlinschriften auf der Fassade dem Stephanus zugeordnet, die erste lautet *...fullones universi rogant* ...(...die vereinigten Walker empfehlen...) und die zweite *...Stephanus rog(at)* ... (Stephanus empfiehlt ...). Die Einrichtung für die einzelnen Arbeitsvorgänge waren über den gesamten Gebäudekomplex verteilt, der optimal für ein rationelles Arbeiten ausgestattet war, so ermöglichte zum Beispiel der breite Eingang das reibungslose Kommen und Gehen der Kunden; rechts davon befand sich der Raum für die Verwaltungsarbeiten der Werkstatt, hier wurde die Wäsche abgegeben und auch wieder abgeholt und bezahlt. Zum hinter dem Peristyl liegenden Waschbereich gehörten drei große Becken, die auf unterschiedlicher Höhe miteinander verbunden waren und fünf kleinere, ovale Becken, drei an der Ost- und zwei an der Westseite. In den kleineren Becken, in denen sich ein Gemisch aus Wasser, Soda und anderen alkalischen Substanzen wie menschlicher oder tierischer Urin befand, wurden die Wäschestücke mit den Füßen gestampft und anschließend in den großen Becken mehrfach gewaschen und ausgespült. Die empfindlicheren Wäscheteile, etwa aus Leinen, wurden getrennt gewaschen: In dieser *fullonica* wurden sie möglicherweise in dem Becken behandelt, das durch den Umbau des *impluvium* entstanden war. Danach wurden die Stoffe auf den großen Terrassen im Obergeschoss getrocknet, die über Holztreppen erreichbar waren. Bevor der Kunde die Wäschestücke wieder abholte, wurden sie gefaltet und unter eine Presse *(pressorium)* gelegt, die zwischen Atrium und Eingang aufgestellt war. Das notwendige Wasser bezog die Wäscherei zum Teil aus dem städtischen Aquädukt, dies lässt sich aus dem Fund eines Bleirohrs ableiten, das unter wenigen Zentimetern Erde auf dem Bürgersteig verlegt war, man sammelte aber auch das Wasser von den Dachflächen über dem Atrium und dem Peristyl. Es ist ziemlich wahrscheinlich, dass die Arbeiter der *fullonica* direkt an ihrem Arbeitsplatz auch kochten und aßen, denn rechts von den Becken befand sich die Küche. In einem zum Atrium hin offenen Saal konnten vielleicht die Kunden auf ihre Waren warten. Als die Walkerei bei der Eruption verschüttet wurde, war die aus vertikalen Holzelementen bestehende Eingangstür verriegelt. Hinter der Tür fand man bei den Ausgrabungen die Skelette von einigen Menschen, die hier den Tod fanden, vielleicht waren es die Arbeiter und die Besitzer der Walkerei; einer von ihnen hatte Gold- und Silbermünzen im Wert von etwa 1090 Sesterzen bei sich, vielleicht die Einnahmen jenes letzten Tages. Das Haus war erst in den Jahren vor dem Vulkanausbruch zu einer *fullonica* umgebaut worden, denn es weist alle Elemente und Merkmale eines Privathauses auf. Die Wanddekoration im Vierten Stil, die noch zum Wohnhaus gehörte, ist in die Zeit nach dem Erdbeben von 62 n. Chr. einzuordnen; interessant sind die Fresken des am Atrium liegenden Saals, die gekennzeichnet sind durch große rotgrundige Wandabschnitte mit einer schwebenden Figur in der Mitte, die durch architektonische Feldermalereien unterteilt sind; die weißgrundige Oberzone zeigt illusionistische Architekturen mit kleinen Bildern, auf denen Stilleben und ländliche Tempel dargestellt sind. Wahrscheinlich ließen die Besitzer das Haus nach dem Erdbeben restaurieren und erst das einige Jahre später folgende Schwarmbeben veranlasste sie dazu, das Haus Dritten zu überlassen, die es in eine *fullonica* umbauten. Das ursprüngliche Haus aus dem 2. Jh. v. Chr. umfasste auch den links vom Eingang liegenden Laden mit der dazugehörigen Wohnung im Obergeschoss und mehrere Räume westlich vom Peristyl, die der Nr. 8 angegliedert wurden. Vor dem Erdbeben war das Haus im Zweiten Stil dekoriert, wie noch in dem zum Peristyl hin offenen Raum „H“ zu erkennen ist. Besonders schön zu jener Zeit war wohl die Terrasse im Obergeschoss, die am Peristyl einen Portikus mit Halbsäulen aus grauem Nocera-Tuff hatte.

59 links oben *Das* impluvium *des vorhergehenden Hauses war in ein Becken umgebaut worden, in dem die empfindlicheren Stoffe behandelt wurden. Im Hintergrund sieht man die Treppe zum Obergeschoss.*

59 links unten *Die Becken für die verschiedenen Arbeitsgänge lagen auf unterschiedlichen Ebenen, wodurch das Wasser aus dem oberen in das jeweils untere Becken überlief.*

59 rechts oben *In der Via dell'Abbondanza befand sich gegenüber des Eingangs der Walkerei ein Bild, auf dem die Venus auf einem Boot dargestellt ist, das von zwei Elefanten gezogen wird (Indische Venus); unter dem Bild waren Wahlparolen, die die Arbeit der* fullonica *priesen.*

59 rechts unten *Der große Saal des früheren Wohnhauses wurde zu einem Wartesaal umfunktioniert, in dem die Kunden auf die Fertigstellung ihrer Wäsche warten konnten.*

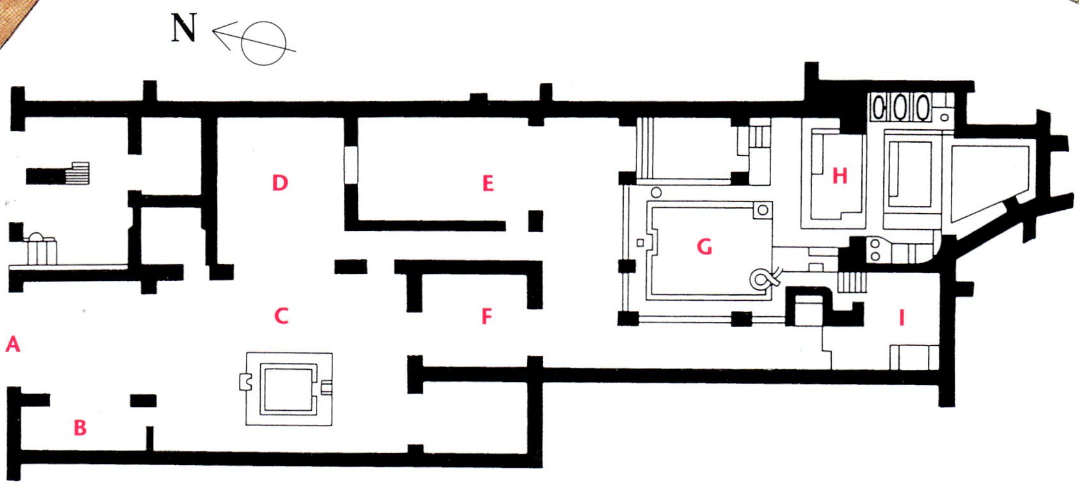

A *Eingang*
B Ostiarium
C *Atrium*
D *Empfangsraum*
E Triclinium
F Tablinum
G *Peristyl*
H *Wasserbecken*
I *Küche*

60-61 *Eine Rekonstruktion der* fullonica *des Stephanus: von links nach rechts sieht man den Eingang, wo sich auch die Presse befand, das Atrium mit dem umgebauten Becken für die empfindlicheren Stoffe und das darüber liegende flache Dach, auf dem die Wäsche getrocknet und geschwefelt wurde, das Peristyl mit dem Garten und die drei großen auf unterschiedlichen Ebenen liegenden Becken mit den ovalen Stampfbecken, den* lacunae fullonicae.

Das Haus mit dem Menander (I 10,4)

Dieses von A. Maiuri in den Jahren 1930-1931 ausgegrabene Haus gehört zweifellos zu den wichtigsten Gebäuden Pompejis. Das Haus gehörte wahrscheinlich einem Quintus Poppaeus, dessen Familie sich eines verwandtschaftlichen Verhältnisses zu Poppea, der zweiten Frau von Nero rühmen konnte. Dieser luxuriöse Wohnsitz, der sich im Jahr 79 n. Chr. in unregelmäßiger Weise über einen großen Teil der *insula* erstreckte, war bereits seit Beginn des 1. Jh. v. Chr. auf Kosten der umliegenden Häuser erweitert worden. Verschiedene Indizien lassen darauf schließen, dass zum Zeitpunkt der Verschüttung am Haus gerade Restaurierungen vorgenommen wurden, so befanden sich auf dem Boden des Korridors, der den Bereich um das Peristyl von dem Trakt der Sklaven trennt, die Säulen des kleinen Atriums des im Wiederaufbau befindlichen Thermenbezirks; im Raum Nr. 3 hingegen, nordöstlich des Atriums, fand man eine provisorisch eingerichtete Kochstelle und einige Amphoren, die noch mit hochwertigem gebrauchsfertigen Stuck gefüllt waren, und die in der Küche des Sklaventraktes beiseite gestellt worden waren. Man kann daher wohl davon ausgehen, dass das Gebäude nur zum Teil zugänglich war. Im Hauptbereich hat das Haus einen klassischen Grundriss, *Vestibulum, Atrium, tablinum* und schließlich das *Peristyl* liegen auf der gleichen Achse. Vom an der Straße ge-

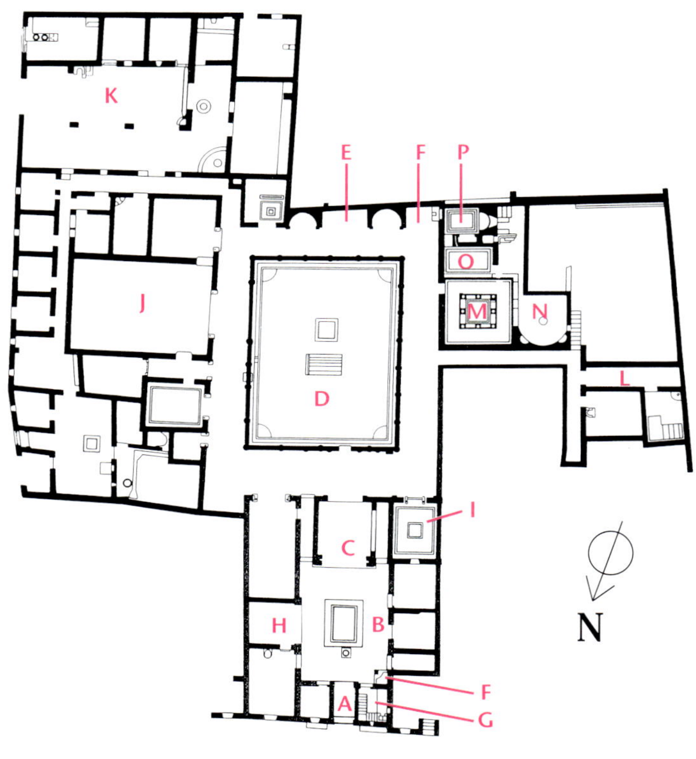

A Vestibulum
B *Atrium*
C Tablinum
D *Peristyl*
E Exedra
F *Lararien*

G *Treppe zum Obergeschoss*
H Ala
I *Grüner Saal*
J *Großer Saal*
K *Wohntrakt der Sklaven*

L *Küchenbereich*
M *Atriolum der Thermen*
N Laconicum
O Tepidarium
P Caldarium

62 oben Beim Blick in das Haus vom Eingang aus erkennt man wunderbar die perfekte Ausrichtung der aufeinander folgenden Räume auf einer Achse.

62 unten Das mit compluvium ausgestattete Atrium war mit Malereien aus dem Vierten Stil dekoriert; in der Oberzone waren Bilder mit Szenen vom Meer aufgetragen. In der nordwestlichen Ecke war das lararium errichtet worden.

63 oben links Diese traubenförmigen Ohrringe bestehen aus kleinen, mit Goldfäden verknüpften Perlen.

63 oben rechts Dieser Goldring zeigt eine kostbare ovale Karneoleinfassung, auf der ein Bild eingearbeitet ist.

63 Mitte links Im Atrium befand sich in der Mitte der Südseite ein Warteraum (ala) mit Fresken aus dem Vierten Stil, die sich inhaltlich auf den trojanischen Krieg beziehen. Es hat fast den Anschein, als sei das große tablinum auf der rechten Seite deshalb offen, damit der Passant von der Straße aus durch das Haus bis ganz nach hinten zum Peristyl blicken konnte.

63 Mitte rechts In der Rückwand des Peristyls, seitlich der Nische des Dichters Menander, öffnet sich eine Apsis mit einer Landschaftsdarstellung im Vierten Stil, die von einem Schrein mit Venus und einem Putto beherrscht wird.

63 unten Die rückwärtige Wand des Peristyls war durch eine Reihe von Nischen und Apsiden gekennzeichnet: In der mittleren Nische, die auf der Achse mit dem Peristyl, dem tablinum, dem Atrium und dem Eingang lag, erkennt man auf der gelbgrundigen Wand die Figur des berühmten Komödiendichters Menander; auf der gegenüberliegenden Seite handelt es sich um den Tragiker Euripides.

legenen Eingang aus konnte man mit einem Blick durch das ganze Haus schauen, wobei die rechteckige *Exedra* in der Mitte der südlichen Seite des Peristyls der Fluchtpunkt einer wundervollen architektonischen Perspektive war. Es scheint, als hätte der Architekt die architektonischen Elemente des Hauses dieser perspektivischen Erscheinung untergeordnet, denn am *tablinum* setzte er als Pfosten zwei korinthische Säulen und glich den Abstand zwischen den Säulen des nördlichen und südlichen Portikus' im Peristyl passend an, so dass sich die Perspektive noch weiter verlängert und genau in der rechteckigen *Exedra* ausläuft. Die Gemälde in ebendiesem Raum waren ausschlaggebend für die Namensgebung des Hauses, denn auf den Seitenwänden befanden sich die Darstellungen zweier griechischer Dichter in sitzender Haltung: Auf der linken Seite Euripides (?) und auf der rechten Menander, während auf der Südwand, die man von der Straße aus sehen kann, tragische Masken auf gelbem Hintergrund abgebildet waren. Der eindrucksvolle Eingang mit seinen Türpfosten in Form von Pfeilern mit korinthischen Kapitellen aus Tuffstein führt in ein großes Atrium, in dessen Mitte sich ein marmornes *impluvium* mit profiliertem Rand und darüber ein *compluvium* mit kassettenförmig angeordneten Simen befand, die mit Palmetten und Wasserspeiern in Form von Delfinköpfen dekoriert waren; die Wandbemalungen waren aus dem Vierten Stil, mit einem eine Nillandschaft darstellenden Fries (Pygmäen und Krokodile) in der oberen Zone. In der

nordwestlichen Ecke war ein *lararium* errichtet worden, das auf einem mit falschem Marmor bemalten Sockel stand und aus einem kleinen Tempel mit zwei Giebeln mit toskanischen Säulen und Stuckgesims bestand. Heute ist noch die südliche Seite dieses kleinen Tempels als Gipsausguss erhalten, die ursprünglich als zierliches Gitter aus hölzernen Leisten gestaltet war. Zwischen *lararium* und *Vestibulum* befand sich ein Raum mit einer gemauerten Treppe, die zu den im Obergeschoss liegenden Räumen auf der Westseite führte. Die *ala* an der Ostseite des Atriums war im Vierten Stil dekoriert, auf den Mittelbildern der Wände waren Szenen vom Ende Trojas dargestellt: Auf der südlichen Wand der Tod von Laokoon, östlich das Trojanische Pferd und auf der Nordseite die Gefangennahme von Helena und Kassandra im Beisein von Priamos. Hinter dem in einem prunkvollen Vierten Stil dekorierten *tablinum* öffnet sich das Peristyl, ein Quadriportikus mit dorischen Säulen, diese waren mit niedrigen Schranken geschlossen, die wundervoll mit Reihern zwischen Pflanzen, Jagdszenen und Phantasiegärten dekoriert waren, so als sollte damit die Körperlichkeit der Mauer geleugnet werden und der Eindruck entstehen, als würde hier der wirkliche Garten fortgeführt. Sämtliche am Peristyl liegenden Räume sind außergewöhnlich fein dekoriert, in der Nordwest-Ecke befindet sich der „Grüne Saal" mit einer wundervollen Wanddekoration im Vier-

64 oben *Die hier abgebildeten Ohrringe bestehen aus kleinen Goldkugeln und Steinen, die durch ein Geflecht aus Goldfäden miteinander verbunden sind. Der Verschlussmechanismus der Aufhänger funktionierte wie bei Sicherheitsnadeln.*

64 Mitte *In der Mitte des Fußbodens im Grünen Saal, der in der nordwestlichen Ecke des Peristyls liegt, befindet sich dieses herrliche, von einem Flechtband eingerahmte Mosaik aus mehrfarbigem* opus vermiculatum, *auf dem eine Szene am Nil dargestellt ist.*

64 unten *Dieser silberne Kelch besteht aus zwei Schichten: Die innere Schicht ist glatt und dicker als die äußere, die ihrerseits mit idyllischen Szenen in Treibarbeit verziert ist. Auf dem Foto erkennt man ein Boot, das von einem jungen Ruderer bewegt wird. Der Künstler könnte ein gewisser Apelles gewesen sein, dessen Name sich auf dem Boden des Kelches befindet.*

ten Stil, der grüne Hintergrund ist durch senkrechte schwarze Bänder geteilt, auf denen aus einer Vase *(kantharos)* emporwachsende Reblinge und schwebende Putti dargestellt sind; auf den Wänden sind Medaillons mit Bildnissen, oberhalb der Wandfelder sieht man einen schönen Fries mit Kentauren und Lapithen. Auch der Fußboden zeigt sich als äußerst sorgfältige Arbeit, er besteht aus quadratischen Platten, die mit schmalen Schieferstreifen eingefasst sind, in der Mitte befindet sich innerhalb eines farbigen Flechtbandes das *emblema* aus *opus vermiculatum*, das Szenen des Lebens am Nil zeigt. Die Schwelle ist mit alternierenden Mäandern und Vierecken mit Rosetten dekoriert. In der Mitte des östlichen Säulengangs hingegen öffnet sich ein riesiger Saal, der auf älteren Häusern errichtet worden war, die sowohl in der Wand- als auch in der Bodendekoration Elemente des Ersten Stils aufweisen, was durch heute noch sichtbare Proben belegt wurde. In der südwestlichen Ecke des Säulengangs gibt es ein zweites Lararium mit einem gemauerten Altar und einer halbrunden Nische, in der fünf Büsten aus Holz aufbewahrt wurden, die heute hier noch als Gipsausguss erhalten sind, vielleicht handelt es sich dabei um Bildnisse der Vorfahren. Der Bereich des Bades ist rings um ein kleines achtsäuliges Atrium herum angeordnet, dessen Wände im Zweiten Stil bemalt sind. Auch die Fußböden mit Mosaiken sind äußerst interessant, besonders sehenswert ist das auf der Schwelle zwischen dem *tepidarium* und dem *caldarium*, auf dem ein ithyphallischer Sklave dargestellt ist, der Öl und Parfüm bringt, und das im *caldarium*, das eine Akanthuspflanze mit einem Vogel zeigt, um die herum sich Fische, Delfine und Meerwesen bewegen. Versorgt wurden die Thermen über darunter liegende Räume; hier wurde der berühmte, aus 118 Einrichtungsgegenständen bestehende Silberschatz gefunden, der in einer Holzkiste verpackt war. Der gesamte Bereich des Bades wurde zum Zeitpunkt der Verschüttung restauriert und verändert. In der Südost-Ecke der *insula* schließlich befand sich der Wohntrakt der Sklaven. Angesichts der zahlreichen landwirtschaftlichen Geräte, die hier gefunden wurden, ist es nicht unwahrscheinlich, dass der Hausbesitzer außerhalb der Stadt ein großes Landgut besaß. Der Teil des Hauses, dessen Eingang an der kleinen Straße im Osten der *insula* lag, war wahrscheinlich für den *procurator* bestimmt, also den Vorsteher der zahlreichen Sklaven, die im Haus tätig waren.

64-65 *Dieses Bild in der Mitte der Nordwand der ala erzählt von der Gefangennahme Kassandras, nachdem die Griechen nach Troja eingedrungen waren.*

65 rechts *Dieser mit Fuß ausgestattete silberne Kelch mit Szenen des Liebesspiels zwischen Mars und Venus gehört ebenfalls zur Ausstattung des Hauses.*

Zwischen Via dell'Abbondanza und Via di Stabia

A *Quadrivium der Holconier*
B *Haus des Kitharaspielers*
C *Stabianer Thermen*
D *Lupanare*
E *Bäckerei des Popidius Priscus*

67 oben *Das Haus des Kitharaspielers lag gleichzeitig an einigen der wichtigsten Straßen Pompejis: Via di Stabia, Via dell'Abbondanza und Vico del Menandro, an denen sich eine lange Reihe von Läden und gewerblichen Betrieben entlangzog.*

67 Mitte *Die zweisäulige Exedra am mittleren Peristyl zeigte auf den weiträumigen offenen Bereich: Von hier aus konnte der Blick über das von Pflanzen umrahmte* natatio *schweifen.*

Hier liegt das Herz der Stadt, das die ältesten Stadtteile mit den neueren verbindet; es war ein Geschäftsviertel, das aber auch viele prächtige Häuser und wichtige öffentlichen Gebäude aufweisen konnte. Die Unregelmäßigkeit der *insulae* und damit auch der darauf errichteten Gebäude beruht eben auf der Nutzung jener Flächen, die außerhalb des ältesten Stadtkerns nicht bebaut worden waren. Aber vielleicht lässt sich ja gerade hier, in diesen engen und verwinkelten Gassen, der Geist einer dank blühender Handelsgeschäfte im Wachstum begriffenen Stadt am besten nachspüren.

66 *Dieses Bild, ein Ausschnitt aus dem Mythos der Antiope, zeigt die schlafende Mänade, ein Gemälde des Vierten Stils aus dem Haus des Kitharaspielers, das sich ursprünglich an der Südseite des großen Empfangsraums am mittleren Peristyl befand. Sie war von den Göttern dazu verurteilt, ruhelos durch ganz Griechenland zu irren; in Phokis findet sie endlich Frieden, wo sie auf ihren zukünftigen Gefährten Phokos trifft.*

Das Haus des Kitharaspielers (I 4,5)

Das Haus des Kitharaspielers, das in den Jahren von 1853 bis 1861 zu drei unterschiedlichen Zeitpunkten ausgegraben wurde, verdankt seinen Namen einer bronzenen Statue des Apollo als Kitharaspieler, die am 8. November 1853 in der Nähe des großen Beckens im mittleren Peristyl des Hauses entdeckt wurde. Das Haus gehörte einem gewissen Lucius Popidius Secundus, dessen Beiname Augustianus war, da er zum Gefolge Neros gehörte; auf einer Säule des Peristyls entdeckte man ein Graffito mit folgender Inschrift: *Luci, Augustinae, (h)ab(eas) prop(itium) Caes(arem) Ner(onem) tu(u)m* (Oh Lucius Augustianus, erhalte deinen Caesar Nero wohlgesinnt!). Die Popidii gehörten in den Jahren nach dem Erdbeben zu den politisch aktivsten Familien in Pompeji, 45 Wahlprogramme waren allein an der Via dell'Abbondanza zu lesen. Das Haus nimmt einen großen Teil der *insula* ein und ist das Ergebnis mehrerer Erweiterungen, so dass die Grundfläche im Jahr 79 n. Chr. etwa 2700 m^2 ausmachte. Die Grundfläche des Hauses liegt auf unterschiedlichen Ebenen angeordnet, da die ganze *insula* sich über ein von Norden nach Süden hin abfallendes Gebiet erstreckt. Der Haupteingang liegt an der Via di Stabia Nr. 5, ein zweiter Eingang befindet sich hingegen im nördlichen Teil des Hauses bei Nr. 25 an der Via dell'Abbondanza. Ein dritter Hauseingang befand sich in der südöstlichen Ecke der *insula* auf der Höhe der Via del Menandro, hier lag der Eingang zum Wohntrakt der Sklaven des Hauses und zum Stall. Vom Eingang Nr. 5 aus bot sich dem Besucher ein ganz besonderes Bild in das Haus hinein, denn durch das Vestibulum hindurch sah man durch das Atrium mit dem *impluvium* aus Marmor hindurch bis zum höher gelegenen *tablinum,* dessen Türpfosten mit zwei bronzenen Porträtbüsten dekoriert waren, dann weiter zum südlichen Säulengang des mittleren Peristyls, einem großen Empfangsraum und schließlich zu einem *cubiculum;* hier ist noch heute in der Mitte der Ostwand ein Bild mit dem Kithara spielenden Apollo zu sehen, das den Mittelpunkt dieser lang gezogenen Perspektive darstellte, ein Effekt, der vom Architekten bewusst so geplant war. Der prächtigste Teil des Hauses war zweifellos der Bereich am mittleren und am südlichen Peristyl. Das mittlere Peristyl war gekennzeichnet durch einen Portikus mit Säulen korinthischer Ordnung, die Rückwand an der Südseite, die auch gleichzeitig zum mittleren Peristyl gehörte, hatte sieben große Fenster, die allerdings durch Fensterflügel aus Holz geschlossen werden konnten, so dass die beiden Räumlichkeiten auch voneinander getrennt werden konnten. Zwischen den Säulen hingen an den Architraven eine Reihe von *oscilli,* Scheiben aus Marmor, die beidseitig mit einem Relief mit tanzenden Faunen und Mänaden verziert waren. In der Mitte des mittleren Peristyls befindet sich ein großes, rechteckiges *natatio,* das vollständig mit wasserundurchlässigem *coc-*

ciopesto ausgekleidet war. Das *natatio* wurde mit dem Wasser gefüllt, das von einem kleineren, halbrunden Becken herabfloss. Die Ränder des Beckens waren mit Bronzestatuen gesäumt: Ein Eber, der von zwei Jagdhunden angegriffen wird, ein laufender Löwe und ein fliehender Hirsch, eine aufgerichtete Schlange. Um das Peristyl herum liegen die schönsten Räume des Hauses wie z. B. die zweisäulige Exedra Nr. 18 mit Wandgemälden im Vierten Stil, das große *triclinium* Nr. 19 mit einem wundervollen schwarzweißen Mosaik und einer eleganten Dekoration im Dritten Stil, wo sich in der Mitte der südlichen Wand das große Fresko mit dem Mythos der Antiope befand; das *oecus* Nr. 20 mit drei herrlichen Fresko-Darstellungen in Lebensgröße von Apollo und Poseidon, die für Laomedon arbeiten, Nemesis mit dem Schwan und Venus und Mars in einem Dekorationssystem des Dritten Stils; der große Raum Nr. 21 mit dem Fresko des Parisurteils in der Mitte der nördlichen Wand. Die kannelierten Säulen des südlichen Peristyls hatten ein Kompositkapitell und standen auf einem Stylobat aus *cocciopesto*, das mit weißen Mosaiksteinen verziert war; das *viridarium* lag im Vergleich zum Boden der Säulengänge etwa 70 cm höher. Besonders hervorzuheben ist die große Exedra in der südöstlichen Ecke des Peristyls: Der Eingang war durch zwei Pfeiler dreigeteilt und der Boden war mit einem weißen Mosaik verziert, das von einem breiten, doppelten Mäanderband aus schwarzen Mosaiksteinen viereckig eingerahmt war; die Wände waren mit Gemälden im Vierten Stil reich dekoriert, auf der Ostwand war der Mythos der Iphigenie auf Tauris dargestellt, auf der Südwand die Erscheinung des Dionysos, der Ariadne auf Naxos findet. Das dritte Peristyl, also das nördliche, hatte sowohl an der Ost, als auch an der Westseite herrliche, im Vierten Stil dekorierte Aufenthaltsräume. Um das große Atrium waren verschiedene *cubiculi* angeordnet und an seiner Nordseite lag der Hauseingang von der Via dell'Abbondanza aus. An der Westseite des Atriums befand sich die enge Treppe, die zum Obergeschoss führte. Wahrscheinlich war dieser Teil des Hauses für die vielköpfige Sklavenfamilie und den *libertus* vorgesehen, der die Haushaltsführung beaufsichtigte. Das Haus hatte außerdem ein wundervolles Bad, das hinter der westlichen Seite des mittleren Peristyls eingerichtet worden war; die Anlage war sowohl von diesem aus zugänglich, als auch vom Atrium des Hauses mit dem Eingang Nr. 5. Hier gab es drei wichtige Räume: Im Süden das *apodyterium* Nr. 38, in der Mitte das *tepidarium* Nr. 40 und im Norden das prächtige *caldarium*, dessen Wände mit einem *paradeisos* innerhalb eines Holzzauns bemalt waren, und dessen Fußboden ein schwarzweißes Mosaik mit geometrischem Muster aufwies; an der Ostseite der Wand war eine Apsis mit dem *labrum*, dem Frischwasserbrunnen, während sich an der Nordseite das Becken für das Warmbad befand. Beheizt wurde das *caldarium* durch das *hypocaustum* an der Nordseite dank der *tegulae mammatae* (Warzenziegel), mit denen der ganze Raum ausgekleidet war, und durch den auf *suspensurae* erhöhten Boden, der die Zirkulation der warmen Luft ermöglichte. Ebenfalls im Bereich des *hypocaustum* befand sich die Küche und die Latrine. Die Restaurationsarbeiten im Haus waren zum Zeitpunkt der Verschüttung bereits weit fortgeschritten. Von der Pracht des Hauses ist heute nicht mehr viel erhalten, da die Gemälde und die beweglichen Gegenstände in das Archäologische Nationalmuseum in Neapel gebracht wurden.

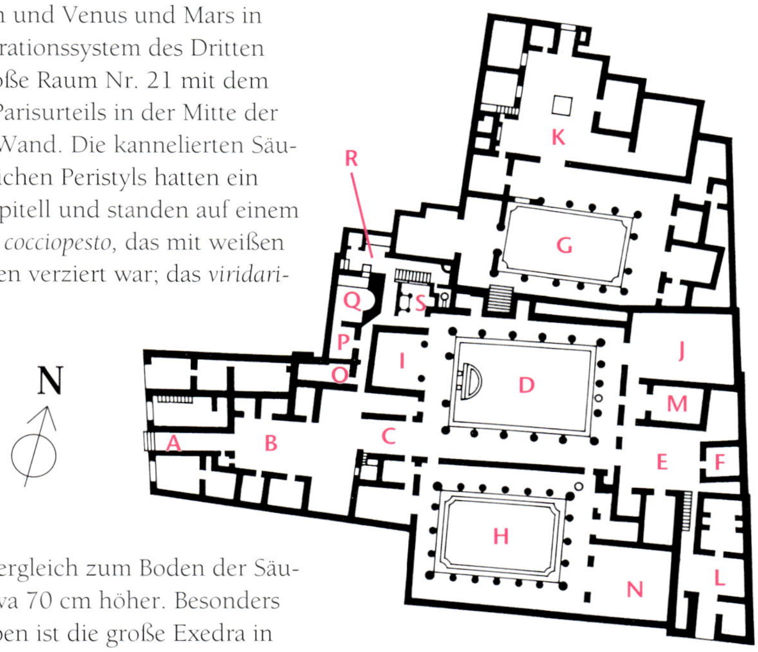

A Vestibulum
B *Atrium*
C Tablinum
D *Mittleres Peristyl* mit natatio
E *Empfangsraum*
F Cubiculum
G *Oberes Peristyl*
H *Unteres Peristyl*
I *Zweisäulige Exedra*
J *Großer Saal*
K *Atrium*
L *Wohntrakt der Sklaven mit Stall*
M Cubiculum
N *Zweisäuliger Raum*
O Apodyterium
P Tepidarium
Q Caldarium
R *Küche*
S *Kleines Atrium*

67 unten *Der Säulengang des mittleren Peristyls war schon in der Antike mehrfach restauriert worden: In der Mitte des offenen Bereichs befand sich das große Wasserbecken, das mit verschiedenen Bronzestatuetten verziert war, darunter die berühmte Gruppe mit dem Eber, der von Jagdhunden angegriffenen wird.*

Das Quadrivium der Holconier

Diese Kreuzung zwischen Via dell'Abbondanza und Via di Stabia war einer der Hauptknotenpunkte der Stadt. Dieses zwischen Via dell'Abbondanza und Via di Stabia gelegene *quadrivium* ist gleichzeitig auch eine der reizvollsten Ecken dieses antiken Stadtzentrums: Nach Norden hin hebt sich hinter den Fassaden der Häuser und Läden eindrucksvoll der Vesuv ab; nach Süden gesehen blickt man über die Via di Stabia, die mit einem deutlichen, aber regelmäßigen Gefälle hinunter zum gleichnamigen Stadttor führt, einem der ältesten Tore Pompejis, das in der Antike einen Blick bis zu dem für die Stadt so bedeutsamen Fluss bot. Östlich der Kreuzung liegt der Abschnitt der Via dell'Abbondanza, der zu der weit entfernten Porta Sarno führt; im Westen steigt die Straße nach einer leichten Biegung zum Forum hin an, dieser Weg zum Forum muss früher einmal mit seinem monumentalen Eingang aus hohen Säulen und einer Treppe, die so breit war wie die Straße, unglaublich beeindruckend gewesen sein. Zweifellos zog in der Vergangenheit genau hier an dieser Kreuzung ein großer Teil der politischen und wirtschaftlichen Geschichte Pompejis vorbei; während jedoch der Fahrzeugverkehr die Straßen nach Norden, Osten und Süden benutzen konnte, war der Weg zum Forum hinauf gesperrt, eine hohe Sperre aus Lavablöcken versperrte hier nämlich die Zufahrt, so dass es gut vorstellbar ist, dass die Via dell'Abbondanza nach der Kreuzung der Holconier bis hoch zum Forum eine große Fußgängerzone war. In der südöstlichen Ecke befand sich eine große Bäckerei mit dazugehöriger Konditorei (I 4,12): Von der Straße aus kann man die Mahlsteine und die Backöfen erkennen. An der nordwestlichen Ecke liegen die Stabianer Thermen mit der palastartig wirkenden Fassade aus großen Quadern aus Nocera-Tuff. Die Straßenecken im Südwesten und im Nordosten waren belegt von den begehrten und viel besuchten Erfrischungslokalen. Auf der Fahrbahn war ein öffentlicher Laufbrunnen mit einem rechteckigen Becken aus Lava errichtet worden, die Stele, aus der das Wasser durch ein Rohr herausfloss, war mit dem Relief eines Frauenkopfes mit einer fächerartigen Frisur geschmückt. An der Nordseite des Brunnens befand sich das hohe *castellum plumbeum* zur Wasserverteilung, das aus regelmäßigen Tuff- und Kalksteinblöcken bestand und lange senkrechte Spalten aufwies, in denen die Wasserleitungen eingelassen waren. Was aber diesem Ort in der Antike eine ganz besondere Note verlieh, war der vierstirnige Bogen am Anfang des Abschnitts der Via dell'Abbondanza in Richtung Forum, auf dem breiteren Teil der Fahrbahn. Dieser Bogen, der ein Gebiet von beinahe 100 m^2 überdeckte, wurde von vier kräftigen Pfeilern aus *opus latericium* (Ziegelmauerwerk) getragen, die mit Marmor überzogen waren, davor standen vier Statuen zu Ehren der Familie der Holconier. Oben auf dem Bogen befand sich wahrscheinlich eine Statue, eine Reitergruppe oder eine *tholos*. Bei den Ausgrabungen wurden vor dem südwestlichen Piedestal ein Frauenkopf und das Bruchstück einer Inschrift mit der Lobrede auf Holconia, *sacerdos publica*, gefunden, am nordwestlichen Pfeiler hingegen fand man die Statue des M. Holconius Rufus, die heute im Museum von Neapel aufbewahrt wird. Über diese Zuordnung besteht kein Zweifel, da der Sockel noch heute eine Inschrift aufweist, auf der zu lesen ist, dass Marcus Holconius Rufus, Sohn des Marcus, ein vom Volk gewählter Militärtribun war, dass ihm die Ehre zukam, einer der ersten Priester des Augustus zu sein, dass er fünfmal das Amt des Duumvirn bekleidete, und dass er schließlich als Schutzherr der Stadt geehrt wurde.

A *Via dell'Abbondanza*
B *Via di Stabia*
C *Vierstirniger Bogen des Holconius*
D *Öffentlicher Laufbrunnen*
E Pistrinum
F Thermopolium

***68 oben** Marcus Holconius Rufus war einer der einflussreichsten Bürger Pompejis. Seine Rüstung bezeugt seinen Titel als* tribunus militum a populo, *der ihm von Augustus verliehen worden war.*

68 unten Die Kreuzung Via dell'Abbondanza/Via di Stabia ist einer der wichtigsten Punkte der Stadt: Hier erhält man einen guten Überblick über den regelmäßigen Aufbau der Stadt. Die Fußgängerüberwege, das castellum plumbeum, der Basaltbrunnen, all dies vervollständigt das Bild dieses quadriviums.

69 oben An der Westseite der Palästra in den Thermen befand sich ein natatio mit zwei seitlichen Grottennischen, in die man dank großer, mit Rundbögen überwölbter Eingänge gelangte, die in die mit prächtigen, mehrfarbigen Stuckreliefs verzierten Wände gearbeitet waren.

69 unten Bei dem weiträumigen offenen Bereich in der Mitte der Thermenanlage handelt es sich um eine Palästra, in der die Athleten wahrscheinlich erst vor dem Bad trainierten. Die dorischen Säulen der Portiken hatten ein gedrungenes Aussehen, das durch einen Kranz mit symmetrischen Voluten und einem zungenförmigen Gesims verziert wurde.

Die Stabianer Thermen

Die Stabianer Thermen sind die ältesten in Pompeji, sie nehmen einen großen Teil des südlichen Abschnitts der *insula* VII 1 ein. Die Thermenanlage, benannt nach der Via di Stabia, wurde in den Jahren von 1853 bis 1858 unter der Leitung von Michele Ruggiero ans Tageslicht gebracht, allerdings war sie bereits in den Jahren nach dem großen Vulkanausbruch das Ziel illegaler Ausgräber. Die Anlage, so wie sie sich heute zeigt, wurde im 2. Jh. v. Chr. geplant, obwohl mit ziemlicher Sicherheit davon auszugehen ist, dass es hier bereits davor kleinere Thermen gegeben hat, die zu einer Palästra gehört haben müssen, die in diesem Bereich lag. Der Haupteingang befindet sich in der Mitte der Fassade an der Via dell'Abbondanza; der dazugehörige Bürgersteig und der mit Bänken bestückte Zugangsraum waren mit hellen Kalksteinplatten belegt. Zum Zeitpunkt der Verschüttung waren zwei weitere Eingänge begehbar, einer lag am Vicolo del Lupanare und der andere an der Via di Stabia, bei allen anderen Eingängen waren zwar die durch das Erdbeben von 62 n. Chr. entstandenen Schäden repariert worden, aber nach den Schwarmbeben in den darauf folgenden Jahren hatten sie sich als zu unsicher erwiesen und waren deshalb zugemauert worden. Sämtliche Eingänge waren in *opus quadratum* aus grauem Nocera-Tuff errichtet worden und strahlten aufgrund von Dekorelementen aus dem Ersten Stil eine strenge Eleganz aus. Der große Eingang an der Via dell'Abbondanza führte in einen weiträumigen, trapezförmigen Bereich mit Säulengängen auf drei Seiten, der auch als Palästra genutzt wurde. An der Westseite befand sich das rechteckige *natatio,* das zu beiden Seiten niedrige Becken (Nymphäen?) hatte, südlich davon lag ein großer Umkleideraum. Die Fassaden dieser an der Palästra liegenden Räume waren im Vierten Stil mit mehrfarbigen Stuckreliefs verziert, die zum Teil heute noch erhalten sind. Der Portikus bestand aus niedrigen Säulen dorischer Ordnung aus grauem Nocera-Tuff, später wurden sie mit einer dicken Putzschicht überdeckt und mit einer Marmorimitation kanneliert, der obere Abschluss bestand aus einem ungewöhnlichen Band mit symmetrischen Voluten und einem aus zungenförmigen Verzierungen bestehenden Kranz. An der Nordseite befand sich inmitten zahlreicher Thermenräume die große Latrine (J) und ein großer rechteckiger Raum, der von den Ausgräbern als *sphaeristerium* (Ballspielsaal) identifiziert wurde, da dort eine Marmorkugel gefunden wurde.

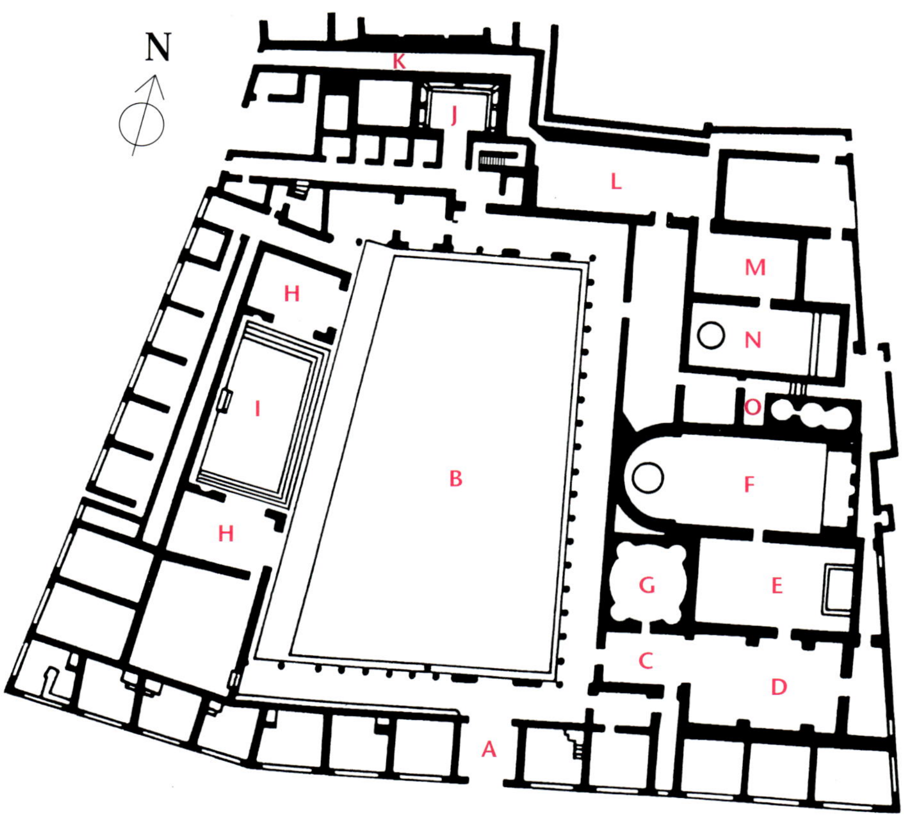

A *Eingang an der Via dell'Abbondanza*
B *Peristyl*
C Vestibulum
D *Männer-Apodyterium*
E *Männer-Tepidarium*
F *Männer-*Caldarium
G Frigidarium
H *Grottennischen (Nymphäen)*
I Natatio
J *Latrine*
K *Eingang am Vico del Lupanare*
L *Frauen-Apodyterium*
M *Frauen-Tepidarium*
N *Frauen-Caldarium*
O Praefurnium

70-71 Diese Rekonstruktionszeichnung zeigt das ursprüngliche Aussehen der Stabianer Thermen. Die um den großen trapezförmigen Hof liegenden Räume waren unterteilt in einen Bereich für Männer und einen für Frauen. Bemerkenswert ist das Beheizungssystem, die Wasserversorgung und die hygienischen Einrichtungen, sowie die reichhaltigen Wandmalereien.

72 oben *Vor dem* apodyterium *der Männer-Thermen liegt ein Durchgangsraum, das* Vestibulum, *dessen Tonnengewölbe mit einem Stuckrelief verziert ist. Das Foto zeigt den Durchgang zur Palästra hin; oben an der Wand befindet sich ein kleines Rundfenster, das mit Glas geschlossen war.*

72 Mitte *Das* tepidarium *wurde sowohl durch die* tegulae mammatae, *mit denen die Wände verkleidet waren, als auch durch die* suspensurae *beheizt, die den Fußboden trugen. Das Becken an der Ostwand war ursprünglich mit Marmorplatten verkleidet.*

Die eigentlichen Baderäume befanden sich an der Ostseite: Im Norden die Frauen-, im Süden die Männer-Thermen; zwischen den beiden Bereichen lag das große *praefurnium,* das den für die beiden Abteilungen notwendigen Dampf und das heiße Wasser lieferte. Der Eingang zur Männerabteilung lag an der südöstlichen Ecke des Säulenganges; über einen Durchgangsraum gelangte man in das *apodyterium,* den Umkleideraum, zu erkennen an den Bänken entlang der Wände, sowie an den Nischen, in denen die Kleidung vor dem Bad abgelegt werden konnte. Sowohl der Vorraum als auch das *apodyterium* sind mit wundervollen Stuckreliefs verziert, die einzelnen Felder zeigen Eroten, Nymphen, Waffen und Blumenmotive und werden durch ein Netz aus Linien eingerahmt.

Zum Badevorgang: Nachdem sich also die Badegäste ausgekleidet hatten, traten sie in das *tepidarium* ein, wo sie ein Handtuch und Salben in Glasfläschchen ablegten und sich langsam an eine höhere Temperatur gewöhnten, auch ein lauwarmes Bad war hier möglich. Danach ging es weiter zum *caldarium,* in dem eine hohe Luftfeuchtigkeit herrschte und die Temperatur bis auf etwa 40° anstieg; auch in diesem Raum befand sich auf der kürzeren Seite im Osten eine rechteckige Marmorwanne für ein warmes Bad. In einer Apsis auf der gegenüberliegenden Seite befand sich ein *labrum,* ein rundes Marmorbecken, an dem man frisches Wasser trinken konnte. Erhellt wurde der Raum durch ein Oberlicht über der Apsis, das auch zur Regelung der Raumtemperatur diente, wenn diese zu sehr anstieg. Nach dem Dampfbad kehrte der Badegast in das *tepidarium* zurück, wo er sich abtrocknete, sich einsalbte und vermutlich auch Massagen erhielt. Die Beheizung dieser beiden

Thermenräume erfolgte mit Hilfe der durch Warzenziegel *(tegulae mammatae)* entstehenden Zwischenräume an den Wänden und des mit *suspensurae* erhöhten Fußbodens, durch diese Hohlräume konnte die im *hypocaustum* erzeugte warme Luft fließen. Danach schließlich ging es weiter zum *frigidarium*, wo man ein kaltes Bad nahm um den Körper vom Schweiß zu reinigen und gleichzeitig die Haut zu straffen. Das *frigidarium* der Stabianer Thermen bestand aus einem runden Raum mit einem großen Becken für die Kaltwasserbäder in der Mitte; in den gerundeten Wänden befinden sich vier halbrunde Nischen, die mit durch Holzzäune voneinander abgetrennten Gartenmalereien mit Silenen und Hermaphroditen verziert waren. Das oben mit einer gläsernen Lichtöffnung geschlossene Kuppeldach war in einem kräftigen Blau bemalt und stellte einen gestirnten Nachthimmel dar.

Der Zugang zu dem im nördlichen Bereich der Ostseite untergebrachten Frauen-Thermen, die keinerlei Verbindung zu den Männer-Thermen besaß, erfolgte vom Vicolo del Lupanare aus; über einen langen Gang gelangte man zum *apodyterium* (11), das auch als *frigidarium* diente. Die Wände dieses Raumes waren durch eine lange, niedrige Bank gekennzeichnet, die in Rot angemalt war, sowie durch die üblichen Nischen zur Ablage der Kleider; auf den Pfeilern zwischen den ersten drei Nischen auf der Ostseite befanden sich Graffiti, auf denen große Schiffe mit gehissten Segeln und Vögel dargestellt waren; von besonderem Interesse ist hier der Fußboden aus rautenförmigen Tonziegeln innerhalb eines Gitters aus weißen Mosaiksteinen. Das *tepidarium* war in den letzten Jahren vor dem Ausbruch einem Umbau unterworfen gewesen; anfangs waren die Wände durch Nischen untergliedert, die später zugemauert wurden, dann wurden alle Wände, einschließlich des Tonnengewölbes, mit *tegulae mammatae* ausgestattet, der Sockel wurde mit Marmorplatten verkleidet und die Wände mit zierlichen, eleganten Säulen im Stuckrelief verziert, die ein Gesims mit Lotosblüten trugen. Wunderschön ist auch das *caldarium:* Der Fußboden besteht aus einem weißen Mosaik, das mit einem schwarzen Rand eingefasst ist, die rotgrundigen Wände sind durch gelbe Lisenen unterteilt, die auf einem niedrigen Sockel aus Marmorplatten stehen. Die im Stuckrelief gefertigten Lisenen laufen oben in einem angedeuteten korinthischen Kapitell aus, diese wiederum tragen ein Architrav mit einem fortlaufenden Relieffries, das abwechselnd Girlanden tragende Kandelaber und Sumpflandschaften mit Gänsen und Wasserpflanzen zeigt; darüber befindet sich ein weiterer Fries mit Lotusblüten und anschließend das kannelierte Gewölbe. An der Ostwand stand das Marmorbecken für das Warmwasserbad und an der Westseite das *labrum* zur schnellen Abkühlung. Nach dem Bad ging man in der Regel unter den Säulengängen spazieren *(deambulatio)*. Den Gast kostete der Besuch dieser Thermen etwa einen halben As, etwa der Gegenwert für ein Stück Brot und einen Viertel Wein, kurioserweise mussten die Frauen mindestens das Doppelte bezahlen.

72 unten *Das frigidarium bestand aus einem runden Becken, in das man über gemauerte Stufen gelangte. Über diesem runden Raum, dessen mit Gartenmalereien geschmückten Wände durch vier Apsiden unterteilt waren, befand sich ein Kuppeldach mit einer gläsernen Lichtöffnung.*

72-73 *Im Männer-apodyterium sind drei Bögen aus Ziegelmauerwerk, die ein weites Gewölbedach tragen, dieses ist mit bunten Stuckreliefs verziert, die ein Netz aus Sechsecken und Kreisen bilden. An den Wänden sieht man die Bänke und die Nischen zur Kleiderablage.*

73 oben *Dieser Ausschnitt aus der Verzierung des Frauen-caldarium zeigt die gelbe, gestäbte Lisene mit dem angedeuteten korinthischen Kapitell, darüber ein Fries in Stuckrelief mit Girlanden, die an Kandelabern aufgehängt sind. Ein Lotusblütensims trennt den Fries von dem kannelierten Gewölbedach.*

73 unten *Dieser Teil des Stuckreliefs im Gewölbe des Vestibulums in der Männerabteilung zeigt eine Mänade innerhalb eines Feldes, das von einem zweifädigen Zopfgeflecht begrenzt wird, an dessen Ecken Medaillons mit Eroten dargestellt sind.*

A Vestibulum
B *Kammern*
C *Latrine*
D *Nebeneingang*
E *Treppe zum Obergeschoss*

74 links oben *Die Wände des breiten Korridors, der die Bettzellen voneinander trennt, sind weiß stuckiert, auf einem Fries sind die Positionen verschiedener Liebesspiele dargestellt.*

74 links unten *In seinem bekannten Werk* Ars amatoria *beschreibt Ovid die Typologie der Positionen beim Geschlechtsakt und gibt entsprechend zu den physischen Merkmalen eines Paares Ratschläge.*

74 rechts *Das Lupanar wurde auf zwei Stockwerken betrieben; zum oberen Geschoss gelangte man über eine an einer Seitenstraße liegende Treppe.*

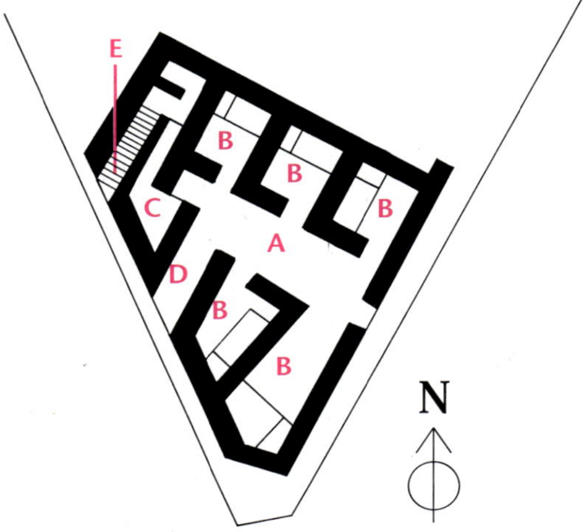

Das Lupanar (VII 12,18)

Als Handelsstadt musste Pompeji dafür ausgerüstet sein, viele nicht ortsansässige Menschen aufzunehmen, und wie in allen Städten dieser Art konnten neben den *thermopolii* und den *cauponae* auch solche Einrichtungen nicht fehlen, wo man gegen Bezahlung mit jungen Frauen oder Männern zusammenkommen konnte. In Pompeji wurden bisher mehr als 30 Bordelle entdeckt, einige davon waren sehr bescheiden und bestanden nur aus einem einzigen Raum, in dem ein gemauertes Bett mit einem Strohlager oder einer Matratze stand, andere befanden sich im Obergeschoss der *cauponae* und waren über steile Holztreppen erreichbar; wieder andere, wie auch das hier beschriebene, waren eigens für diesen Zweck gebaut und eingerichtet worden. Das Lupanar – der Name rührt von dem Geheule der läufigen Wölfinnen her – lag an der Kreuzung zweier Nebenstraßen und wurde sowohl im Erdgeschoss als auch im Obergeschoss betrieben. In den letzten Jahren Pompejis wurde es von einem gewissen Africanus und einem Victor geleitet, wie aus einigen Graffiti an den Bettstellen hervorgeht. Das Erdgeschoss war über zwei voneinander unabhängige Eingängen zugänglich: Der Eingang Nummer 18 befindet sich am sogenannten „Vicolo del Lupanare", der zweite, gut erreichbar für diejenigen, die vom Forum aus hinunterkamen, befindet sich bei Nr. 19 an der südwestlich gelegenen Straße. Beide Eingänge führten in eine Art Diele, um die herum fünf *cellae meretriciae,* die Dirnenkammern, mit den gemauerten Betten angeordnet waren. An der Westseite, bei dem Eingang Nr. 19, war die Latrine. Die Wände der Bettzellen waren weiß verputzt und fast vollständig mit Graffiti überzogen, die sowohl die Besucher als auch die Mädchen, die hier arbeiteten, hinterlassen hatten. Es ist nachgewiesen, dass alle Graffiti aus der Zeit nach 72 n. Chr. stammen, denn man fand den Abdruck einer Münze aus jenem Jahr, die in den frischen, noch weichen Putz gedrückt worden war. Die Art dieser Graffiti kann man sich gut vorstellen; man rühmt sich mit seinen zahlreichen Frauen, macht eine Liebeserklärung... Die Wände des Eingangsraumes waren mit einfachen Bildern in Form von Borten und stilisierten Girlanden geschmückt, aber oberhalb der Türen zu den Bettkammern waren eine Reihe von Bildern gemalt, auf denen Paare beim Geschlechtsverkehr dargestellt sind. In der Mitte der Nordwand sieht man hingegen einen gemalten Priapos mit zwei Phalloi, die er mit beiden Händen vor einem Feigenbaum hält. Das Obergeschoss war über eine hölzerne Treppe vom Eingang Nr. 20 aus erreichbar, der an der vom Forum herunterführenden Straße liegt. Die Treppe war mit Tür und einer Klingel ausgestattet und führte in ein *menianum,* eine Art Rundgang, von dem aus die anderen fünf Kammern zu erreichen waren. Dieser Korridor entsprach dem Balkon, der über die Außenmauern herausragte und auch dem darunterliegenden Bürgersteig als Schutz diente. Die Kammern des Obergeschosses hatten möglicherweise Betten aus Holz, außerdem hatten sie eine hochwertigere Dekoration im Vierten Stil, allerdings ohne erotische Darstellungen. Obwohl sie sehr verbreitet war, wurde die Prostitution in Pompeji, wie auch in der übrigen römischen Welt, als genauso verrufen angesehen wie die Schauspielerei oder Wucher. Aus diesem Grund waren die Kunden meist von den Ämtern in der Magistratur ausgeschlossen. Neben den Durchreisenden wurden die Bordelle in Pompeji von den Sklaven und den Freigelassenen besucht, während die freien Bürger der Stadt sich zu Hause bedienen ließen oder sich mit ihrer Dienerschaft vergnügten. Eine moralische Unterscheidung zwischen heterosexuellen und homosexuellen Leistungen wurde nicht gemacht.

Die Bäckerei des Popidius Priscus (VII 2,22)

Die Bäckerei gehörte wahrscheinlich zum Besitz des N. Popidius Priscus, dessen Haus auf der gleichen *insula* hinter der Bäckerei lag, das Haus und die Bäckerei waren durch eine kleine Tür im hinteren Teil der Bäckerei verbunden. Die Werkstatt selbst lag am Vicolo Storto und hatte trotz der großen Öffnung zur Straße hin keine Verkaufstheke, was Anlass zu der Vermutung gibt, dass es sich hier um einen Großhandelsbetrieb handelte, und so kann man sich vorstellen, wie vor allem in den frühen Morgenstunden unaufhörlich Träger mit Kiepen voller Brot auf dem Rücken aus der Bäckerei kamen, um ihre Ware in den Läden der Stadt oder in den Tavernen auszuliefern. Die Bäckerei verfügte über vier große Mühlen und eine kleine, die so in einer Reihe angeordnet waren, dass die Esel sie antreiben konnten, ohne sich dabei gegenseitig in die Quere zu kommen. Die Mühle bestand aus einem beweglichen Teil in der Form einer Sanduhr, dem *catillus,* dessen unterer Teil auf einem feststehenden konischen Block, *meta,* auflag, der obere Teil enthielt das zu mahlende Getreide. Der *catillus* konnte auch umgedreht werden, eine umsichtige Maßnahme, durch die sich die Lebensdauer der Mühle beträchtlich verlängerte, denn ohnehin war der *catillus* der empfindlichste Teil der Anlage. Am engsten Teil des *catillus* befanden sich zwei eckige Vorrichtungen, in denen mit Hilfe von Holzleisten ein Balken angebracht war, an den Holzleisten wurden die Esel festgebunden, die so den *catillus* auf der *meta* drehten. Die beiden wichtigsten Teile der Mühle bestanden aus Lava von den Hängen des Vesuv, das sich für diesen Zweck extrem gut eignete und sehr gefragt war, denn dieses Material ist porös, aber so hart, dass sich beim Mahlen des Getreides kein Stück davon löst. Nach dem Mahlvorgang wurde das Mehl gesiebt; die groberen Rückstände vom Sieben wurden zur Herstellung von weniger hochwertigem Brot genutzt, das hauptsächlich an Sklaven verkauft wurde. Die Herstellung des Brotteiges erfolgte sowohl mit der Hand als auch mit Teigmaschinen, die aus einem zylindrischen Behälter bestanden, in denen sich ein Holzbrett mit waagrechten Schaufeln drehte, die den Teig durchmischten und vermengten; Überreste einer solchen Maschine wurden hinter dem Ofen in der Werkstatt entdeckt. Anschließend wurde der Teig in runde Brote aufgeteilt, die durch zwei Kreuze in acht Abschnitte aufgeteilt wurden; in dem Backofen in der Bäckerei des Modestus (VII 1,36) fand man nämlich 81 solcher Brotlaibe, die fertig gebacken waren und bald hätten verkauft werden sollen. An der Südseite der Bäckerei waren Sockel für die Backtröge gemauert worden, in denen der Teig mit der Hand vorbereitet wurde; an der Nordseite hingegen befanden sich Gefäße zum Abkühlen der frisch gebackenen Brote. Der Backofen mit einer großen Brennstoffkammer und einer Garkammer mit konischer Kuppelhaube war aus *opus caementicium* mit Ziegelsteinen gebaut und hatte an der Vorderseite einen langen Kamin. Neben dem Ofen stand ein Sockel für Gefäße mit Wasser, einer diente zum Abkühlen der Brotschaufel, der andere zum Anfeuchten der halbgaren Brotlaibe, die dadurch eine duftende, glänzende Kruste bekamen. Im hinteren Teil der Werkstatt befand sich auch das Becken, in dem das Getreide vor dem Mahlen gewaschen wurde. Seit der Spätzeit der

75 links oben *Das Material der pompejischen Mühlen war zwar porös, gleichzeitig aber auch so hart, dass sich beim Mahlen des Getreides zwischen* catillus *und* meta *keine für die Zähne gefährlichen Bruchstücke ablösten.*

75 links unten *Sämtliche Arbeitsgänge bis zum fertigen Brot erfolgten im gleichen Gebäude; z. B. hielt die Wärme des Ofens das Mehl trocken und wirkte sich günstig auf die Säuerung des Brotes aus.*

75 rechts oben *Die Brote waren meist rund und in acht Abschnitte aufgeteilt.*

75 rechts unten *Im Haus VII 3,30 wurde dieses Bild mit der Darstellung eines Brotladens entdeckt.*

76-77 *Die auf dieser Rekonstruktionszeichnung abgebildete Bäckerei ist allgemein unter dem Namen* Pistrinum del Vicolo Storto *bekannt.*

Republik wurde Brot in Pompeji nicht mehr in den Privathäusern gebacken, sondern nur noch in beinahe schon industriellen Produktionsbetrieben hergestellt. Im Stadtgebiet lassen sich etwa 30 Bäckereien ausmachen, die alle im Durchschnitt drei oder vier Mühlen haben, dort wurde nur Brot für den Bedarf in der Stadt gebacken; nur 20 Bäckereien verfügten auch über einen Verkaufsraum, während die übrigen vor allem die *tabernae* und die *cauponae* belieferten. Bisher hat man in der Stadt noch keine Kornkammern entdeckt, wahrscheinlich wurde das Korn in den Bauernhöfen auf dem Land aufbewahrt und von dort täglich von den *saccarii*, den in Verbänden organisierten Lastträgern, in die Stadt zu den Bäckern transportiert.

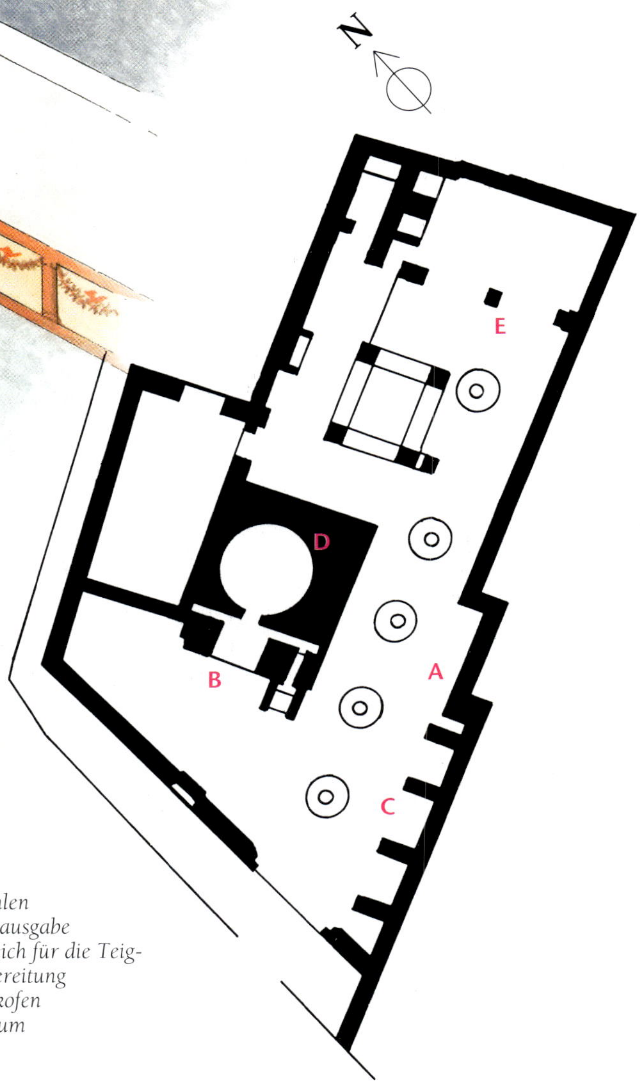

A *Mühlen*
B *Brotausgabe*
C *Bereich für die Teigzubereitung*
D *Backofen*
E *Atrium*

Das Theaterviertel

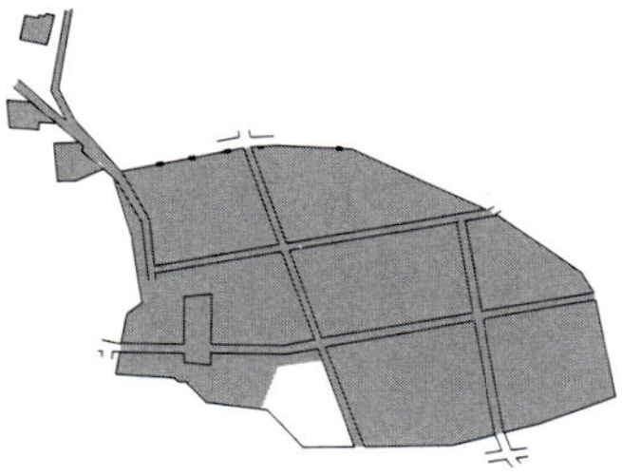

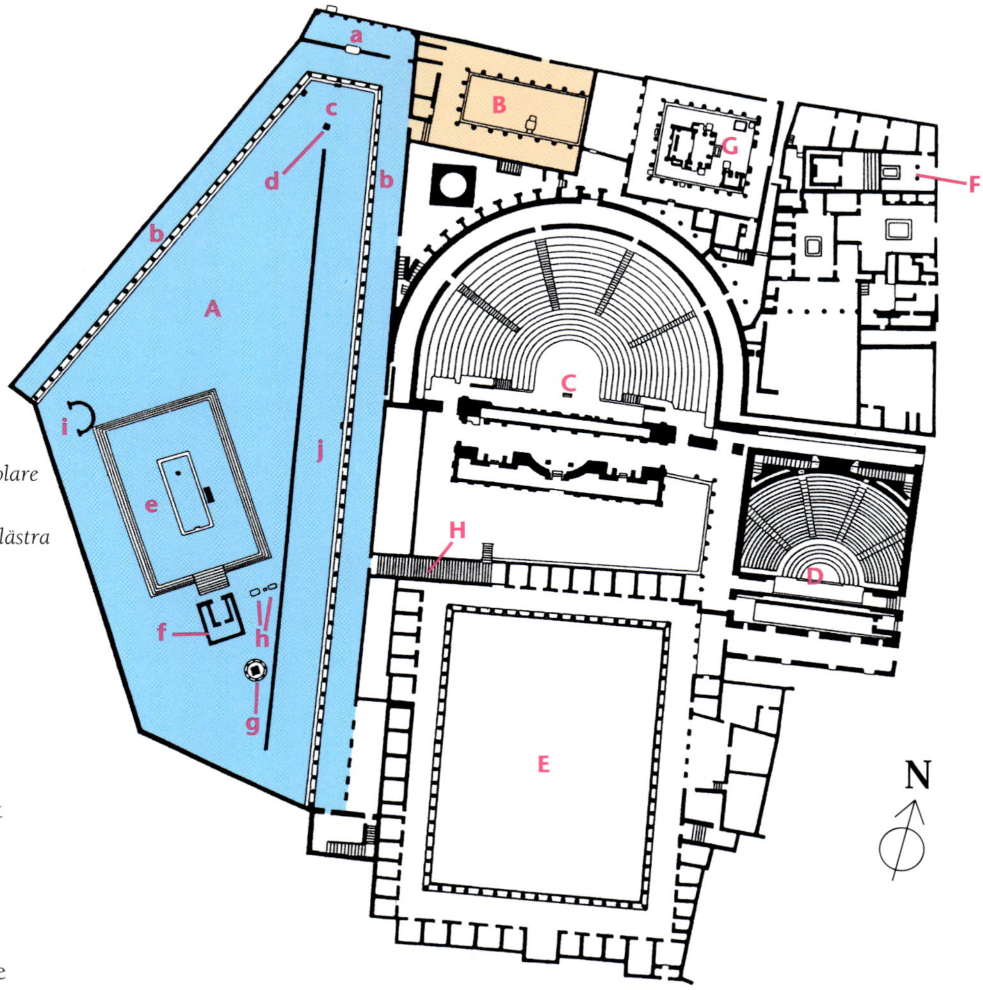

Das Forum Triangolare

Die Samnitische Palästra

Gegen Ende der samnitischen Periode (2. Jh. v. Chr.) scheint sich in Pompeji der feste Wille durchgesetzt zu haben, an der Kultur und der Lebensweise der Griechen teilzunehmen. Dies wird nicht nur in den Privathäusern deutlich, wo man in den städtischen Häusern die Ausstattung der hellenistischen Villen nachzubilden versuchte, sondern auch im öffentlichen Bauwesen, so dass ganze Stadtviertel nach griechischem Vorbild errichtet werden. In der Tat sind der Umbau des Forums, der Wiederaufbau des Apollotempels, die Anlage des Theaterviertels, die monumentale Anlage der wichtigsten Straßen, die sowohl die kulturellen als auch die wirtschaftlichen Knotenpunkte der Stadt verbanden, Teil eines einzigen Entwurfs, der darauf abzielte, sich den kulturellen Einflüssen aus Griechenland und aus dem hellenistischen Orient anzuschließen, die die westliche Welt unaufhaltsam eroberten. Dies waren die Jahre, in denen Cato d. Ä. erfolglos versuchte, die römischen Bürger zur Wahrung der Traditionen und Kulte der Vorfahren anzuhalten.

A Forum Triangolare
B *Samnitische Palästra*
C *Großes Theater*
D *Odeion*
E Quadriportikus *hinter dem Theater*
F *Tempel des Zeus Meilichios*
G *Isistempel*
H *Monumentaltreppe*

Das Forum Triangolare
a *Propyläen*
b Portikus
c *Brunnen*
d *Sockel des Marcellus*
e *Dorischer Tempel*
f *Grab*
g Tholos
h *Altäre*
i Schola
j *Rennstrecke*

78 *Die Fassade des Dorischen Tempels weist eine ungewöhnliche Ausrichtung nach Südosten auf, vielleicht sollte sie vom Sarno aus gut gesehen werden können. Im Vordergrund erkennt man eines der Kapitelle mit dem flachen* Echinus, *der die Datierung des Tempels in das 6. Jh. v. Chr. ermöglicht.*

Das Forum Triangolare und die Samnitische Palästra

Das Forum Triangolare ist eine der komplexesten Anlagen Pompejis. Es liegt auf der Spitze eines hohen Lavahügels, von wo aus sowohl das Sarnotal und der *ager* Stabianus als auch der Golf von Neapel gut zu überschauen war. Bereits im 6. Jh. v. Chr. war hier ein Tempel mit dorischen Merkmalen errichtet worden. Der heilige Bezirk lag etwas abseits von der übrigen städtischen Siedlung, die sich rings um ein anderes Heiligtum gebildet hatte, das aus dem Apollo-Tempel bestand, der hinter der späteren Via Marina entstanden war. Man weiß, dass diesem Gebiet im 2. Jh. v. Chr. große Aufmerksamkeit zuteil wurde, als die städtische Magistratur beschloss, Teile der Stadt nach hellenistischem Vorbild zu monumentalisieren. Das Programm sah eine Neugestaltung der an den zum Forum Civile und zum Forum Triangolare führenden Straßenfassaden vor, hierzu sollten mit rechteckigen Blöcken aus grauem Nocera-Tuff monumentale Häuserfronten mit Lisenen, Säulen, Gesimsen usw. gestaltet werden. Zweifellos verband diese städtebauliche Neu-

ordnung die drei wichtigsten Punkte der Stadt, Forum Civile, Apollo-Tempel und Forum Triangolare, vorbildlich miteinander. Zum Forum Triangolare gelangte man über einen prächtigen Eingang, den Propyläen, die aus sechs hohen ionischen Säulen sowie zwei weiteren Halbsäulen in den Ecken bestanden. Wer von der Via dell'Abbondanza ausgehend über die Via dei Teatri zu diesem Haupteingang kam, hatte einen prachtvollen Blick auf die in *opus quadratum* errichteten Fassaden der Häuser entlang der Straße und im Hintergrund auf den Eingang. Zwei Türen führten in den heiligen Bezirk; auf drei Seiten war der Bezirk von Portiken mit 95 Säulen in dorischer Ordnung eingefasst; der südwestliche Abschnitt hingegen war von einer Balustrade begrenzt, über die man einen Ausblick auf den Golf und die Sarnomündung hatte. Wahrscheinlich waren die Kolonnaden und das Fundament des Stylobats nach dem Erdbeben von 62 n. Chr. restauriert worden. Parallel zum östlichen Säulengang verläuft eine niedrige Mauer als Abgrenzung eines großen von Norden nach Süden verlaufenden Gangs, vielleicht handelt es sich hierbei um einen *dromos,* eine Laufbahn für athletische Übungen und Pferderennen. Der Tempel liegt mehr am östlichen Rand des heiligen Bezirks und weist eine eher untypische Ausrichtung von Nordwesten nach Südosten auf. Vom Tempel selbst ist bis auf das im Erdboden eingelassene Fundament (Stereobat) kaum etwas erhalten. Der aus dem 6. Jh. v. Chr. stammende dorische Peripteraltempel hatte sieben Säulen an den kurzen Seiten und elf an den langen Seiten, eine absolut untypische Anordnung. Einige Wissenschaftler erklären diese Anomalie so, dass der ursprüngliche, vielleicht aus Holz bestehende Tempel vier Säulen an der Stirnseite und sechs Säulen an den Längsseiten hatte und dass erst später aus Gründen der Statik weitere Säulen zwischen die Interkolumnien eingefügt wurden. Die Anzahl der Säulen wurde dann nicht mehr verändert, als man von dem Holzaufbau zu einem Aufbau aus Sarnokalkstein überging. Die beiden erhaltenen Kapitelle haben einen sehr flachen Echinus, wodurch sie an die Kapitelle der sogenannten Basilika von Paestum und die der Tavole Palatine, einem Tem-

pel in Metapont (6. Jh. v. Chr.) erinnern. Der länglichen Cella muss ein Pronaos mit zwei korinthischen Antensäulen vorangegangen sein. In der Cella steht außerhalb der Achse an der Ostseite ein rechteckiger Tuffsockel, diese Verschiebung legt die Vermutung nahe, dass sich auf der anderen Seite ebenfalls ein Sockel befunden haben muss, so dass man annimmt, dass dieses Heiligtum zwei Gottheiten gewidmet war. Dabei könnte es sich um Minerva und Herkules gehandelt haben, wie die Antefixe, auf denen sie dargestellt sind, und eine unvollendete Inschrift in oskischer Sprache auf einem Tuffpfeiler in der Nähe der Kreuzung von Via dei Teatri und Via del Tempio d'Iside vermuten lassen. Ein Durchgang in der nordöstlichen Ecke des Forum Triangolare führt zur Samnitischen Palästra, die passend zum Forum Triangolare auf drei Seiten von Portiken mit dorischen Säulen umgeben ist; an der Südseite war der Altar und ein für Zeremonien und Siegerehrungen verwendeter Sockel.

79 links oben *Vom östlichen Säulengang aus gelangte man in die Samnitische Palästra, zum Großen Theater und zu der monumentalen Treppe, die zum Quadriportikus hinter dem Theater und zum Odeion führte.*

79 links unten *Diese tholos, ein Rundbau mit sieben dorischen Säulen, umgibt einen älteren heiligen Brunnen. Aus einer in den Architrav eingemeißelten Inschrift in oskischer Sprache geht hervor, dass die tholos das Werk von Numerius Trebius war.*

79 Mitte *Über die wahrscheinlich überdeckte monumentale Treppe gelangte man zu den Theatern und dem Quadriportikus, vielleicht diente sie auch zu religiösen Prozessionen.*

79 rechts *Diese in der Samnitischen Palästra gefundene Marmorkopie des Doryphoros (Speerträger) von Polyklet, wird allgemein als die Kopie anerkannt, die dem Original, das den griechischen Künstler bereits in der Antike berühmt machte, am nächsten kommt.*

Der Theaterkomplex

Das Große Theater, das Odeion und der Quadriportikus hinter dem Theater stellen einen einzigartigen architektonischen Komplex dar, der im 2. Jh. v. Chr. im Rahmen eines genau umrissenen Planes zur städtebaulichen Neuordnung der Stadt errichtet worden war und sich eindeutig an den griechischen Vorbildern des hellenistischen Zeitalters orientierte.

Das Theater

Die Lage für den Bau des Großen Theaters wurde durch die Abhänge des durch Lavaströme gebildeten Bergrückens vorgegeben, auf dem bereits der archaische Tempel errichtet worden war. Die *cavea* liegt zu zwei Dritteln auf dem natürlichen Abhang, während der übrige Teil durch einen Unterbau aus *opus incertum* erhöht worden war. Das Theater in der uns erhalten gebliebenen Form ist das Ergebnis der Restaurierungen unter der Schirmherrschaft der Familie der Holconier, durchgeführt von dem libertus Marcus Artorius Primus; belegt sind diese Namen durch zwei Inschriften: Die erste, die drei Mal wiederholt wird, bezeugt, dass *M.M. Holconii Rufus et Celer cryptam, tribunalia, theatrum, s(ua) p(ecunia)*, also dass Marcus Holconius Rufus und Marcus Holconius Celer auf eigene Kosten den überdachten Gang zwischen der *media* und der *summa cavia*, die Loge und die Sitzreihen aus Marmor errichteten. Die zweite Inschrift hingegen spricht von M. Artorius M.l(ibertus) Primus, architectus, woraus deutlich wird, dass es sich bei dem für den Wiederaufbau des Theaters verantwortlichen Architekten, Marcus Artorius Primus, um einen *libertus*, einen Freigelassenen handelte, wie es bei den Römern üblich war. Zur Erinnerung an die Großzügigkeit der Holconier waren dem Marcus Holconius Rufus außer den Inschriften im Theater eine Statue und ein *bisellium*, ein Doppelsitz aus Bronze für besondere Ehrengäste, gewidmet, dieses *bisellium* stand in der Mitte der *media cavea*, wo sich auch eine Inschrift mit Bronzebuchstaben befand. Das Theater ist folgendermaßen aufgebaut: Die *cavea* ist aufgeteilt in die drei üblichen Abschnitte, *ima cavea*, wo die Magistrate der Stadt Platz nahmen, *media cavea* für die wohlhabenderen Bürger und *summa cavea*, wo sich das Volk drängte. Die *ima cavea* war über die überdachten Gänge, die *parodoi*, an den Seiten der Bühne erreichbar, zur *media* und *summa cavea* erfolgte der Eingang von der *crypta* aus: Fünf Türen mit ebenso viel Treppen, den *kerkides*, die diesen Teil der *cavea* in sieben *cunei* aufteilten, führten zu *media cavea;* die *summa cavea* war über zwei Treppen an den Seiten der *crypta* erreichbar. Dieser

80 oben *Die Luftaufnahme zeigt das Theaterviertel.*

80 Mitte *Ein Säulengang verband das Große Theater, das Odeion und das Quadriportikus, sehr wahrscheinlich war dieser Bereich überdacht und ermöglichte den Zugang von den Theatern zum Quadriportikus, wo sich die Schauspieler zwischen den Aufführungen aufhielten.*

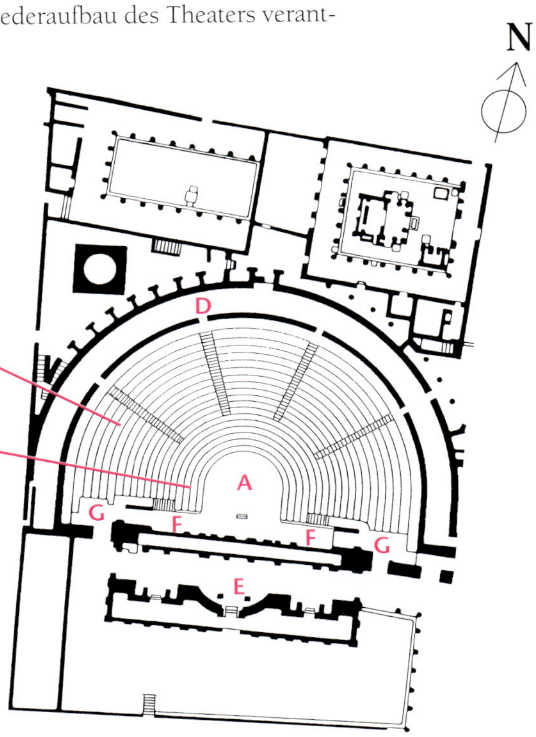

A *Orchestra*
B Ima cavea
C Media cavea
D *Crypta*
E *Bühne*
F Parodoi
G *Tribüne*

Rundgang war von verschiedenen Seiten aus zugänglich: Vom östlichen Portikus des Forum Triangolare aus, von der Via del Tempio di Iside (Norden) und von der Via di Stabia (Süden) über einen engen Durchgang und eine steile Treppe. Die jeweiligen Magistrate, die öffentliche Schauspiele im Theater finanzierten, nahmen in den *tribunalia* Platz, die sich auf den *parodoi* befanden und über seitliche Treppen erreichbar waren. Die Bühne war mit den Mauern der *parodoi* verbunden, wodurch sich ein einziger Baukörper ergab; das Proszenium, der vorderste Teil der Bühne, hatte eine halbrunde Nische in der Mitte und seitlich davon jeweils eine Zugangstreppe mit seitlichen Nischen. In der zweistöckigen Bühnenwand öffneten sich drei Türen, in der Mitte die Tür *regia* innerhalb einer Apsis, an den Seiten die beiden Türen *hospitales* innerhalb zweier rechteckiger Nischen. Die Durchgänge waren von Säulen mit einem darüber liegenden Gebälk eingefasst, die möglicherweise auf der oberen Ebene Nischen mit kleinen Giebeln trugen, die abwechselnd ein dreieckiges und ein gebogenes

80 unten *Die cavea des Theaters lag zum großen Teil auf dem Abhang des Plateaus, auf dem sich das Forum Triangolare erhob. Die aus Ziegelmauerwerk errichtete Bühne war bereits in der Antike mehrfach restauriert worden.*

80-81 *Theatermasken finden sich häufig unter den Motiven der Stillleben: Auf diesem Mosaik sind eine tragische und eine komische Maske auf einem Podest abgebildet.*

82-83 *Diese Rekonstruktionszeichnung zeigt die zweistöckige Bühne des Theaters, in der sich drei Türen öffneten: Die Verzierungen in Form von Skulpturen und Malereien wurden anhand eines in Herculaneum gefundenen Freskos mit besser erhaltenen, analogen Bauwerken abgeleitet.*

84 oben links Dieser Ausschnitt eins Freskogemäldes zeigt einen Schauspieler mit bekränztem Kopf, der die tragische Maske anlegt.

84 oben rechts Dieser große Gemäldeausschnitt zeigt ein Bühnenbild auf verschiedenen perspektivischen Ebenen, oben ist der Vorhang gemalt, der von oben nach unten über die Bühne fiel.

84 Mitte Auf diesem Ausschnitt erkennt man einen recht jungen Schauspieler, der eine Maske über seine Haare geschoben hat; gehalten wurden die Masken durch Lederbändel.

84 unten Wie groß der Erfolg und die Anhängerschaft von Theater und Schauspiel aller Art, die hier aufgeführt wurden, war, zeigt auch diese Marmorplatte, die auf beiden Seiten mit tragischen, komischen und satyrartigen Masken behauen war; gefunden wurde sie im Haus der vergoldeten Putten (VI 16,7).

Giebelfeld hatten. In dem Bereich zwischen den Türen befanden sich kleinere Nischen zwischen Pfeilern mit Ehrenstatuen und mit Säulen ausgestattete Kulissen, die mit Marmor und bunten Stuckreliefs verziert waren. Hinter der Bühne befand sich eine Rampe, über die die Schauspieler durch die drei Türen auf die Bühne heraustreten konnten, außerdem ein großer offener Bereich, der vielleicht mit beweglichen Bühnenelementen ausgestattet war, die von Schauspielern und Bühnenhelfern benutzt wurden.

Im oberen Teil des Halbkreises, der die *summa cavea* umgibt, befinden sich zahlreiche Steinblöcke, die mit einem Loch versehen sind; wahrscheinlich waren hier Balken eingesteckt, an denen die Sonnensegel befestigt wurden, die während der Vorstellungen für kühlenden Schatten im Theater sorgten. In seinen besten Zeiten konnte dieses Gebäude etwa 5000 Zuschauer aufnehmen.

Man weiß nicht, welcher Art die Aufführungen in diesem Theater waren, viel Erfolg hatten sicherlich die *atellanae*, eine Art Komödie, deren Name sich von der Stadt Atella (heute Aversa) ableitete, wo diese Stücke ihren Ursprung hatten. Die Charaktere dieser Komödien waren mit ihren jeweiligen burlesken Eigenschaften fest umrissen: *maccus*, der Buffo, *bucco*, der Tölpel mit dem dicken Bauch; *pappus*, der irregeführte Alte; *dossenus*, der Gewitzte.

Das Odeion

Auch beim Odeion sind uns die Umstände um seine Errichtung dank einer in Kopie erhaltenen Inschrift auf dem Architrav des Eingangs an der Via di Stabia erhalten: *C. Quinctius C.f. Valg(us), M.Porcius m.f.duovir(i) dec(urionum) decr(eto) theatrum tectum fac(iundum) locar(unt) eidemq(ue) prob(arunt)* (Caius Quinctius Valgus, der Sohn des Caius, und Marcus Porcius, der Sohn des Marcus, vergaben die Bauarbeiten für das überdachte Theater und nahmen selbst den Bau ab). Diese beiden Persönlichkeiten sind die gleichen, die auch den Bau des Amphitheaters unterstützten und dem Apollotempel einen neuen Altar stifteten, sie gehörten zu jenen Personen, die das politische und wirtschaftliche Leben eines großen Teils der Campania beherrschten, nachdem Sulla über die italischen Bundesgenossen, die hier ihre Hochburgen hatten, gesiegt hatte. Bei dem Odeion handelte es sich um einen überdachten Bau, der zu einem großen Teil den gleichen Grundriss hat wie das Große Theater, diese beiden Gebäude waren durch einen mit Säulen umsäumten Bereich verbunden, der den östlichen *parodos* des Theaters mit dem westlichen des Odeion verband. Dieses Gebäude entstand erst nach 80 v. Chr. und scheint das erste Bauwerk zu sein, das unter der neuen, von Sulla eingesetzten herrschenden Klasse entstand. Aus diesem Grund vermuteten einige Wissenschaftler, dass es sich hierbei um einen Ort gehandelt haben könnte, an dem sich die Veteranen Sullas versammelten, die nach dem Krieg, also mit der Gründung der Kolonie, in Pompeji ein Haus und ein außerhalb der Stadtmau-

85 links *Über die Motive der antiken Musik ist wenig bekannt, umgekehrt gibt es aber viele Kenntnisse bezüglich der Instrumente und ihrer Verwendung. Auf diesem Bild ist ein Mädchen auf einer kline (antike Ruheliege) dargestellt, die mit der rechten Hand auf einer kleinen Harfe spielt, während sie in der linken Hand eine fünfsaitige Zither hält.*

85 rechts oben *Die cavea des Odeion ist vollständig unterbaut. Die ima cavea, wo auch die bisellia untergebracht wurden, hatte breitere Sitzreihen aus Basalt; die media cavea hingegen war, wie das Amphitheater, aus grauem Tuff errichtet worden.*

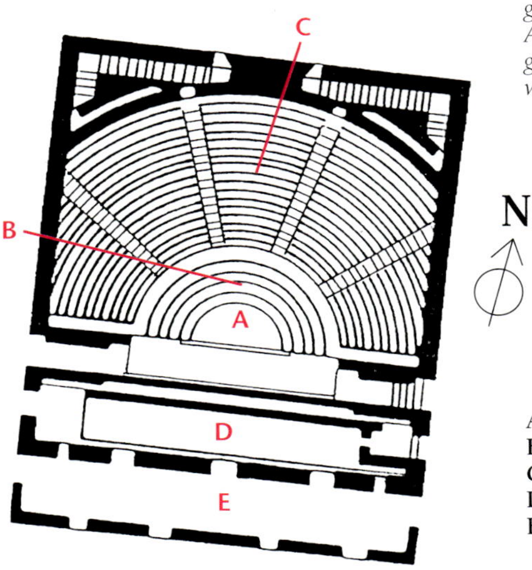

A *Orchestra*
B Ima cavea
C Media cavea
D *Bühne*
E *Umkleideraum*

85 rechts unten *Außergewöhnlich ist die halbrunde Treppe, über die man zu den Plätzen der media cavea gelangte; der untere Abschluss der Außenmauern bestand aus zwei knienden Telamonen, die auf ihren Unterarmen ein Gesims tragen. Den Abschluss der Balustrade zwischen der ima und der media cavea bildeten zwei geflügelte Greife.*

ern liegendes Stück Land erhalten hatten. Eine andere Hypothese geht davon aus, dass die Neuankömmlinge das komplexe und kostenaufwändige Projekt der städtebaulichen Neuordnung Pompejis, das im vorangegangenen Jahrhundert mit dem Bau des Forum Triangolare und des Theaters eingeleitet worden war, zu Ende führten, um sich die Gunst der Bevölkerung zu sichern. Es steht außer Zweifel, dass das Bauwerk als *theatrum tectum* erwähnt wird, und alle Bauteile weisen darauf

hin, dass es dazu bestimmt war, ein nach sozialen Schichten aufgeteiltes Publikum aufzunehmen, das so an Vorstellungen auf einer Bühne teilhaben konnte. Man kann davon ausgehen, dass an diesem Ort vor allem aufgrund seiner akustischen Eigenschaften und seiner Überdachung in erster Linie musikalische Aufführungen, Reden und Mimenschauspiele stattfanden, die für ein eher aufmerksames Publikum gedacht waren. Das Odeion liegt vollständig innerhalb eines rechteckigen Bereiches mit Mauern in *opus quasi reticulatum*, die *cavea* befindet sich im nördlichen Teil und die Bühne im südlichen Abschnitt: Die Sitzreihen sind unterteilt in die aus vier breite Sitzreihen aus Basaltstein bestehende *ima cavea*, auf denen die *bisellia* aufgestellt werden konnten, die vierte Sitzreihe war nach hinten durch eine Brüstung aus grauem Nocera-Tuff abgetrennt; die Enden der Trennmauern bestanden aus geflügelten Greifen, deren Köpfe verloren gegangen sind. Hinter der Balustrade war der Gang zu den Plätzen der *media cavea*, die über zwei ungewöhnliche, zwischen den *parodoi* und der Bühne liegenden, halbrunde Stufenreihen mit vier Stufen zugänglich waren. Die an die *parodoi* angrenzenden äußeren Mauern der *cavea*, die *analemmata*, waren am unteren Ende mit aus Tuff gehauenen Telamonen verziert, die auf einer viereckigen Basis knien und eine Gesims stützen, das wahrscheinlich eine Amphore oder eine Statue trug, ähnliche Dekorationen finden sich im *tepidarium* der Forumsthermen. Von oben aus war die *media cavea* auch über die Treppen zwischen dem Halbkreis der *cavea* und dem Winkel des Bauwerks zu ereichen. Die *media cavea* war durch Treppen *(kerkides)* aus Lava in fünf keilförmige Abschnitte unterteilt, die Sitzreihen dagegen waren aus grauem Nocera-Tuff mit gekehlten Rändern; auch bei diesen Sitzreihen war der innere Teil der Sitzfläche niedriger, so dass die Füße des in der Reihe darüber Sitzenden nicht störten, genau wie es auch beim Amphitheater zu beobachten ist. Im Odeion gibt es keine *summa cavea*. Im oberen Teil der *parodoi* befanden sich die *tribunalia*, Logen für die Ehrengäste oder für die Geldgeber der Aufführung. Der Fußboden in der exakt halbrunden *orchestra* bestand aus unregelmäßigen bunten Marmorplatten, der allerdings erst in augusteischer Zeit von dem Duumvir Marcus Oculatius Verus gestiftet worden war, wie eine Inschrift mit bronzenen Buchstaben belegt. Die Vorderseite des Bühnenpodiums ist sehr einfach gestaltet und besteht aus einer kleinen, schmucklosen Mauer; auch die

86 links *Diese wundervolle Hirtenflöte (Syrinx) aus Bronze wurde sicherlich in Einrichtungen wie dem Odeion verwendet, dies geht aus dem im unteren Register dargestellten Proszenium hervor. Bei der Syrinx handelt es sich um ein Blasinstrument, bei dem aufgrund der unterschiedlichen Länge der einzelnen Röhren verschieden intensive Töne erzeugt wurden.*

86-87 *Dieses berühmte, von Dioskurides aus Samos unterzeichnete Mosaik zeigt ein außergewöhnliches Konzert: Unterstützt vom Rhythmus einer Handtrommel und einer Zimbel deuten rechts und in der Mitte zwei Musiker Tanzschritte an, begleitet werden sie von einer Frau, die auf einer Doppelaulos spielt und von einem Kind, das in ein Horn zu blasen scheint.*

87 oben *Sowohl bei religiösen Festen als auch bei Tanzvorführungen war die Zimbel ein sehr gebräuchliches Instrument, das den Rhythmus der Tanzschritte vorgab.*

87 rechts *Besonders die Feste waren stets von Musik begleitet: Auf diesem Gemälde, das eine Huldigung an Bacchus zu sein scheint, zeigen sich ein Flötenspieler und ein Zimbelspieler auf einem von Weinreben bewachsenen Balkon.*

Bühne war bis auf die drei üblichen, während der Aufführungen benötigten Türen schlicht mit architektonischer Freskomalerei im Zweiten Stil verziert. Hinter der Bühne befand sich ein Wandelgang mit der gleichen Breite wie das ganze Gebäude, dieser war sowohl vom Quadriportikus als auch von der Via di Stabia aus zugänglich, außerdem gab es noch vier Türen, die in einen dahinter liegenden, unregelmäßig geformten Raum führten. Alle diese Zugänge waren mit Holztüren verschlossen. Wie bereits angedeutet war das Odeion dank des in Pompeji schon im 1. Jh. v. Chr. gebräuchlichen Dachwerks mit einem zu beiden Seiten abfallenden Dach gedeckt. Das etwa 1000 Personen fassende Bauwerk findet analoge Vorbilder in einem Theater in Sarno und im Odeion von Neapel, wo sogar Nero gerne auftrat.

Der Quadriportikus hinter dem Theater

Der Quadriportikus des Theaters war unterhalb des heiligen Bezirks des Dorischen Tempels und hinter dem Großen Theater angelegt worden. Die bühnenmäßig wirkende Anlage wurde im 2. Jh. v. Chr. gleich im Anschluss an den Bau des Theaters errichtet. Der Zugang zum Quadriportikus erfolgte hauptsächlich über Via di Stabia dank eines breiten Durchgangs hinter dem Odeion. Der Haupteingang bestand aus drei ionischen Säulen auf einer aus drei Stufen bestehenden Treppe, die auf die gleiche Höhe der Säulengänge des großen Platzes führten. Die eindrucksvolle Treppe, die im westlichen Abschnitt der Nordseite des Gebäudes liegt, verbindet den Quadriportikus mit dem Heiligen Bezirk des Dorischen Tempels und daher ist es nicht abwegig, sich vorzustellen, dass ein Teil der sportlichen Wettkämpfe eben in dem vorher angedeuteten Stadion (vgl. Forum Triangolare) durchgeführt wurden. Der viereckige Quadriportikus hat 74 dorische Säulen, 17 davon stehen jeweils an der Nord- und an der Südseite, 22 an der Ost- und Westseite; an den Wänden der Säulengänge öffnete sich eine Reihe kleiner, fast quadratischer Räume, die in zwei Stockwerke unterteilt waren und keine Verbindung untereinander hatten. Nach dem Erdbeben von 62 n. Chr. wurde der Quadriportikus in eine Gladiatorenkaserne umgestaltet.

Der Tempel des Zeus Meilichios

Eine Inschrift in oskischer Sprache, die in der Nähe der Porta di Stabia entdeckt wurde, ermöglichte die Identifizierung eines kleinen Tempels in der nordöstlichen Ecke des Theaterviertels: „Die Ädilen Maius Sittius, Sohn des Maius, und Numerius Pontius, Sohn des Maius, befestigten diese Straße bis zu der Stabianer Brücke"; die Straße wurde auf einer Länge von zehn *perticae* (Messstangen) befestigt. Auch die Via Pompeiana wurde von ihnen auf einer Länge von drei *perticae* bis zum Tempel des Zeus Meilichios befestigt. Der Tempel befindet sich also innerhalb eines rechteckigen Umfangs, der Eingang zum heiligen Bezirk war eher unauffällig. Der vordere Teil bestand aus einer Säulenhalle, deren Dachfläche von zwei Säulen gestützt wurde, von denen die Fundamente und eines der Kapitelle in dorischer Ordnung aus Vesuv-Lava gefunden wurden. Lässt man den Portikus hinter sich, so gelangt man in einen offenen Hof mit einem schönen Tuffaltar. Hinter dem Altar führt eine Freitreppe in der Breite des ganzen Hofes, auf ein hohes Podium hinauf, wo sich der Tempel erhob. Dieser italische Tempel hat eine Vorhalle (pronaos) mit vier Säulen an der Vorderseite und je zwei an den Nebenseiten. An der Rückseite der schlichten Cella sind die Reste eines Sockels erhalten, auf dem die Kultstatuen standen.

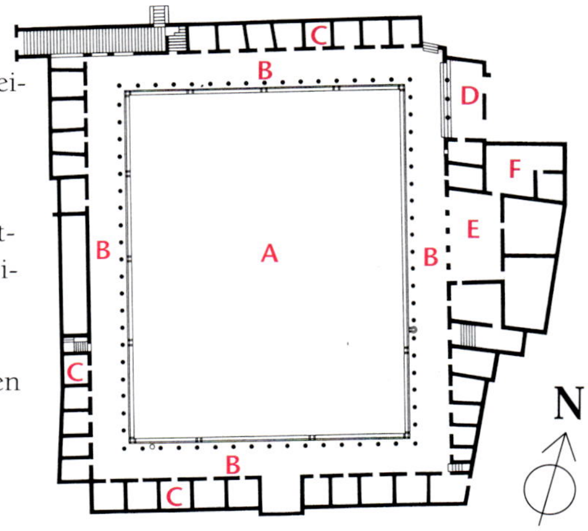

A *Palästra*
B *Säulengänge*
C *Räume*
D *Haupteingang*
E *Speisesaal*
F *Lagerräume*

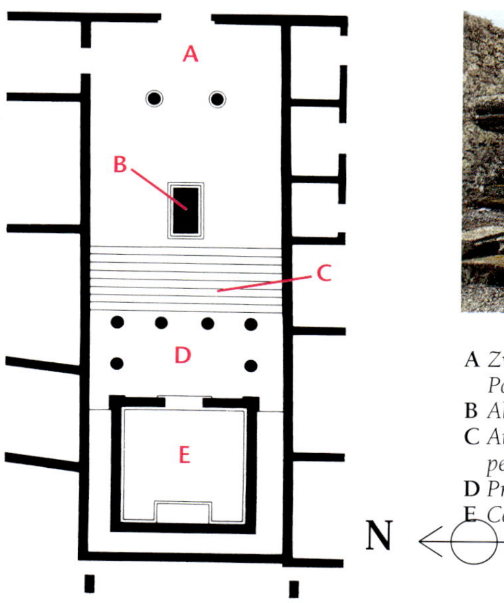

A *Zweisäuliger Portikus*
B *Altar*
C *Aufweg zum Tempel (Krepidoma)*
D *Pronaos*
E *Cella*

88 links *Dem Quadriportikus kamen anfangs zwei Funktionen zu: Zum einen konnten sich hier die Zuschauer während der Aufführungspausen aufhalten, zum anderen diente er als* gymnasium *für die sportlichen Aktivitäten der pompejischen Jugend. Nach dem Erdbeben im Jahre 62 n. Chr. wurde er zu einer Kaserne für die an den Spielen im Amphitheater teilnehmenden Gladiatoren umgestaltet. Der Quadriportikus war eines der ersten Bauwerke, das ausgegraben und zum Teil restauriert und rekonstruiert wurde, um den ersten Besuchern einen Einblick in seine Nutzung und Funktion in der Antike zu gewähren.*

88 rechts oben *Der auf seine Art eindrucksvolle Altar und die breite Treppe, die zum Tempel des Zeus Meilichios führte, verliehen dem kleinen Heiligtum, das durch Mauern vom Rest des Viertels isoliert war, eine feierliche und würdevolle Ausstrahlung.*

88 rechts unten *Diese Terrakotta-Statue, gefunden im Tempel des Zeus Meilichios, wurde von einigen Wissenschaftlern auf der Basis von verlässlichen ikonographischen Vergleichen als Asklepios, Gott der Medizin, interpretiert, so dass der kleine Tempel beinahe nach ihm benannt worden wäre.*

Der Isistempel

Der Isiskult erreichte Pompeji schon recht früh, vielleicht wurde er um etwa 100 v. Chr. aus Puteoli, dem heutigen Pozzuoli, in einer abgewandelten Form eingeführt. Vom ursprünglichen Tempel ist aufgrund des schweren Erdbebens leider nicht viel erhalten geblieben, danach wurde er aber unter ebenfalls ungewöhnlichen Umständen vollständig wieder aufgebaut. Eine Inschrift über der Eingangstür lautet folgendermaßen: „Numerius Popidius Celsinus, der Sohn des Numerius, baute den Tempel der Isis, der beim Erdbeben zerstört war, auf eigene Kosten wieder auf; zum Dank dafür nahmen ihn die Dekurionen in ihre Versammlung auf, obwohl er erst sechs Jahre alt war". Diese Inschrift gibt Anlass zu einigen Überlegungen, einerseits geht daraus die Sorge eines Vaters hervor, der seinem sechsjährigen Sohn den Weg zur Politik und zu den wichtigsten Magistratsämtern ebnen möchte, da er selbst als Freigelassener niemals Zugang zu diesen Ämtern gehabt hätte; andererseits ist die Tatsache, dass ein reicher pompejischer *libertus* zur Erreichung seiner Ziele eher die Restaurierung des Isistempels als die eines Tempels der traditionellen Götter durchführt, auch ein Ausdruck der Bedeutung des Isiskults für Pompeji. Und die höchste Versammlung der Stadt, die der Dekurionen, schätzte diese Geste des Numerius so hoch, dass sie bereit war, den Sohn als zukünftigen freien Bürger in ihre Versammlung aufzunehmen, obwohl er erst sechs Jahre alt war.

89 links *Zweifellos fügt sich der Isis-Tempel aufgrund seiner Bauart nicht in das Bild anderer Tempel ein; die in der Rekonstruktionszeichnung erkennbare deutliche Abtrennung von Pronaos und Cella, bedingt auch durch die Anordnung der beiden seitlichen Nischen, lassen den Tempel mehr breit als tief wirken. Die sakrale Ausstrahlung des Gebäudes wurde aber durch die zahlreichen Altäre und Statuen, die das Gelände umgaben, unterstrichen.*

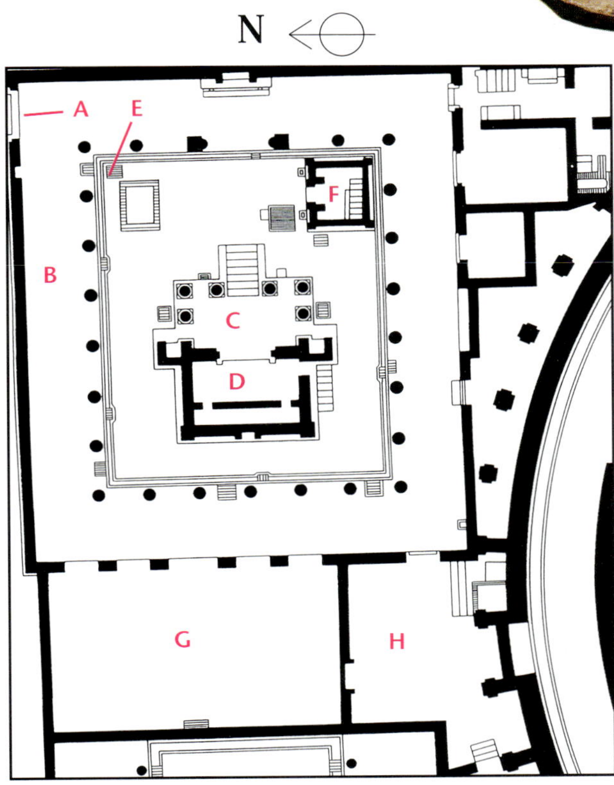

A *Eingang*
B *Säulenhalle*
C Pronaos
D Cella
E *Grube*
F Purgatorium
G Ecclesiasterion
H *Katechese-Raum*

89 rechts oben *Wahrscheinlich gehörte dieser herrliche Isis-Kopf zu einem Akrolithen, also einer Skulptur, deren mit Kleidung bedeckten Teile aus Holz bestanden und Kopf, Hände und Füße aus Marmor.*

89 rechts unten *Diese aus Pentelischem Marmor bestehende Skulptur stellt Isis mit archaisierenden Gesichtszügen dar. Die leicht nach vorne geneigte Göttin trägt einen Chiton, der sich wie ein hauchdünner Schleier um ihren Körper legt. In der rechten Hand hält sie ein Sistrum, das leider verlorengegangen ist; in der linken das Anch, das Symbol des Lebens.*

Schließlich ist aus der Inschrift noch abzuleiten, dass das Erdbeben so gewaltig war, dass der Tempel von Grund auf neu errichtet werden musste. Es ist allerdings aufgrund der Tatsache, dass der Isiskult besondere räumliche Gegebenheiten erforderte, davon auszugehen, dass der von Numerius errichtete Neubau des Tempels dem ursprünglichen Bauwerk entsprach. Man betritt das Heiligtum von der Nordseite. Der heilige Bezirk ist vollständig abgeschirmt von einer hohen Mauer, die ursprünglich einen roten Sockel und einen weißen, Marmor imitierenden oberen Bereich hatte, wovon allerdings leider so gut wie nichts mehr erhalten ist. Der sehr schlicht gestaltete Eingang war durch eine Tür mit drei Flügeln verschlossen, von denen sich nur die mittlere öffnen ließ, wie sich aus den gefundenen Türangeln erkennen lässt. Der außergewöhnliche Portikus hat an der Nord- und an der Südseite jeweils acht Säulen, an der Westseite sieben und an der Ostseite nur sechs Säulen, denn hier war keine Mittelsäule vorgesehen und die infolgedessen breitere Interkolumnie war zu beiden Seiten von Pfeilern mit angelehnten Halbsäulen umgeben, die fast mit Sicherheit höher waren als die übrigen Säulen, da dies wie der Haupteingang zum heiligen Bezirk vor dem Tempel wirken sollte; wahrscheinlich zog hier die Prozession der Gläubigen durch. Die aus Ziegelmauerwerk errichteten Säulen ohne Basis standen direkt auf dem Stylobat, das noch aus der älteren Bauphase stammte; die Säulenschäfte waren mit einer dicken Stuckschicht überzogen, die im unteren Drittel rot bemalt war; im oberen, kannelierten Teil war sie weiß. Die etruskischen Kompositkapitelle trugen ein Architrav aus Holz und ein achtreihig gedecktes Dach, dessen Abschluss Stirnziegel in Form eines geflügelten Gorgonenhauptes bilden. Zwischen den Interkolumnien befanden sich sechs kleinere Altäre, vielleicht eine Votivgabe. Die Rückwände der Säulengänge hatten eine elegante Dekoration im Vierten Stil mit rotgrundigen Wandfeldern, in deren Mitte entweder Gefolgsleute der Isis oder ägyptisierende Landschaften dargestellt waren; die einzelnen Wandabschnitte waren durch architektonische Feldermalereien unterteilt, die teils Seekämpfe, teils Stillleben zeigten. Oberhalb der Wandfelder befand sich ein prachtvoller Fries aus Blattvoluten auf einem schwarzen Hintergrund mit zum Kult gehörenden Personen und Tieren. Der eigentliche Tempel befand sich in der Mitte des mit Tuffplatten ausgelegten offenen Hofes. Der Aufbau dieses italischen Tempels bestand fast vollständig aus *opus latericium,* das mit Verputz überdeckt war, während das Podium, auf dem das Gebäude steht, aus *opus incertum* errichtet war. Zum Pronaos gelangte man über eine Treppe, deren Breite der mittleren Interkolumnie entsprach, die korinthischen Säulen trugen ein Gebälk mit einem vorkragenden Gesims, über die Dachabdeckung selbst, wahrscheinlich ein Giebeldach mit Terrakotta-Verzierungen, ist nur wenig bekannt. Die Cella hatte nur eine geringe Tiefe, aber einen breiten Eingang; an ihrer Rückwand befand sich ein Podium mit den Sockeln für die Kultstatuen, wahrscheinlich die der Isis und des Osiris; an den mit geometrischen Reliefmustern verzierten Seitenwänden trugen sechs gekehlte Konsolen aus grauem Tuff kleine Kultstatuetten. Die Cella war auch über eine Tür an

90 links oben *Zweifellos waren der Tempel, die Altäre, das purgatorium, die Grube und die Säulengänge ein geeigneter Hintergrund für den Ablauf der Kultriten, die in den letzten Jahren Pompejis immer mehr Anhänger gefunden hatten.*

90 links unten *Die Entdeckung des beinahe unbeschädigten Heiligtums erregte damals in der Welt der Kultur großes Interesse und Aufsehen, und es gab wohl keinen Künstler, der damals Pompeji besucht ohne ihn in einer Zeichnung oder in einem Gemälde festzuhalten. Leider wurde ein großer Teil der Ausstattung und Wandgemälde entfernt und ist heute im Archäologischen Nationalmuseum von Neapel zu sehen.*

90 rechts *Dieses kleine Bild aus dem ecclesiasterion stellt eine Landschaft am Nil mit einer kleinen Insel dar, auf der eine Ädikula mit dem Grab des Osiris errichtet ist; auf einem kleinen Altar gegenüber vollzieht ein Priester die Opferhandlungen. Im Hintergrund ist ein Fischer mit einem breitkrempigem Hut zu erkennen.*

der Südseite des Tempels zugänglich, die sich am Ende einer an der Außenseite des Tempels errichteten Treppe befand. An der Frontseite der Cella waren an beiden Seiten jeweils eine Nische mit korinthischen Lisenen und einem Giebel an der Vorderseite errichtet worden: Hier haben wahrscheinlich die Statuen des Anubis und des Harpokrates gestanden, denen zwei Altäre an den Seiten des Pronaos geweiht waren. Seitlich des Zugangs zum Pronaos waren zwei Stelen errichtet worden, auf der Stele links fand man eine wundervolle Hieroglypheninschrift, die wahrscheinlich aus Herakleopolis stammt. An der Rückseite der Cella befand sich in der Mitte eine Nische, in der die Statue des Dionysos mit dem Panther gefunden wurde; zu beiden Seiten der Nische sind in Stuck zwei große Ohren dargestellt als Symbol für die Bereitschaft der Götter, die Bitten der Gläubigen zu erhören. Der Altar lag nicht auf der gleichen Achse mit dem Tempel, sondern etwas nach links verschoben um die zum Tempel ziehende Prozession nicht zu behindern. In den Ausgrabungstagebüchern ist zu lesen, dass noch „...die Asche und die verbrannten Knochen der Opfer ...“ zu sehen gewesen waren. Die Überreste der Opfergaben und Spenden waren in einer Art geweihter Abfallgrube abgelegt worden, die sich in der nordöstlichen Ecke des heiligen Bezirks befand; diese Grube muss früher mit einem Giebeldach gedeckt gewesen sein, wie aus vielen Bildern hervorgeht, die zu der Zeit der Ausgrabungen angefertigt wurden. In der Südostecke lag das purgatorium, ein kleines Gebäude ohne Dach, das durch eine Tür an der Nordseite zugänglich war, von hier aus gelangte man zu einer kleinen Treppe, die in eine unterirdische Kammer führte, in der das für Reinigungszeremonien verwendete Wasser aus dem Nil aufbewahrt wurde. Die Außenmauern waren mit feinen Stuckreliefs verziert, auf denen auf der einen Seite Venus und Mars und auf der anderen Seite Perseus und Andromeda dargestellt waren. Hinter dem westlichen Säulengang lag ein weiter Raum mit fünf Bögen als Zugängen, bei seiner Entdeckung war dieser Raum fast völlig unversehrt und reich dekoriert: Im nördlichen Abschnitt des schwarzen Mosaikfußbodens werden in einer Inschrift aus weißen Mosaiksteinen Numerius Popidius Celsinus, sein Vater Ampliatus und seine Mutter Corelia Celsa in Erinnerung an ihre Freigebigkeit genannt. Der Raum war im Vierten Stil dekoriert, fünf der insgesamt sieben Wandabschnitte zeigten Nillandschaften, auf den anderen beiden waren Szenen aus dem Io-Mythos dargestellt. In diesem Raum wurden die Überreste eines weiblichen Akrolithen entdeckt, der wahrscheinlich Isis selbst darstellte, außerdem zahlreiche weitere zu Kulthandlungen gehörende Gegenstände, darunter ein *Sistrum*. Ebenfalls vom westlichen Säulengang aus gelangte man zu einem weiteren Nebenraum, der an den Unterbau des Theaters angebaut worden war; dieser vollständig mit weißem Stuck verzierte Raum zeigte in unsystematischer Anordnung Gestalten und Szenen aus dem Isis-Kult. Wahrscheinlich diente dieser Raum der Katechese und der Aufbewahrung der sakralen Gegenstände. Fast alle beweglichen Teile, darunter auch die von Lucius Caecilius Phoebus gestiftete Isis-Statue, die Herme des Norbanus Sorix, Dionysos und der Panther, die Venus, die sich nach dem Bad die Haare ausdrückt, und alle abnehmbaren Gemälde wurden fortgebracht und sind heute im Archäologischen Nationalmuseum in Neapel in einem eigens für den in Pompeji ausgeübten Isis-Kult eingerichteten Flügel ausgestellt. Die Entdeckung des Isis-Tempels in den Jahren 1764 und 1765 erregte großes Aufsehen; die Nachricht darüber zog zahlreiche berühmte Künstler und Maler nach Pompeji, die in einer Unmenge von Aquarellen, Fresken, Zeichnungen und Drucken die geheimnisvolle Ausstrahlung des Tempels erhalten konnten.

91 links unten *Das Sistrum, eine Art Rassel aus Metall, war, als Symbol der Göttin, eng mit dem Isis-Kult verbunden.*

91 rechts oben *Dieses im hinter dem Tempel liegende* ecclesiasterion *gefundene Bild zeigt eine Darstellung des Mythos der Io, die von Hera wegen ihrer Liebe zu Zeus verfolgt wird, sie flüchtete nach Ägypten, wo sie von Isis begrüßt wurde und endlich wieder Ruhe fand. Dieses Motiv ist in der pompejischen Malerei eher ungewöhnlich, so dass nur eine weitere Ausführung davon bekannt ist.*

91 rechts unten *Auch dieses Gemälde stammt aus dem* ecclesiasterion, *es stellt einen kleinen zweisäuligen Tempel auf einer Insel dar, die durch eine Brücke mit dem Festland verbunden ist; im Vordergrund sieht man einen Altar und eine Votivsäule. Mit dem felsigen Hintergrund, der sich von der Wasseroberfläche abhebt, und auch dank der verwendeten Farben wirkt die dargestellte Landschaft sehr ausdrucksvoll.*

Das Forum Civile

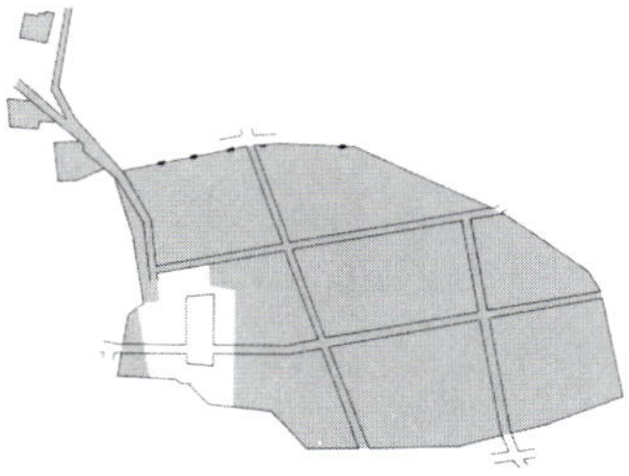

Wie in allen römischen Städten in der Antike, so war auch das Forum in Pompeji der Mittelpunkt des gesellschaftlichen Lebens der Menschen, die in der Stadt und in den sie umgebenden fruchtbaren Landgebieten lebten. Hier fand das politische Leben der Stadt statt; hierher kamen die Menschen um an den feierlichen Zeremonien zu Ehren der Schutzgötter der Stadt teilzunehmen; um jährlich die Magistrate zu wählen; um sowohl die städtischen als auch die von der Zentralgewalt in Rom verfügten Edikte zu erfahren; um Sport- und Gladiatorenkämpfe anzuschauen; um Spezialisten wie z. B. Rechtsgelehrte, Ärzte, Anwälte zu finden; hier wurde mit den unterschiedlichsten Waren gehandelt.

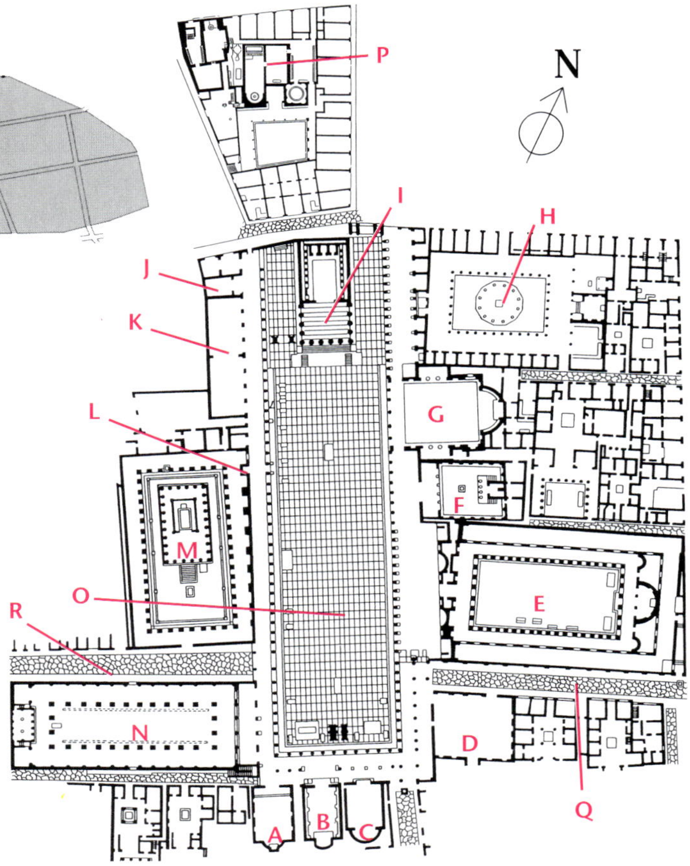

A *Saal der Duumvirn*
B Curia
C *Saal der Ädilen*
D Comitium
E *Gebäude der Eumachia*
F *Tempel des Vespasian*
G *Laren-Heiligtum*
H Macellum
I *Jupitertempel*
J *Latrine*
K *Forum Holitorium*
L *Eichtisch*
M *Apollo-Tempel*
N *Basilika*
O *Forumsplatz*
P *Forums-Thermen*
Q *Via dell'Abbondanza*
R *Via Marina*

92 *Aus der Luft gesehen erkennt man gut die perfekt rechteckige Form des weiten offenen Bereiches, sowie die sich genau gegenüberliegenden städtischen und religiösen Bereiche, im Süden die Gebäude der Gemeindeverwaltung und im Norden der Jupitertempel.*

Ein in den Praedia der Iulia Felix entdecktes Fundstück legt ein deutliches Zeugnis über die am Forum stattfindenden Ereignisse ab: Ein etwa 70 cm hoher und 31 Meter langer gemalter Fries, von dem nur noch weniger als zehn Meter erhalten sind, zeigte das Forum von Pompeji in seiner Alltäglichkeit, vor und unter den Säulengängen bewegen sich beeindruckend viele Menschen, Händler, Handwerker, Träger, Stoffhändler, Schuhmacher, Schmiede, Gemüseverkäufer, Viehhändler. Das Forum in seiner heute noch erkennbaren Form wurde in der zweiten Hälfte des 2. Jh. v. Chr. angelegt. In weiter zurückliegender Zeit (6.–5. Jh. v. Chr.) kreuzten sich im Süden des Forums zwei Straßen, die von Norden kommende heutige Via del Foro mit der Via delle Scuole als Verlängerung und die von Westen kommende heutige Via Marina, die in der Via dell'Abbondanza unterhalb des heutigen Gebäudes der Eumachia etwas weiter nördlich verlaufend weitergeführt wird. Rings um diese Kreuzung formte sich, auch aufgrund der Nähe zum Apollo-Tempel, ein offener länglicher Bereich, der als Marktflecken benutzt wurde, um diesen herum wurden bald eine Reihe von Läden errichtet. In der Zeit des Friedens nach dem Zweiten Punischen Krieg öffneten sich im ganzen Mittelmeerbereich, sowohl im Westen (Spanien) wie auch im Osten (Vorderasien), neue Märkte, die zu großem Wohlstand in der gesamten italischen Welt führten. Die Bevölkerung Pompejis war beträchtlich angestiegen, da eine große Zahl Menschen aus den von Hannibal zerstörten Städten hierher gekommen war. Ein Teil dieses Wohlstands wurde in die städtebauliche Neuordnung Pompejis investiert, bei der man sich an den aus den hellenistischen Städten Vorderasiens eingeführten *exempla* orientierte. Der einstige Marktflecken wurde vollständig umgestaltet und entwickelte sich zu einem der elegantesten und durchdachtesten Foren der italischen Städte. Angelegt wurde ein rechteckiger Platz, der auf drei Seiten von einem Portikus mit strengen dorischen Säulen umgeben war (Osten, Westen, Süden) und vollständig mit Platten aus grauem Tuff ausgelegt war, dabei handelte es sich um ein neu eingeführtes Baumaterial aus den Steinbrüchen bei Nocera, ein widerstandsfähiges, aber leicht zu bearbeitendes Material. An der Nordseite erhob sich vor den Hängen des Vesuvs der große Tempel der sogenannten Kapitolinischen Triade, Jupiter, Juno und Minerva. Im Süden wurden die Verwaltungsgebäude errichtet, im Westen die monumentale Basilika; der Apollotempel wurde vollständig umgestaltet und der Eichtisch eingerichtet. An der Ostseite wurde das *macellum* erbaut (Markthalle) und in der Südostecke das *comitium,* der Ort, an dem die Gemeindewahlen stattfanden. Dazwischen lag eine Reihe von Läden. Später, ab der augusteischen Zeit, wurde an der Stelle der Läden das Larenheiligtum, der sogenannte Tempel des Vespasian und das Gebäude der Eumachia errichtet; durch diese Maßnahmen wurden die beiden Straßen, die von Osten auf das Forum stießen, endgültig verschlossen. Der große rechteckige Platz füllte sich mit Sockeln, auf denen Ehren- und Reiterstatuen aufgestellt wurden, in der Mitte der Westseite wurde das *suggestum* errichtet, die Tribüne, von der aus die Kandidaten um die Stimme der Bürger warben. Von Via Marina und Via dell'Abbondanza aus führten Propyläen zum Forum, monumentale Treppen, auf denen Säulen mit einem Tympanon emporragten, die dem sich nähernden Besucher den Eindruck von Ordnung und Größe vermittelten. Durch das Erdbeben von 62 n. Chr. wurde das Forum schwer beschädigt, und zum Zeitpunkt der Verschüttung war noch so gut wie keines der am Forum liegenden Gebäude wieder vollständig aufgebaut worden. An erster Stelle stand der Wiederaufbau zweier, aus der ersten Hälfte des 1. Jh. n. Chr. (julisch-claudische Zeit) stammender Kultstätten auf der Ostseite des Forums: Das Laren-Heiligtum, mit dem die altrömischen Götter nach dem furchtbaren Erdbeben gnädig gestimmt werden sollten, und der sogenannte Vespasian-Tempel, in der Hoffnung, aus Rom die für die Bewältigung der schweren Notlage notwendigen Mittel zu erhalten. Auf drei Seiten war das Forum von einem Portikus umgeben, von dem auf der Südseite und im östlichen Abschnitt bis zur Via dell'Abbondanza noch einige Säulen aus grauem Tuff aus dem 2. Jh. v. Chr. erhalten sind, er bestand aus einer doppelten Reihe aus dorischen Säulen mit Triglyphen und glatten Metopen. Beim westlichen und bei dem Rest des östlichen Portikus waren die Tuffsäulen bereits durch die weißen Travertinsäulen ersetzt worden. Auf der Westseite zeigt sich der Portikus noch heute in einigen Abschnitten in der zweigeschossigen Bauweise, bei der die oberen Säulen in ionischer Ordnung waren. Der obere Umgang war über an den Seiten der Portiken angebrachte Treppen erreichbar, eine davon ist in der Südwestecke zwischen den Gebäuden der Gemeindeverwaltung und der Basilika noch teilweise erhalten. Die Säulenreihe vor dem *macellum* ist anders als der übrige Portikus gestaltet; hier haben die Säulen korinthische Kapitelle mit Akanthusblättern, die aber noch unausgearbeitet sind, und stehen auf einer attischen Basis mit doppeltem Torus. Das untere Drittel ist verziert mit Eierstäben, die beiden oberen Drittel sind kanneliert. Der Architrav ist gekennzeichnet durch ein verziertes, weit vorkragendes Gesims, darauf standen Plinthen, die die oberen Säulen trugen. Jüngsten Hypothesen zufolge befanden sich vor dem Laren-Heiligtum auf einer Linie mit dem Stylobat entweder eine einzelne, nach oben offene Reihe von Säulen oder eine Reihe von Statuen. Der Bodenbelag unter den Säulengängen bestand zum großen Teil aus *cocciopesto* oder aus mit Travertin-Inkrustationen verziertem *lavapesto* (Südseite). Die aus dem 2. Jh. v. Chr. stammende Pflasterung des großen Platzes mit Tuffplatten war nach dem Erdbeben von 62 n. Chr. mit einer neuen Pflasterung aus Travertinplatten überdeckt worden, die zum Zeitpunkt der Eruption noch nicht vollendet war. Bei den westlichen und südlichen Säulengängen befanden sich eine ganze Reihe von Reiterstatuen, von denen nur noch die Basen erhalten sind; nach dem Erdbeben waren drei größere Basen auf der Südseite aufgestellt worden; vor der mittleren, die die Form eines Bogens hat, steht noch eine vierte Basis, die aber viel kleiner ist.

93 links *Das Forum war auch nach dem Vulkanausbruch von 79 n. Chr. noch leicht zu erkennen: Die Säulen des Jupitertempels wie auch die der Portiken ragten noch aus der meterhohen vulkanischen Ascheschicht heraus, und mit Hilfe dieser „Wegweiser" gelang es skrupellosen Ausgräbern, fast die ganzen Verzierungselemente, Statuen und Bauteile des Platzes fortzubringen.*

93 rechts *Dieses aus den Praedia der Iulia Felix stammende Fresko zeigt das Forum: Bei dem westlichen Portikus befand sich eine Reihe von Reiterstatuen und die Säulen der Portiken waren mit Girlanden verziert.*

94-95 *So muss das Forum Civile kurz vor der todbringenden Katastrophe ausgesehen haben; diese Rekonstruktionszeichnung aus der Vogelperspektive zeigt das Forum von Süden aus gesehen, mit den Apsiden der drei Verwaltungsgebäude im Vordergrund und dem Jupitertempel zwischen den beiden Triumphbögen auf der gegenüberliegenden Seite.*

Die Verwaltungsgebäude

Die drei an der Südseite des Forums liegenden Gebäude der Stadtverwaltung waren bei dem katastrophalen Erdbeben im Jahr 62 n. Chr. schwer beschädigt worden, aber gerade aufgrund ihrer Bedeutung für die Stadt wurde der Wiederaufbau fast sofort in Angriff genommen, wobei vor allem die Bautechnik des *opus latericium* verwendet wurde. Die in den 50er Jahren unter der Leitung von A. Maiuri durchgeführten Schichtengrabungen zeigten, dass die Gebäude in ihrer älteren Form in das 2. Jh. v. Chr. zurückreichen, und dass sie im Zuge der Restaurationsarbeiten nach dem Erdbeben vergrößert worden waren, indem die Fassade weiter nach vorne zum Forum hin verschoben wurde. Die drei Gebäude sind fast gleich groß und unterscheiden sich nur in ihrem inneren Aufbau, unklar bleiben aber ihre genauen jeweiligen Funktionen. Das Gebäude in der Mitte scheint das imposanteste gewesen zu sein, was auf die *curia* schließen lassen könnte, also den Versammlungsort der Dekurionen. Es gibt aber auch eine andere Hypothese, nämlich, dass es sich um das *tabularium* handeln könnte, also das Archiv, in dem alle Urkunden und Dokumente der Stadtverwaltung aufbewahrt wurden. Vor dem großen Saal lag eine Treppe mit zwei Rampen, die auf ein Podest führten, das auf der gleichen Höhe mit dem Fußboden lag. Im Hintergrund des Saales befand sich eine große rechteckige Nische und an den Seitenwänden entlang verlief ein Podium mit Pfeilern an der Vorderseite. Wenn es sich bei diesem Gebäude um das *tabularium* handelte, waren auf dem Podium wahrscheinlich die schweren Schränke untergebracht, in denen die Akten aufbewahrt wurden; ist es hingegen als die *curia* anzusehen, dann waren vermutlich auf dem Podium mit den Pfeilern Ehrenstatuen aufgestellt und in der Mitte die Sitze für die Ratsmitglieder. In dem feierlich und elegant wirkenden Gebäude auf der Westseite ist noch der aus der Zeit vor dem Erdbeben stammende Marmorfußboden erhalten. In der Apsis an der Rückwand und in den jeweils drei rechteckigen Nischen an den Seitenwänden waren Ehrenstatuen aufgestellt. Hierbei könnte es sich um das Gebäude der Duumvirn, also der zwei höchsten Magistrate der Stadt gehandelt haben, oder, wenn das mittlere Gebäude das *tabularium* war, um die *curia*. Das dritte, östlich gelegene Gebäude muss ursprünglich einmal vollständig mit Marmor verkleidet gewesen sein, an der Außenwand sind im Bereich des Sockels noch heute Marmorplatten erhalten; an der südlichen Seite des Saals stand früher in einer weiten Apsis eine Statuengruppe. Wahrscheinlich diente dieses Gebäude als Saal für die beiden Ädilen, die zweithöchsten Magistrate der Stadt, oder für die Duumvirn.

Das Comitium

Das an der Südostecke liegende *comitium* war der Ort, an dem die Gemeindewahlen stattfanden (Duumvirn, Ädilen). Das offene, fast quadratische Gebäude war von recht hohen Mauern umgeben. Anfangs, etwa am Ende des 2. Jh. v. Chr. gab es sowohl auf der West- als auch auf der Nordseite fünf Eingänge, die den Wählern ermöglichten vom Forum aus das Gebäude zu betreten und es auf die Via dell'Abbondanza hinaus wieder zu verlassen. Wahrscheinlich wurden aus Gründen der Stabilität nach dem Erdbeben von 62 n. Chr. drei der Zugänge auf der Westseite und vier auf der Nordseite mit *opus incertum* verschlossen. Die Ost- und Südwand waren vollständig mit Marmor und Stuckreliefs verziert, außerdem wurde jede Wand durch fünf Nischen aufgelockert. Auch der Fußboden war ursprünglich mit großen Marmorplatten verkleidet, von denen noch Reste bei den Mauern zu sehen sind. Auf der Südseite befindet sich das Element, durch das sich dieses Gebäude von den anderen unterscheidet, nämlich eine über eine Treppe erreichbare Tribüne. Hier nahm der dienstälteste Magistrat Platz, der mit der Aufsicht der Wahlen betraut war, die vor der Tribüne vollzogen wurden.

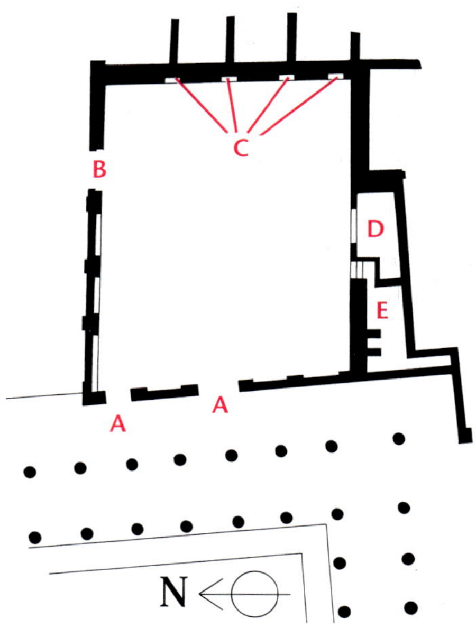

A *Eingang vom Forum*
B *Eingang an der Via dell'Abbondanza*
C *Nischen für die Ehrenstatuen*
D *Tribüne*
E *Lagerräume*

96 links *Die Verwaltungsgebäude lagen im südlichen Teil des Forums, von vorne gesehen waren sie fast völlig hinter Statuenbasen und einem kleinen Bogen verborgen. Zweifellos waren die Ehrenstatuen eine begehrte Anerkennung.*

96 rechts oben *Der Versammlungsraum der Dekurionen ist das am besten erhaltene Gebäude: Der Marmorfußboden, die weiß verputzten Wände und die Nischen sowie die Apsis in der Rückwand verliehen dem Raum ein würdevolles Aussehen.*

96 rechts unten *Das in der Südostecke des Forums liegende comitium war sowohl von der Via dell'Abbondanza als auch vom Forum aus durch großzügige Durchgänge aus zugänglich.*

Das Gebäude der Eumachia

97 links oben In der großen, von zwei Säulen eingefassten Apsis befand sich auf einem großen Sockel die Statue der Livia. Fast vollständig erhalten sind noch das Stylobat und die Marmorsockel der Säulenhalle.

97 links unten Der Eingang zum Gebäude ist von einem marmornen Relief umrahmt, auf dem Akanthusranken dargestellt sind, die von einer vielfältigen Fauna bevölkert werden. Dieses hervorragend gearbeitete Relief weist auf Bildhauerwerkstätten im augusteischen Zeitalter hin.

Im südlichen Abschnitt der Ostseite des Forums steht ein außergewöhnliches Gebäude, das als Sitz der Vereinigung der Tuchmacher, also der Hersteller, Färber und Wäscher identifiziert wurde, allerdings stimmen nicht alle Wissenschaftler darin überein. Zwei Inschriften können Licht in die Bedeutung dieses Gebäudes bringen, eine, die leider lückenhaft ist, befindet sich auf dem Architrav des östlichen Portikus des Forums, die andere neben dem Seiteneingang auf der Via dell'Abbondanza. Letztere lautet: *Eumachia L(uci) f(ilia) sacerd(os) publ(ica) nomine suo et M(arci) Numistri Frontonis fili chalcidicum, criptam, porticum Concordiae Augustae Pietati sua pecunia fecit eademque dedicavit* (Eumachia, Tochter des Lucius, Priesterin (der Venus) erbaute in ihrem und ihres Sohnes, Marcus Numistrius Fronto, Namen auf eigene Kosten den Vorbau, den überdachten Umgang und den Portikus und weihte sie der Concordia und der Pietas Augusta). Das Gebäude stammt aus den letzten Jahren des 1. Jh. v. Chr., bei seiner Errichtung wurde eine Art künstlicher Terrasse zwischen dem Forum, der Via dell'Abbondanza und der kleinen Straße hinter dem Gebäude geschaffen. Das Gebäude schließt sich direkt an den östlichen Säulengang des Forums mit seiner doppelten Säulenordnung an; in der Tat ist das in der Inschrift erwähnte *chalcidicum,* der Vorbau, eben der Platz zwischen dem Säulengang und der Fassade des eigentlichen Gebäudes. Es handelt sich hier um eine Art *Vestibulum,* das sogar seitlich von Metalltüren geschlossen werden konnte, so als ob die Gründerin die Besucher dazu zwingen wollte, das *chalcidicum* vom Forum aus zu betreten und nicht von den Seiten aus. Dieser große Bereich war mit einem Giebeldach überdeckt, was durch ein hölzernes Dachwerk ermöglicht wurde; von der westlichen Dachschräge aus floss das Regenwasser direkt zum Forum ab, von der östlichen aus floss es zur Innenseite des Gebäudes, wo es mit dem von den Dachflächen der Portiken zusammenlief. Die mit hochwertigen Marmorplatten verkleidete Frontseite des Gebäudes wurde durch einen prachtvoll verzierten Eingang in zwei gleiche Teile geteilt, das fein gearbeitete Portal hat ein Relief mit Akanthusranken, die von einer reichhaltigen Fauna bevölkert werden. Qualität und Stil der Ausführung weisen auf auswärtige Bildhauer hin und geben Anlass zu einem direkten Vergleich mit der Ara Pacis in Rom. Zu beiden Seiten des Eingangs befinden sich zwei Apsiden und zwei rechteckige Nischen, auf deren Basen *elogia* (Lobreden) auf Romulus und Äneas eingemeißelt waren, wahrscheinlich eine Nachahmung der *elogia* auf dem Augustus-Forum in Rom; es ist nicht auszuschließen, dass sich in den Nischen Statuen der Vorfahren des Kaisers Augustus befanden. Die zwei rechteckigen Nischen am äußersten Rand der

97 rechts Es ist nicht unwahrscheinlich, dass der Brunnen mit dem Bildnis der Göttin des Überflusses, die die Haartracht der Livia trägt, ganz bewusst vor dem Eingang zum Gebäude aufgestellt wurde, um an die Kaiserin zu erinnern.

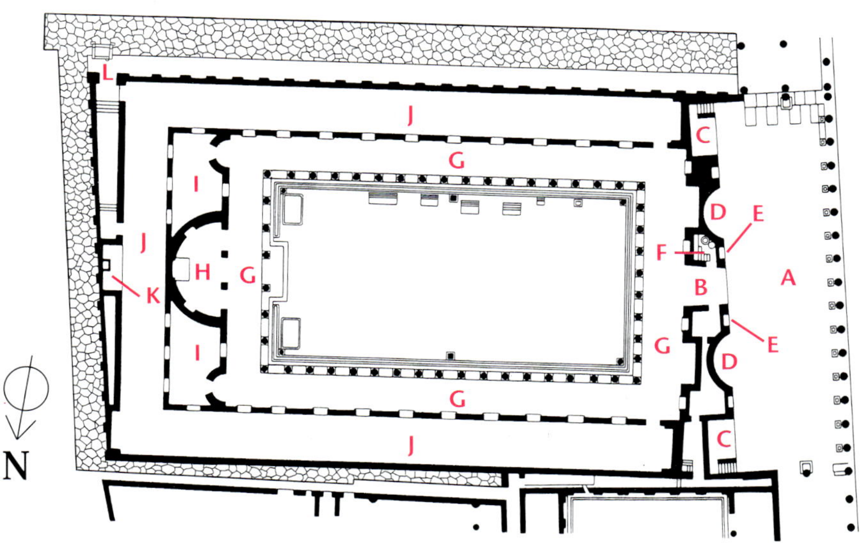

A Chalcidicum
B Eingang
C Nischen für Versteigerungen
D Apsiden mit Ehrenstatuen
E Nischen mit elogia
F Urinsammelraum
G Portiken
H Apsis mit der Statue der Livia
I Gärten
J Crypta
K Nische mit der Statue der Priesterin Eumachia
L Ausgang auf die Via dell'Abbondanza

98 links oben *Die Inschrift auf dem Architrav des Portikus des Forums erinnert daran, dass Eumachia, Tochter des Lucius, Priesterin der Venus, in ihrem und ihres Sohnes, Marcus Numistrius Fronto, Namen auf eigene Kosten den Eingang, die crypta und die Portiken errichten ließ, und dass sie selbst diese der Concordia und der Pietas Augusta weihte.*

98 links unten *An einer bewusst abgelegenen Stelle des Gebäudes befindet sich die Statue der Eumachia in einer Nische hinter der großen Apsis, in der die weit bedeutendere Statue der Livia aufgestellt war.*

98 rechts oben *Die an den Seiten der großen Apsis liegenden Gärten hinter der rückwärtigen Wand des Gebäudes waren ein schöner Blickfang für diejenigen, die vom Forum aus das Gebäude betraten.*

98 rechts unten *Der den Eingang umrahmende Marmorfries lag aufgrund von Restaurierungsarbeiten zum Zeitpunkt der Verschüttung links vom Eingang auf dem Boden. Die von Insekten, Vögeln und Schlangen bevölkerten Akanthusranken ziehen sich fortlaufend über den gesamten Fries.*

Vorderseite waren über eine kleine Treppe erreichbar; geht man davon aus, dass es sich hier um einen Tuchmarkt handelt, so fanden von diesen Tribünen aus die Versteigerungen statt, es wird aber auch die Ansicht vertreten, dass bei Festlichkeiten zu Ehren des Kaisers von den Nischen aus die *elogia* gehalten wurden. Dass es sich bei diesem Ort in jedem Fall um ein sehr repräsentatives Gebäude handelte, zeigt die Reihe von für Ehrenstatuen vorgesehenen Sockeln vor den Säulen. Leider ist uns von dieser einstigen Pracht nur sehr wenig erhalten geblieben. Da die Achse des Gebäudes leicht von der Achse des Forums und damit der monumentalen Säulenhalle abweicht, wurden in dem so zwischen der inneren und der äußeren Seite der Fassade entstehenden Zwischenraum einige Diensträume angelegt, der nördliche diente für das Wachpersonal, der südliche hingegen bestand aus einer Plattform, auf der ein großes Terrakotta-Gefäß stand, in dem der von den *fullones* als Bleichmittel benutzte Urin gesammelt wurde. Der weiträumige Innenhof war von einem Quadriportikus mit korinthischen Marmorsäulen umgeben; einige Wissenschaftler vertreten die Hypothese eines zweigeschossigen Säulenganges; auf einer Achse mit dem Eingang liegt an der Ostseite hinter zwei Säulen, die einen Tympanon trugen, eine große Apsis in deren Mitte sich die Marmorstatue der Livia, Gemahlin des Augustus befand, die als Ausdruck der Concordia Augusta und der Pietas verehrt wurde und dargestellt war als eine reich geschmückte Göttin mit einem Füllhorn im Arm. An den Seiten der großen Apsis lagen zwei kleine Gärten, die sowohl von den seitlich der Apsis liegenden Fenstern als auch von den beiden halbrunden Nischen am Rand zu sehen waren. Hinter dem Säulengang erstreckt sich auf drei Seiten die *crypta*, eine Art überdachte, weite Galerie, die vom Portikus aus durch zahlreiche Fenster Licht erhielt. In der Mitte des östlichen Gangs, auf gleicher Höhe der großen Apsis mit der Statue der Livia, öffnet sich eine Nische, in der eine Marmorstatue der Eumachia in Lebensgröße entdeckt wurde, die von den *fullones* ihrer Herrin gestiftet wurde, wie aus einer Inschrift hervorgeht: *Eumachiae L(uci) f(iliae) sacerd(oti) publ(icae) fullones* (Die Tuchmacher widmeten diese der Eumachia, Tochter des Lucius, Priesterin der Venus). Zu dieser Nische, und eigentlich auch zum ganzen Komplex, konnte man auch von der Via dell'Abbondanza aus gelangen, denn in der Südostecke befand sich ein Nebeneingang. Auch auf dieser Seite zeigte sich im Übrigen die monumentale Ausstrahlung des Gebäudes. Die gesamte, an der Via dell'Abbondanza liegende Hausfassade war durch vorgeblendeten Lisenen gegliedert, die abwechselnd kleine Dreiecksgiebel und Lunetten einfassten. Wie es scheint, klingen im ganzen Gebäude die Kunstformen und die Darstellungen der edlen, in Rom herrschenden Ideale wieder, und so wird deutlich die Übereinstimmung zur augusteischen Politik zum Ausdruck gebracht, was sicherlich auch im Hinblick auf die Wahlpropaganda geschah. Auch das vor der Porta Nocera liegende Grab der Eumachia bringt einen sprachlich formalen Klassizismus zum Ausdruck, der die Figur der Priesterin der Venus pries, sie in Verbindung zur kaiserlichen Familie brachte und somit der Aufmerksamkeit der Bürger Pompejis nahebrachte. Leider ist von diesem großen und bedeutsamen Gebäude nur wenig erhalten, denn da es beim Erdbeben schwere Schäden erlitten hatte, waren wegen der anstehenden Restaurierungsarbeiten ein großer Teil seiner Marmorverkleidung und viele Statuen entfernt worden, sogar das prächtige Portal war abgebaut und auf der Erde abgelegt worden.

Der Tempel des Vespasian

A *Portikus des Forums*
B *Eingang*
C *Portikus des Tempels*
D *Altar*
E Cella
F *Treppen zur* Cella

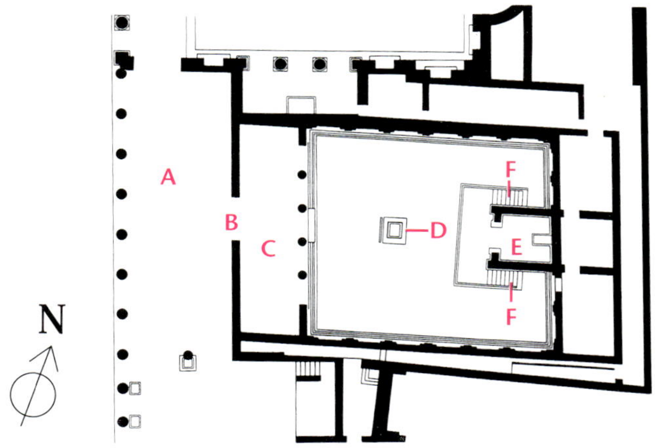

99 oben *Der Tempel des Vespasian war vollständig mit Marmorplatten verkleidet, von denen leider fast nichts erhalten ist; besonders interessant sind die Wände des offenen Hofes, die durch vorgeblendete Mauerstreifen mit abwechselnden Dreieckgiebeln und Lunetten gegliedert sind.*

99 unten *Die zum Forum hin zeigende Seite des zwischen dem Eingang und der Ädikula stehenden Altars war mit einer Opferszene verziert. Die Anordnung der Personen, der betonte Naturalismus und die Feinheit der Oberfläche lassen eine Datierung dieses Reliefs in die julisch-claudische Zeit zu.*

Etwa in der Mitte der Ostseite des Forums, zwischen dem Gebäude der Eumachia und dem Laren-Heiligtum liegt ein kleines Heiligtum, das an der Stelle der alten, am Forum liegenden Läden erbaut wurde. Der große Platz vor dem Heiligtum hatte einen sehr widerstandsfähigen Fußbodenbelag aus *lavapesta* und Marmorinkrustationen, wahrscheinlich war er von einer einzelnen, zum Forum hin abschüssigen Dachfläche überdeckt gewesen, auch wenn auf der Höhe der Frontseite keine Säulenreste mehr vorhanden sind; außerdem entstand das heute zu sehende Stylobat bei einer Restaurierung im 18. Jh., wie jüngste archäologische Forschungen gezeigt haben. Die Fassade aus *opus latericium* muss einst vollständig mit Marmorplatten verkleidet gewesen sein, viele der hier sichtbaren Löcher stammen von Befestigungskrampen. Durch den Eingang tritt man in einen von vier Säulen umgebenen überdachten Hof, der als Vestibül diente; das vom Dach abfließende Wasser sammelte sich in einer Rinne aus Tuff, von wo aus es in eine darunterliegende Zisterne geleitet wurde. Der heilige Bezirk war vollständig von einer hohen Umfassungsmauer umgeben, die mit vorgeblendeten Lisenen verziert war, die abwechselnd Dreieckgiebel und Lunetten einfassten, in der gleichen Weise wie auf der südlichen Außenmauer des Gebäudes der Eumachia. Eine kleine Tür rechts in der Rückwand führte zu drei hinter dem Tempel liegenden Räumen, die von den Tempelaufsehern benutzt wurden. Der eigentliche Tempel lag dicht an der östlichen Wand, während sich in der Mitte der prächtige, mit reliefverzierten Marmorplatten verkleidete Altar erhob. Der Tempel, der früher vollständig mit Marmor verkleidet gewesen sein muss, bestand aus einem hohen Podest, auf dem sich wahrscheinlich eine viersäulige Vorhalle befand, deren mittlere Interkolumnie breiter war, um den Blick bis in die *cella* zu ermöglichen; diese hatte an der Vorderseite zwei Anten und an der Rückwand einen Sockel für eine einzige Statue. Auf das Podest gelangte man über zwei seitlich angelegte Treppen, die dem Blick dessen, der in das Heiligtum eintrat, verborgen blieben. Der wundervolle Altar in der Mitte des Hofes hat auf der Oberseite eine mit zwei polsterartigen Rollen (Pulvinar) verzierte Platte; die Seiten sind mit vier weißen, mit Reliefdarstellungen verzierten Marmorplatten verkleidet. Die westliche Seite des Altars, also die, die man beim Eintritt in den Tempel als erste sah, stellt eine Opferszene dar: Ein Priester mit verhülltem Kopf bringt über einem Dreifuß ein Trinkopfer dar; zwei Opferdiener, ein Musiker mit einem Doppelaulos und zwei Liktoren stehen hinter ihm, während der *popa* (der Opferdiener, der den zum Töten des Opfertiers notwendigen Schlegel, *malleus,* trägt und das Tier tötet) und ein anderer *victimarius* den Stier führen, der geopfert werden soll. Im Hintergrund der Opferszene erkennt man die Fassade eines viersäuligen Tempels mit Girlanden zwischen den Säulen und einem Vorhang. Auf der Nord- und der Südseite des Altars sind verschiedene Opfergeräte abgebildet, nördlich das Tuch des Priesters, der Krummstab *(lituus),* und ein Kästchen für das Räucherwerk *(acerra),* darüber hängt an zwei Bukranien eine Girlande aus Blumen und Früchten. Die östliche, zur Ädikula hin zeigende Seite, ist mit einem Kranz aus Eichenlaub zwischen zwei Lorbeerzweigen verziert. Wem war dieses kleine Heiligtum geweiht, und wann wurde es erbaut? Eine in Pompeji gefundene Inschrift lautet *Mamia P(ubli) f(ilia) sacerdos public(a) Genio Aug(usti) solo et pecunia sua* (Mamia, Tochter des Publius und Priesterin (weihte) dem Genius des Augustus auf ihrem eigenen Boden auf eigene Kosten (einen Tempel). Die Inschrift passt gut zu dem Sims der *cella* dieses Tempels, außerdem weisen sämtliche Darstellungen auf dem Altar auf den in Rom im Jahr 7 n. Chr. eingeführten Augustus-Kult hin; so wurde dem Augustus vom Senat der Eichenlaubkranz für die Beendigung der Bürgerkriege zugesprochen und von diesem Zeitpunkt an sollte er sinnbildlich für den Kaiser stehen. Und auch die beiden Lorbeerzweige sind dem Augustus als sein Symbol zuzuschreiben. Ein weiterer Hinweis ist, dass das Opfer eines Stieres nur zu Ehren von noch lebenden Kaisern dargebracht wurde; und da die Untersuchung der Marmorplatten erwiesen hat, dass diese restauriert worden waren, wurde die Vermutung aufgestellt, dass der Tempel und der Altar dem Augustus noch zu seinen Lebzeiten dargebracht wurde und sie später der Verehrung des Vespasian angepasst wurden.

Das Laren-Heiligtum

Von den öffentlichen Gebäuden Pompejis ist dieses Heiligtum zweifellos das außergewöhnlichste, dies ist bedingt durch die ungewöhnliche Bauart seiner Außenmauern, bei der sich vor- und zurückspringende Elemente abwechseln. Verglichen mit den anderen Bauwerken auf der östlichen Seite des Forums liegt dieses Gebäude am ehesten parallel zum Säulengang, der den offenen Bereich des Forums umschloss; an seinem Rand sind heute nur noch acht Basaltsockel, auf denen mit Hilfe von Eisenstiften, von denen Reste erhalten sind, wahrscheinlich Marmorplatten befestigt waren. Es ist nicht erwiesen, ob auf diesen Basen Säulen standen, sicherlich war der anliegende Bereich nicht überdacht und so müsste man sich eine Reihe von Säulen mit einem darüberliegenden Epistyl vorstellen, die aber kein Dach tragen. Das Laren-Heiligtum erstreckte sich rings um einen offenen quadratischen Hof, wie der hochwertige Fußbodenbelag aus Marmorplatten *(opus sectile)* in unterschiedlicher Beschaffenheit und Farbe zeigt, die in einem regelmäßigen geometrischen Muster aus Quadraten und Kreisen innerhalb eines Rahmens angeordnet sind. Hier gefundene Überreste lassen darauf schließen, dass in der Mitte des Hofes früher ein Altar stand. An der Rückwand öffnet sich eine weite halbrunde Apsis, an deren Seiten sich zwei kleine Nischen befinden, die von Lisenen mit einem darüber liegenden Giebel eingefasst sind; an den Mauern der Apsis entlang verläuft ein niedriger Sockel, der in der Mitte, auf der Höhe einer Nische in der Apsis, einen rechteckigen Vorsprung hat. Auf dem Podium stand eine Reihe von Säulen, die einen vorkragenden Architrav und, bei der Nische, eine Ädikula mit Architrav und Dreiecksgiebel bildeten. Die Apsis war oben mit einer halbkugelförmigen, vielleicht mit Kassetten verzierten Kuppel geschlossen. Die Seitenwände waren symmetrisch mit zwei großen rechteckigen Räumen aufgegliedert, an deren Seiten sich jeweils zwei Nischen in der gleichen Bauart wie die neben der Apsis befanden. Vor dem Zugang zu den weiten Räumen standen zwei Säulen zwischen den Antenpfeilern, die ein Gebälk mit Dreiecksgiebel und Gesims trugen; vor der Rückwand stand ein einzelner Statuensockel. Ebenfalls in den Seitenwänden, zwischen der Apsis und den beiden großen Nischen, waren zwei kleinere Nischen errichtet worden, auch diese wieder in der gleichen Machart wie die übrigen, allerdings waren diese in einen Rundbogen einbezogen, der von Lisenen mit hohem Sockel getragen wurde. Zahlreiche Hypothesen bezüglich der Funktion dieses Gebäudes wurden bereits aufgestellt, es scheint aber offensichtlich zu sein, dass es für Statuen von einer gewissen Bedeutung vorgesehen war; lange Zeit herrschte die Ansicht vor, dass hier die Laren verehrt wurden. Wahrscheinlicher ist aber die These, dass in diesem Gebäude die Statuen der kaiserlichen Familie aufgestellt waren, was sich aus Vergleichen mit anderen Städten schließen lässt. Fest steht, dass das Bauwerk nach dem augusteischen Zeitalter, aber vor dem Erdbeben von 62 n. Chr. entstand, durch das es immerhin so schwer beschädigt wurde, dass ein Teil seiner Dekoration entfernt worden war. Es ist allerdings auch nicht unwahrscheinlich, dass ein Teil seiner prunkvollen Verzierungen von den *fossores*, den illegalen Ausgräbern, fortgebracht wurde.

100 links oben *Von der Marmorverkleidung, die das Laren-Heiligtum einst geschmückt haben muss, ist leider sehr wenig erhalten, auch der prunkvolle Fußbodenbelag, dessen bunte Marmorplatten ein besonderes geometrisches Muster bildeten, ist zu einem großen Teil verloren gegangen.*

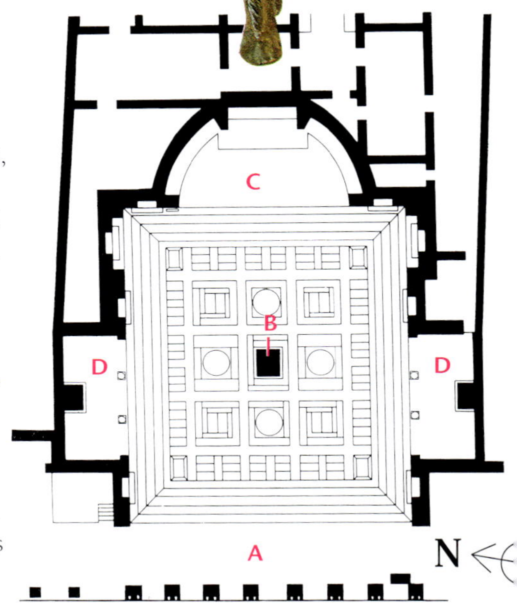

A *Am Forum liegender Bereich*
B *Altar*
C *Apsis*
D *Weiter Raum mit zwei Säulen*

100 links unten *Auf diesem gemalten Lararium sieht man die Aufstellung der Personen während eines Versöhnungsritus: An der Seite sind zwei Diener, die Wein aus einem Horn fließen lassen, In der Mitte steht ein Priester mit dem Füllhorn, zur Musik eines Doppelaulos bringt er Trinkopfer dar, während zwei kleine Diener ein Opferschwein und ein Tablett mit Opfergaben bringen. Darunter nähern sich sinnbildliche Schlangen einem Altar.*

100 rechts *Diese Statuette aus dem Haus der vergoldeten Putten ist Teil eines Statuettenpaares, das spiegelbildlich angeordnet ist: In der Hand hält die Figur ein Horn mit einem Ziegenkopf, aus dem der Wein auf einen Altar herabfloss, der sich in der Mitte befand, wo ein Priester Trinkopfer darbrachte.*

Das Macellum

Das auf der Ostseite des nördlichen Abschnitts des Forums von Pompeji liegende *macellum* diente als Markthalle, vor allem als Fleisch- und Fischmarkt. Das große Gebäude wurde am Ende des 2. Jh. v. Chr. angelegt, damals lag die Frontseite etwas weiter nach Westen verschoben. Im Zuge der Umgestaltung der Ostseite des Forums erhielt es die heute noch erkennbare Form. Die schweren Schäden infolge des Erdbebens von 62 n. Chr. waren nicht sofort behoben worden, und so war der ganze Bereich zum Zeitpunkt der Verschüttung im Jahr 79 n. Chr. eine riesige Baustelle. Der vor dem Gebäude liegende Bereich, der wie das *chalcidicum* der Eumachia von einer Säulenhalle in zwei Ordnungen überdacht war, war so angelegt worden, dass auch hier der Kaiserkult deutlich bezeugt wird. In der Tat stand auch hier zwischen den Säulen des Portikus des Forums und der Fassade des *macellum* eine ganze Galerie von Ehrenstatuen. An diesem *chalcidicum* lag auch eine ganze Reihe von Läden, die von einigen Forschern als *tabernae argentariae* (Wechselstuben) interpretiert worden sind; die einzelnen Läden nahmen von Süden nach Norden immer mehr an Tiefe zu, da die Achse des Forums und die des *macellum* nicht parallel zueinander liegen. Der monumentale Eingang des *macellum* bestand aus einem Raum mit zwei Sockeln, die nach vorne hin mit Marmor verkleidet waren, und auf denen entweder zwei Statuen oder zwei Säulen stehen konnten, die ein auch auf den Seitenwänden aufliegendes Gebälk trugen. In der Mitte der Rückwand des Eingangs befand sich eine Ädikula mit zwei wundervollen korinthischen Säulen aus Marmor; seitlich der Ädikula waren die zwei, eigentlich nicht besonders großen Durchgänge. Es gab noch zwei weitere Eingänge, die in das Gebäude führten, einer davon öffnete sich an der Nordseite mit einer Nische, dieser war mit Unheil abwehrenden Schlangen bemalt, der andere Nebeneingang lag im östlichen Teil der Südseite. Dieser Eingang wurde von denen benutzt, die von der kleinen Straße im Süden (Via del Balcone Pensile) her kamen, die nach Westen hin durch den Bau des Laren-Heiligtums zu einer Sackgasse geworden war. Der große Bezirk innerhalb der Außenmauern hatte einen vierseitigen Portikus, in dessen Mitte die *tholos* errichtet worden war. An der Südseite befanden sich elf *tabernae,* während die Läden an der West- und an der Nordseite zur Außenseite hin geöffnet und in keiner Weise mit dem Innenbereich verbunden waren.

In der Mitte des offenen Hofes erhob sich, erbaut auf 12 Sockeln, ein polygonaler Bau mit einem konischen Dach,

101 links *Der vor dem Eingang zum macellum liegende Bereich war eine wahre Galerie von Statuen, die den Kaiserkult unterstrichen.*

Prunkvolle korinthische Säulen kennzeichnen diesen Abschnitt des Säulengangs, der wahrscheinlich in der Antike zweistöckig war.

101 rechts oben *Der heilige Bezirk in der Mitte des östlichen Portikus passte sich gut dem monumentalen Charakter des Gebäudes an: Eine Treppe mit zwei seitlichen Sockeln führte in einen weiten Raum, der von der Statue des Kaisers beherrscht wurde, während sich an den Seiten jeweils zwei Ehrenstatuen befanden.*

101 rechts unten *In der Mitte des offenen Hofes erhob sich ein zwölfseitiger Bau, wo an großen Theken der Fisch verkauft und geputzt wurde.*

A Chalcidicum
B *Haupteingang*
C Taberne argentarie
D *Eingang an der Via degli Augustali*
E *Zugang von Via del Balcone Pensile*
F *Portiken*
G Tholos *für den Fischverkauf*
H Tabernae
I *Heiliger Bezirk*
J *Kultraum*
K *Raum für den Fischverkauf*

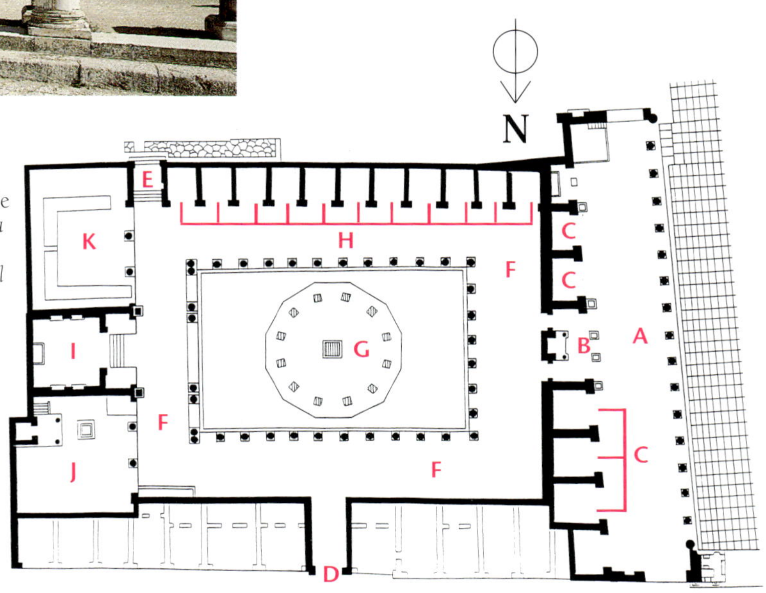

102 links oben Von der kostbaren Wanddekoration im Vierten Stil, die in so vielen Zeichnungen vom Anfang des 19. Jh. festgehalten wurde, ist nur noch ein großer Abschnitt in der Nordwestecke des Säulengangs erhalten.

102 links unten Die anfangs für ein Bildnis der Oktavia, Schwester des Augustus, gehaltene Statue war in Wirklichkeit das einer lokalen Persönlichkeit, die sich der kaiserlichen Ikonographie folgend darstellen ließ.

102 rechts Lange Zeit wurde diese männliche Statue als Abbild des Marcellus, Neffe des Augustus, interpretiert. Aber auch in diesem Fall handelt es sich um eine Persönlichkeit aus Pompeji, möglicherweise um den, der den Wiederaufbau des Gebäudes unterstützt hat.

unter dem sich eine große zwölfeckige Fläche befand, die für den Verkauf der Fische bestimmt war; ein Brunnen in der Mitte sorgte für die Kühlung der Ware und diente natürlich auch der Reinigung. Der aus einem Gemisch von zerstoßenen Steinen bestehende Fußboden war durch eine kleine Marmorleiste eingefasst, so dass das Wasser und vor allem die stinkenden Abwässer sich nicht auf dem ganzen Hof verteilten und in einen darunter liegenden Abwasserkanal abflossen. Abgesichert wurden diese Erkenntnisse aufgrund von Schichtengrabungen, die die Wasser führende *fistula* und die in dem Abwasserkanal vorhandenen Fischgräten und Schuppen ans Tageslicht brachten.
Besonders interessant ist die Ostseite. In der Mitte, auf einer Achse mit der *tholos* und dem Eingang vom Forum aus befindet sich ein Schrein; auf der ohne Säulen ausgestatteten Frontseite führt eine Treppe, neben der sich zwei Sockel befinden, in einen Raum mit einer Ädikula an der Rückwand, von der nur noch die Basis erhalten ist; hier muss früher die Statue eines Kaisers gestanden haben. In den Seitenwänden waren jeweils zwei Nischen, in denen ebenfalls Ehrenstatuen standen, von denen zwei, die eines Mannes und die einer Frau, gefunden wurden: Anfangs hielt man sie irrtümlicherweise für Bildnisse des Marcellus und der Octavia, des Neffen und der Schwester des Augustus, sehr viel wahrscheinlicher ist allerdings, dass es sich hier um Statuen pompejischer Persönlichkeiten handelt, nämlich die, die den Wiederaufbau des *macellum* unterstützt hatten, die die kaiserliche Ikonographie nachahmen. Die Originale befinden sich im Archäologischen Nationalmuseum in Neapel, vor Ort wurden zwei Abgüsse aufgestellt. An der Nordseite des Heiligtums öffnet sich ein großer Raum, dessen Funktion noch nicht eindeutig geklärt ist. Die Vorderseite wird durch zwei auf einer viereckigen Plinthe stehenden Säulen dreigeteilt; in der Südostecke des Raumes befindet sich eine Ädikula aus *opus latericium,* in der vermutlich eine Kultstatue aufbewahrt wurde, denn davor steht ein niedriger, mit Marmorplatten verkleideter Altar. Der Wände dieses Raumes waren vollständig mit Freskomalereien ausgestattet, auf denen Girlanden und in der Mitte Eroten dargestellt waren; von diesen Gemälden sind leider nur noch die Schilderungen aus dem 19. Jh. erhalten. Die am ehesten anerkannte Hypothese geht davon aus, dass hier Opfermahle abgehalten wurden, auch weil sich vor der südlichen Wand eine mit Marmorplatten verkleidete Tafel befand. Auf der gegenüberliegenden Seite, südlich des Schreins, befindet sich ein Raum, der im völligen Widerspruch zu den vorigen stand: Hier wurde nämlich Fisch verkauft, eine lange Verkaufstheke war mit einer schmalen Rinne versehen, die das ablaufende Wasser zum Abwasserkanal leitete; trotzdem war auch dieser Raum, wie schon der nördlich des Schreins gelegene Raum durch zwei Säulen verschönert, außerdem durch eine elegante Wandmalerei im Vierten Stil mit einem Mittelbild, das die Personifizierung des Sarno (ein äußerst fischreicher Fluss) darstellt, der von Nymphen und der Göttin des Überflusses umgeben ist. Von der reichhaltigen Verzierung, die einst die Rückwand des Portikus geschmückt haben muss, ist an der Nordwestecke noch ein beträchtlicher Abschnitt erhalten geblieben. Das Fresko im Vierten Stil ist fast in der ursprünglichen Gesamthöhe erhalten, im mittleren Teil springen die Wandfelder mit geflügelten Genien, die Mädchen auf ihren Schultern tragen, und das Bild des „Penelope erkennt Odysseus" ins Auge, in der Oberzone sind große Felder mit Stillleben zu sehen.

Der Jupitertempel

Die nördliche Seite des Forums wird ganz vom Jupitertempel beherrscht, an dessen Seiten zwei Triumphbögen stehen; von der Via dell'Abbondanza aus kommend bot sich ein fantastischer Blick, denn von hier zeigte sich nicht nur die Stereometrie des großen Gebäudes, der Blick ging über den Triumphbogen auf der rechten Seite hinaus, bis er einen dritten Bogen am Anfang der Via di Mercurio erreichte, durch den man die monumentalen Fassaden der Häuser und im Hintergrund den imposanten Wehrturm Torre di Mercurio sah. Der Tempel war bereits bei der Gesamtplanung des Forums im 2. Jh. v. Chr. vorgesehen gewesen, denn die Achse

A *Altar*
B *Zugangstreppen*
C *Sockel für die Reiterstatuen*
D Pronaos
E Cella
F *Kleine cellae für die Kapitolinische Trias*
G *Treppe zu einem Zwischengeschoss*
H *Triumphbogen (des Augustus ?)*
I *Triumphbogen (des Germanicus ?)*

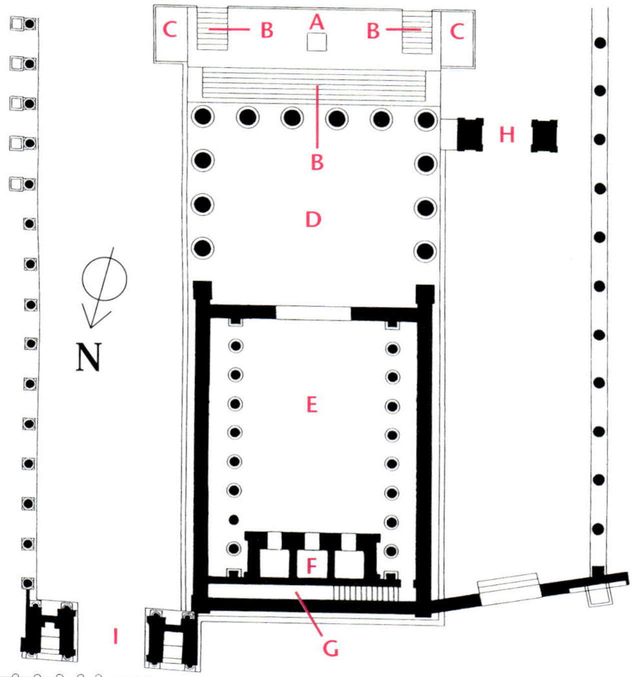

103 links *Die Zeichnung zeigt einen Querschnitt von Süden nach Norden durch den Jupitertempel. Deutlich zu erkennen ist die zweistöckige Säulenreihe mit unterschiedlicher Säulenordnung, die das Dach der cella trug: Unten sieht man ionische Säulen, oben korinthische.*

103 rechts *Die Seiten des Tempels offenbaren die unterschiedlichen Erweiterungen, denen diese große, das Forum beherrschende Kultstätte unterworfen war; deutlich sieht man die später in opus latericium (Ziegelmauerwerk) hinzugefügten Abschnitte.*

des Tempels stimmt mit der des großen Platzes überein. Die ursprüngliche, kaum kleinere Kultstätte, bestand aus einem hohen Podium, vor dem über die ganze Breite eine große Freitreppe lag, aus Säulen an der Frontseite und einer *cella* in der hinteren Hälfte. Das hohle Podium hatte drei unterirdische, tonnengewölbte Räume, in denen die Opfergeräte und die Weihgaben aufbewahrt wurden; erreichbar waren diese Räume über eine kleine Treppe in der Mitte der Freitreppe, die aber später durch eine Öffnung an der Ostseite des Podiums ersetzt wurde. Ein in diese Bauphase einzuordnender großer Altar (4,3 x 6,6 m) wurde bei Probegrabungen in einer Entfernung von etwa drei Metern von der heutigen Frontseite des Podiums entdeckt. Es ist nicht unwahrscheinlich, dass der Tempel schon in dieser ersten Bauphase dem Jupiter geweiht war. Weit reichende Veränderungen erfolgten nach 80 n. Chr., nach der Gründung der sullanischen Kolonien, deren Einfluss sich auch auf das religiöse Leben der Stadt auswirkte: Der Tempel wurde in ein *capitolium* umgewandelt, d.h., der Kapitolinischen Trias, Jupiter, Juno und Minerva, geweiht. Das Podium (17 x 37 Meter) wurde leicht zur Mitte des Platzes hin verlängert, und der große Opferaltar wurde entfernt; erst sehr viel später wurde auf dem Forum vor dem Tempel ein neuer errichtet, der aber so weit entfernt stand, dass man annahm, es handelte sich hierbei nicht um ein Element der Opferriten, sondern um den Sockel für die Augustus-Statue. Den Tempel erreichte man über zwei seitliche, kleine Treppen, die so in das Podium eingefügt waren, dass sich in der Mitte eine große Plattform und an den Seiten zwei kleinere bildeten: Auf der mittleren Plattform wurde ein neuer Altar errichtet, während auf den zwei kleineren Sockeln an der Seite zwei Reiterstatuen aufgestellt wurden. Diese Kenntnisse sind uns heute aufgrund eines einzigartigen Zeugnisses bekannt: Ein bekannter pompejischer Bankier, Lucius Caecilius Iucundus, hatte für seinen Hausaltar zwei Friese anfertigen lassen, von denen einer die Nordseite des

Forums darstellte. Diese beiden schmalen Treppen führten also auf ein Podest, von dem aus eine Freitreppe, die fast so breit ist wie das ganze Bauwerk, den Aufgang zum Pronaos ermöglichte. Der Aufbau des Tempels wurde in der zweiten Bauphase völlig umgestaltet: Aus dem grauen Nocera-Tuff wurden sechs schlanke korinthische Säulen an der Vorderseite und vier auf den Seiten errichtet, die mit feinstem Stuck überzogen sind. Die hochwertigen Kapitelle waren aus zwei Teilen gearbeitet. Zwischen den drei von Säulen gesäumten Seiten und der Vorderseite der *cella* ent-

stand so eine große Vorhalle, eine ganz typische Form der etruskisch-italischen Tempel.
Im großen Pronaos blieb ein Travertin-Fußboden erhalten, der allerdings wahrscheinlich auf eine Restaurierung zu Beginn des 1. Jh. n. Chr. zurückgeht. Die *cella* nimmt die nördliche Mitte des Podiums ein und hat sowohl auf der Vorder- als auch auf der Rückseite zwei Pfeiler mit Kompositkapitellen aus Tuff, die ionische (Voluten) und korinthische Elemente (Akanthusblätter) aufweisen. Nachdem man die Eingangstür hinter sich gelassen hat, gelangt man in einen großen Raum, der von zwei zweistöckigen Säulenreihen in drei Schiffe unterteilt ist, die unteren Säulen sind ionischer Ordnung und die oberen korinthisch; die beiden Seitenschiffe sind äußerst schmal. Der aus *opus sectile* gelegte Fußbodenbelag der *cella* im Mittelschiff bestand aus rautenförmigen Platten, die so verlegt waren, dass sie wie dreidimensionale Würfel wirkten, während die Umrandung und die Interkolumnien der Seitenschiffe in einem schwarz-weißen Mosaik gestaltet waren. Ähnliche Fußböden sind in der *cella* des Apollo-Tempels und im *tablinum* im Haus des Faun zu sehen. Die Wände waren zunächst im Ersten Stil, dem Inkrustationsstil verziert. In sullanischer Zeit, nach 80 v. Chr. wurde die Dekoration im Zweiten Stil erneuert, mit roten Orthostaten, die durch Marmor nachahmende Lisenen unterteilt waren und oben und unten mit vertikalen Streifen aus nachgemachten Buckelquadern eingefasst waren. Den oberen Abschluss bildete ein gemaltes Gesims. Der Sockel dagegen scheint im Dritten Stil restauriert worden zu sein. Im Hintergrund der *cella* war die Basis für die drei Kultstatuen errichtet worden, dieser war vorne mit Halbsäulen und an den Ecken mit Dreiviertelsäulen verziert. In dem Podium befinden sich drei enge Räume, die über drei kleine Türen zugänglich sind. Von den Kultstatuen wurde nur die Gesichtsmaske der Juno und der kolossale Marmorkopf des Jupiter gefunden. Der Tempel erlitt bei dem schweren Erdbeben von 62 n. Chr. beträchtliche Schäden, die zum Zeitpunkt des endgültigen Untergangs der Stadt noch nicht behoben worden waren. Die Tatsache, dass dieser Tempel der Kapitolinischen Trias geweiht war, wird auch durch eine Inschrift bezeugt, die hier bei Ausgrabungen in den Jahren 1816 und 1817 gefunden wurde. Zu beiden Seiten des Capitolium waren zu Beginn des 1. Jh. n. Chr. zwei Triumphbögen errichtet worden, deren Zuordnung noch nicht geklärt ist; der auf der rechten Seite auf gleicher Höhe der Tempelfassade liegende Bogen wird hypothetisch dem Augustus zugeschrieben, der links liegende Triumphbogen auf der Höhe der Rückwand, die mit der nördlichen Begrenzung des Forums übereinstimmt, wird, ebenfalls hypothetisch, dem Germanicus zugewiesen. Beide wurden aus *opus latericium* errichtet und mit Marmorplatten verkleidet, obenauf thronte ein Reiterstandbild.
Einige Wissenschaftler stellten die Hypothese auf, dass anfangs beide Triumphbögen auf einer Linie mit der Tempelfassade gelegen haben, und dass der auf der linken Seite erst später nach hinten verschoben wurde, um den vor dem *macellum* liegenden Portikus besser zur Geltung kommen zu lassen. Dieser Bogen des Germanicus ist sehr interessant, denn der Rundbogen erhebt sich über zwei aus Travertinplatten bestehenden Basen, die an der Vorder- und an der Rückseite jeweils links und rechts vom Durchgang eine Ädikula hatten, zu deren Seiten wiederum jeweils zwei Säulen standen, deren Basis auf einem vorkragenden Gesims aufstand, das die Abgrenzung zum Sockel bildete.

104 links oben *Links von der Fassade des Tempels erhebt sich ein Triumphbogen aus Ziegelmauerwerk, der dem Augustus zugeschrieben wurde.*

104 links unten *Die korinthischen Säulen von der Frontseite des Tempels waren bei den Ausgrabungen am Boden liegend aufgefunden worden: Erst zu Beginn des 20. Jh. wurde die der östlichen Ecke aufgerichtet.*

104 rechts oben *Rechts vom Tempel befindet sich ein zweiter Triumphbogen, der dem Germanicus zugewiesen wird. In diesem mit Marmor verkleideten Bauwerk waren in Nischen Ehrenstatuen untergebracht.*

104 rechts unten *Die cella des Tempels, in der sich die Kapitolinische Trias befand, war gekennzeichnet durch einen dreischiffigen Aufbau, der durch ionische Säulen unterteilt war. Der hier entdeckte große Kopf des Jupiter war zum Zeitpunkt der Verschüttung der Stadt gerade Gegenstand einer Umarbeitung, deren Ergebnis eine ganz andere Statue gewesen wäre.*

Die Latrine

In der Nordwestecke des Forums, unter dem äußersten Rand des Portikus, öffnet sich eine große öffentliche Latrine, deren tragende Teile aus *opus latericium* gebaut waren. Der Zugang erfolgte durch eine kleine Tür, die zuerst in einen Eingangsraum führte, damit der Blick in die Latrine vom Forum aus versperrt war, und dann weiter in den Raum mit den Sitzen. An drei Seiten verläuft ein tiefer Kanal für die Fäkalien, der ständig von fließendem Wasser durchgespült wurden. Darüber sind Steinblöcke aus Lava, die die hölzernen Sitze mit den Löchern trugen. Zum Zeitpunkt der Eruption war auch die *latrina* wahrscheinlich nicht in Betrieb, da die Instandsetzungsarbeiten nach dem Erdbeben noch nicht abgeschlossen waren.

Das Forum Holitorium

Im nördlichen Abschnitt der Westseite des Forums befindet sich das *forum holitorium,* wo Getreide und getrocknete Hülsenfrüchte verkauft wurden. Es hat acht große Öffnungen, die durch breite Pfeiler aus *opus latericium* unterteilt werden. Der Fußboden besteht aus mit bunten Marmorinkrustationen verziertem *cocciopesto.* Das *forum holitorium* dient heute als archäologischer Lagerraum.

Die Mensa Ponderaria

Die Mensa Ponderaria (Eichtisch), der Ort, an dem Hohlmaße und Gewichte kontrolliert wurden, befand sich einer Nische in der am Forum liegenden Begrenzungsmauer des Apollo-Tempels, unweit vom *forum holitorium.* Die Mensa Ponderaria besteht aus einer waagrechten Kalksteinplatte, in der sich neun runde Eintiefungen mit unterschiedlichen Fassungsvermögen befinden; diese waren an der Rückseite mit einer Öffnung versehen, damit die abgemessene Ware wieder entfernt werden konnte. Darüber befand sich noch eine weitere *mensa* mit drei Eintiefungen, so dass hier zwölf unterschiedliche Hohlmaße gemessen werden konnten. Der Eichtisch wurde bereits in samnitischer Zeit (Ende des 2. Jh. v. Chr.) errichtet, und so handelte es sich dabei um oskische Maße. Mit der Romanisierung wurde eine Anpassung der oskischen an die römischen Maße notwendig, eine in die Vorderseite der Platte eingemeißelte Inschrift legt hierüber Zeugnis ab: *A(ulus) Clodius A(uli) f(ilius) Flaccus N(umerius) Arcaeus N(umeri) f(ilius) Arellian(us) Caledus d(uo)v(iri) i(ure) d(icundo) mensuras exaequandas ex dec(urionum) decr(eto)* (Aulus Clodius Flaccus, der Sohn des Aulus, und Numerius Arcaeus Arellianus, der Sohn des Numerius, Duumvirn mit Gerichtsbarkeit, ließen auf Beschluss der Dekurionen die Maßeinheiten angleichen).

105 oben links *Die Handwaage, ein sehr gebräuchliches Messinstrument, beruhte auf dem Ausgleich des Waagebalkens im Verhältnis zum Drehpunkt. Das zu wiegende Gut wurde auf eine Waagschale gelegt, die an dem beim Drehpunkt liegenden Ende aufgehängt war; durch das bewegliche Laufgewicht wurde anhand der auf dem Waagebalken gekennzeichneten Maße das Gewicht bestimmt.*

105 oben rechts *Dieses Gewicht aus Ton diente dazu, die auf der Arbeitsfläche eines Webstuhls horizontal und vertikal angeordneten Fäden stramm zu halten.*

105 Mitte *Diese gekennzeichneten Bleigewichte wurden wahrscheinlich auf einer Balkenwaage mit einem mittleren Drehpunkt und zwei Waagschalen verwendet; auf eine der beiden Seiten wurde das bekannte Gewicht gelegt, auf die andere Seite die Ware, mit der das Gewicht ausgeglichen werden sollte.*

105 unten links *Auch für Flüssigkeiten gab es Messinstrumente: Hier sieht man eine Reihe von Flaschen mit einem viereckigen Boden, deren Inhaltsvermögen in genau bestimmten Verhältnissen zueinander stehen.*

105 unten rechts *Auch diese beiden Steingewichte wurden auf Balkenwaagen verwendet.*

Die Basilika

In der Südwestecke des Forums steht die Basilika, das aus architektonischer Sicht sicherlich bedeutendste und monumentalste Bauwerk und aus wirtschaftlicher Sicht das kostspieligste. Die Basilika war für wirtschaftliche Transaktionen und für die Justizverwaltung vorgesehen; das *tribunal* unter dem Vorsitz der höchsten städtischen Beamten, den Duumvirn, hatte hier seinen Sitz. Verschiedene Inschriften in oskischer Sprache verweisen darauf, dass die Basilika in der zweiten Hälfte des 2. Jh. v. Chr. entstand; somit ist es das älteste römische Gebäude dieser Art, das bis in unsere Zeit erhalten geblieben ist. Als besonders wichtiges Indiz für die Datierung erwies sich eine Inschrift, die auf eine Innenwand des Gebäudes gekratzt ist, sie lautet: *C(aius) Pumidius Dipilus heic fuit a(nte) d(iem) V nonas octobreis M(arco) Lepid(o) Q(uinto) Catul(o) co(n)s(ulibus)*, „Caius Pumidius Dipilus war hier fünf Tage vor den nonae des Oktobers im Konsulatsjahr des Marcus Lepidus und des Quintus Catulus (78 v. Chr.)". Man weiß heute nicht, aus welchem Grund Caius Pumidius Dipilus sich in der Basilika von Pompeji aufhielt, fest steht aber, dass das Gebäude in den ersten Jahrzehnten des 1. Jh. n. Chr. bereits in Funktion war. Der Aufbau entspricht weitgehend den Vorschriften für diesen Gebäudetypus, auch wenn die Anordnung des Haupteingangs an der kürzeren, am Forum liegenden Seite, im Widerspruch zur Norm steht. Diese Abweichung ist aber leicht nachzuvollziehen, denn dies ist die wichtigere Seite und außerdem war sie vom Forum und auch von der Via dell'Abbondanza aus einfach leichter zu erreichen. Im übrigen gab es aber auch an den Längsseiten zwei Eingänge, der im Norden lag an der Via Marina und der im Süden an dem sogenannten Vico di Chiampionnet, auch wenn der zuletzt genannte erst später in augusteischer Zeit geöffnet worden zu sein scheint. Östlich des Haupteingangs befand sich ein offener Platz, das *chalcidicum*, eine Art Vorhalle, die vom Säulenumgang des Forums aus über fünf Durchgänge zugänglich war, die von Pfeilern aus großen, grauen Tuffsteinblöcken eingefasst waren, mit Hilfe von Metalltoren konnten sie aber auch verschlossen werden. Man betritt die Basilika durch einen beeindruckenden Eingang, deren Fassade von vier prachtvollen, auf Basaltsockeln stehenden ionischen Säulen mit vierseitigen Kapitellen gegliedert wird, die in eine ebenfalls aus Basalt gebaute Treppe mit vier Stufen eingefügt sind und fünf Eingänge bilden. Die drei mittleren sind offene Interkolumnien, während die beiden seitlichen richtige Türen in einer Mauer aus Ziegelsteinen sind, die jeweils zwischen den äußeren Säulen und den Seitenwänden der Basilika hochgezogen worden waren. Das Innere des großen Saals war gekennzeichnet durch einen zweigeschossigen Säulenumgang auf

A *Säulenumgang des Forums*
B *Eingang an der Via Marina*
C *Eingang an der Via di Chiampionnet*
D Chalcidicum
E *Portiken*
F *Treppen zum unterirdischen Archiv*
G *Tribunal*
H *Sockel für Ehrenstatue*
I *Antiker Brunnenschacht*

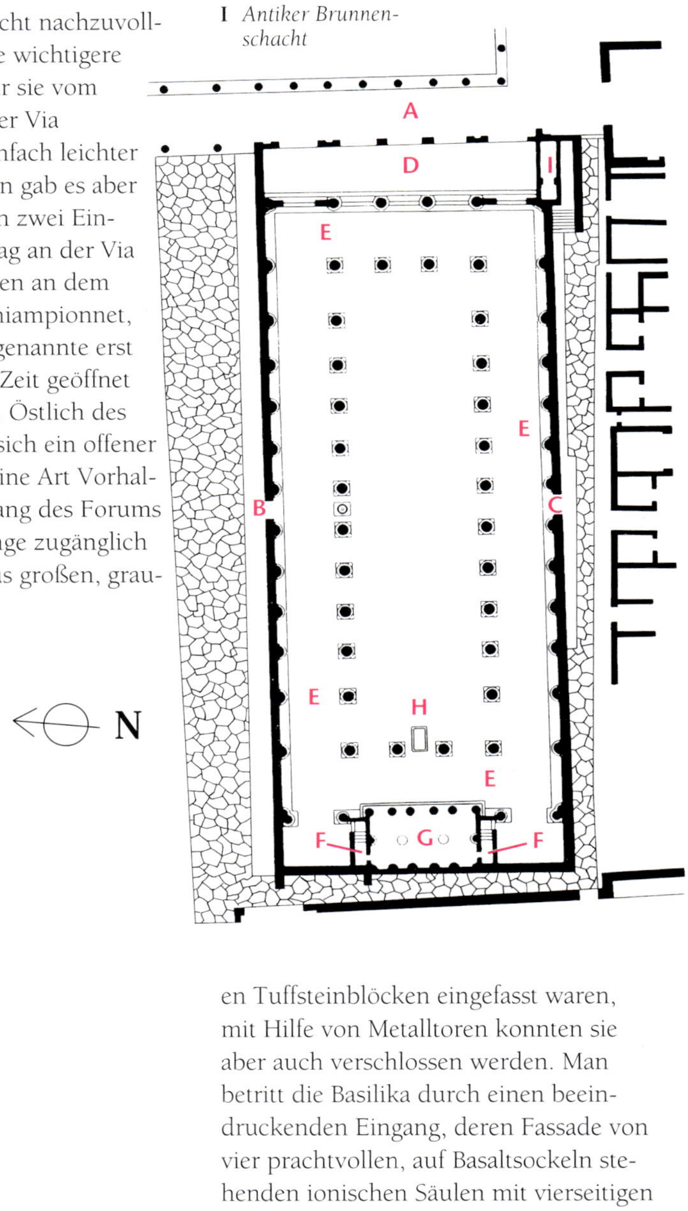

106 *Die hervorragend gearbeiteten ionischen Kapitelle aus grauem Tuff wirken besonders prachtvoll, sie überragten die Säulen auf den beim Forum liegenden Zugangstreppen.*

107 *Auch heute noch wirken die Überreste der Basilika beeindruckend; das Bauwerk war für wirtschaftliche Transaktionen und die Justizverwaltung bestimmt. Berücksichtigt man die Epoche, in der die Basilika gebaut worden war, so handelt es sich sicherlich um ein architektonisch aufwändiges Monument.*

vier Seiten, der aus 28 kannelierten ionischen Säulen bestand, die etwa elf Meter hoch waren, denen entsprachen auf den Seitenwänden 24 Halbsäulen der gleichen Ordnung. Auf diese Weise wurde der große Saal in drei Schiffe unterteilt, von denen das Mittelschiff fast doppelt so groß ist wie die beiden seitlichen. Die Seitenwände waren im Ersten Stil dekoriert, durch den eine gemauerte Wand in von Dachziegeln und Magistrat im samnitischen Pompeji. An der Westseite der Basilika steht an der Rückwand ein zweistöckiger Vorbau mit einem unterirdischen Raum der gleichen Größe; dieser war über zwei Treppen an den Seiten des Vorbaus erreichbar und könnte das Archiv der Basilika gewesen sein. Das erste Stockwerk, das auf einem etwa zwei Meter hohen Podium errichtet war, südöstlichen Ecke des Bauwerks, aber außerhalb davon, befindet sich ein kleiner rechteckiger Raum, der im Vergleich zur Grundfläche der Basilika höher liegt, dieser war wahrscheinlich vom *chalcidicum* aus über eine bewegliche Holztreppe zugänglich. Im westlichen Teil dieses engen und länglichen Raumes befindet sich ein in *opus incertum* verkleideter Brunnenschacht, der von A. Maiuri bis

Stuck nachgebildet wurde, was gut zu den Halbsäulen passte, die die Wände untergliederten. Die aus *opus latericium* gebauten Säulen weisen eine architektonische Besonderheit auf, denn der Schaft und auch die äußere Kannelierung wurden aus fünfeckigen, stark verlängerten Ziegelsteinen errichtet, die strahlenförmig angeordnet waren. Bezüglich der Überdachung wurden bereits viele Hypothesen aufgestellt. Der gängigsten Annahmen zufolge soll die Basilika jedoch von einem großen Giebeldach mit einem einheitlichen Dachstuhl gedeckt gewesen sein. Die Antefixe hatten an den Außenseiten durchbrochene Palmetten, einige der Dachziegel tragen einen Stempel mit der Aufschrift N. Pupie, Numerius Popidius, Hersteller

bildet das eigentliche *tribunal,* das sich mit vier korinthischen Säulen zwischen zwei Antensäulen gleicher Ordnung zum Mittelschiff der Basilika hin öffnet; die Westwand war dagegen durch sechs Halbsäulen gegliedert und die kurzen Seiten jeweils durch eine. Vom Obergeschoss weiß man heute nur sehr wenig, obwohl es eines gegeben haben muss, und so beruht die heute zu sehende Rekonstruktion mehr oder weniger auf bloßen Vermutungen. Seitlich des Vorbaus befinden sich zwei gleiche Räume, die an der Vorderseite von zwei Antensäulen eingefasst waren; hier könnten Amtsräume gewesen sein, in denen unterschiedliche, mit den Funktionen der Basilika im Zusammenhang stehende Vorgänge behandelt wurden. In der

zu einer Tiefe von etwa 21 Metern erforscht wurde, ohne dass man dabei bis auf den Grund gelangte. Im östlichen Teil des Raumes befand sich ein Reservoir, in dem offensichtlich das mit Hilfe eines Wasserrades aus dem Brunnen geschöpfte Wasser gespeichert wurde. Bisher war es nicht möglich festzustellen in welchem Zusammenhang die Anlage mit der Basilika steht: Da der Wasserspiegel in dem Reservoir höher lag als der Boden der Basilika, nahm man an, dass damit ein Brunnen innerhalb des Gebäudes gespeist worden war, der nach dem Erdbeben von 62 n. Chr. abgebaut wurde. Der Brunnenschacht wurde jedenfalls nicht mehr verwendet, denn als man ihn fand, war er fast völlig verschlossen.

Der Apollo-Tempel

Es steht außer Zweifel, dass Apollo eine der Hauptgottheiten Pompejis war, galt er doch als Beschützer der Stadt. Bei Schichtengrabungen im Bereich des heiligen Bezirks des Tempels kamen Fundstücke zu Tage, mit deren Hilfe es möglich ist, die gesamte Geschichte des Heiligtums zurückzuverfolgen und mit Gewissheit behaupten zu können, dass bereits zu Beginn des 6. Jh. v. Chr. auf dem Ausläufer des Lavaplateaus, auf dem später die Stadt entstehen sollte, ein dem Apollo geweihter Tempel errichtet worden war. Die Lage des heiligen Bezirks muss damals von unvergleichlicher Schönheit gewesen sein, denn er lag noch weit höher als der Dorische Tempel auf dem Forum Triangolare und überschaute somit den gesamten Golf und die vom Sarno durchzogene Ebene. In den vergangenen Jahrzehnten wurde viel darüber spekuliert, ob der Tempel für die Präsenz der Griechen oder eher für die der Etrusker steht. Der Apollokult ist in Kampanien sowohl in Cumae als auch in Neapolis bezeugt, Städte griechischen Ursprungs, die einen großen kulturellen Einfluss auf die ganze Region hatten, aber auch im etruskischen Bereich gibt es zahlreiche Belege bezüglich des Apollokults, man denke nur an den Apollo-Tempel in Veji; auch die hier gefunden Weihegaben tragen nicht zur Lösung des Rätsels bei, denn neben den eindeutig aus griechischer

Hand stammenden Fundstücken finden sich auch etruskische Gegenstände. Der erste Tempel erstreckte sich auf einen größeren Bereich, denn die Umfassungsmauer wurde im Westen unter dem Haus des Triptolemos (VII 7,5) gefunden, im Osten muss sie im Bereich des Forums gelegen haben, denn weitere Weihegaben wurden vor dem westlichen Säulenumgang des Forums entdeckt. Durch die Neuanlage des gesamten Bereichs im 2. Jh. v. Chr. mit dem Bau des Forum Civile und der damit verbundenen öffentlichen Gebäude verringerte sich die Grundfläche des Heiligtums, gleichzeitig wurde aber der gesamte heilige Bezirk neu errichtet. Der Apollokult hatte auch weiterhin eine zentrale Bedeutung im Leben der Stadt, dies zeigt schon die Tatsache, dass der heilige Bezirk durch elf große Durchgänge mit dem Forum verbunden war, die erst verschlossen wurden, als nach der Gründung der römischen Kolonie (80 v. Chr.) das Capitolium zum neuen religiösen Mittelpunkt Pompejis bestimmt

A *Eingang an der Via Marina*
B *Portiken*
C *Statue der Artemis*
D *Statue des Apollo*
E *Altar*
F *Sonnenuhr*
G *Zugangstreppe zum Tempel*
H *Pronaos*
I *Cella*
J *Omphalos*
K *Basis für die Kultstatue*
L *Mensa ponderaria*
M *Westlicher Säulengang des Forums*

108 links *Dies ist die Kopie der Statue des einst im östlichen Portikus stehenden Apollo, die im Westen der Stadt in einzelnen Bruchstücken aufgefunden wurde; nur dank der Übereinstimmungen zur Statue der Artemis konnte sie dem Apollo-Tempel zugeordnet werden.*

108 rechts *Die Bronzestatue der Artemis stand am westlichen Säulengang.*

109 oben *Anhand des Apollo-Tempels lassen sich die verschiedenen Etappen nachvollziehen, die in Bezug auf die geschichtliche und die kulturelle Entwicklung von Bedeutung waren.*

109 Mitte *Der Portikus mit den dorischen Säulen wurde nach dem Erdbeben von 62 n. Chr. zu einem ionischen Säulengang umgewandelt.*

109 unten *In dem vor dem Forum liegenden Bereich befand sich der Altar, um den herum sich anlässlich religiöser Feste die Gläubigen versammelten.*

110-111 *Die Rekonstruktionszeichnung vermittelt eine Vorstellung darüber, wie der Tempel vor dem Erdbeben einmal ausgesehen haben könnte.*

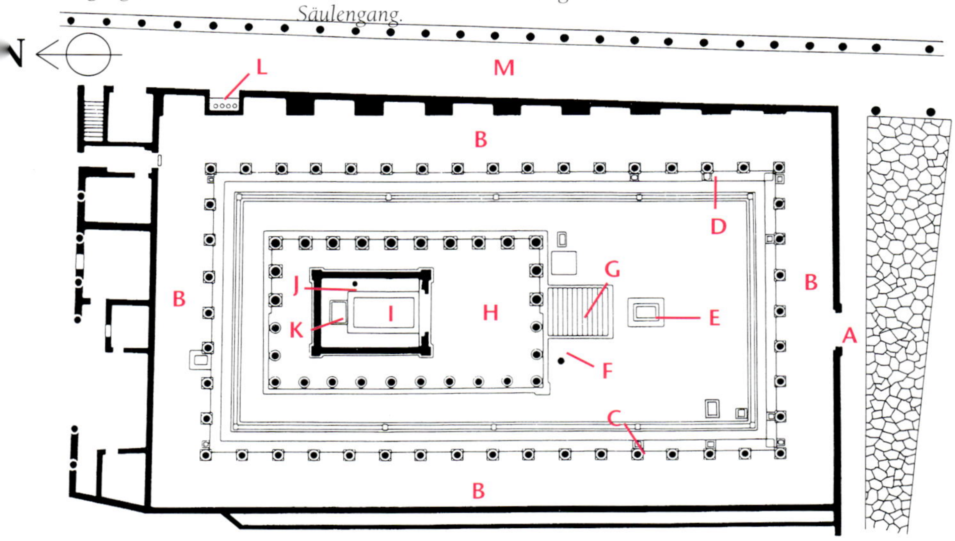

wurde. Auch die Westseite war ursprünglich zu einer später beseitigten, kleinen Straße hin geöffnet, aber auch diese wurden in den allerletzten Jahren des 1. Jh. v. Chr. geschlossen, wie eine hier gefundene Inschrift besagt. Wie die meisten Gebäude der Stadt erlitt auch der Apollo-Tempel beim Erdbeben im Jahr 62 n. Chr. schwere Schäden und die Restaurierung war zum Zeitpunkt der Verschüttung noch nicht abgeschlossen. Sehr wahrscheinlich war das Bauwerk in den darauf folgenden Jahren Ziel der *fossores,* der illegalen Ausgräber, denn ein Teil der Ausstattung, die sich einst hier befunden haben muss, fehlte. Im Jahr 1816 begannen die in mehreren Etappen durchgeführten Ausgrabungen des Tempels, der von den ersten Forschern als Tempel der Venus interpretiert worden war. Man betritt das Heiligtum von der Via Marina aus, der eigentliche Tempelbezirk ist von einem aus 17 Säulen an den Längs- und neun Säulen an den Querseiten bestehenden Peristyl umgeben; ursprünglich hatten die aus grauem Nocera-Tuff bestehenden Säulen eine Kompositordnung: Der Schaft war vollständig kanneliert und der mit Triglyphen und Metopen verzierte Architrav erinnerte an die dorische Ordnung, wohingegen das vierseitige Kapitell zur ionischen Ordnung gehörte. Einige Wissenschaftler vermuteten, dass es oberhalb noch eine zweite Säulenordnung gegeben habe, es wurden aber weder Reste davon gefunden, noch verweist irgendeine historische Dokumentation darauf. Nach dem Erdbeben von 62 n. Chr. wurden die Säulen im unteren Drittel mit einer dicken Stuckschicht überzogen, die mit goldgelb bemalten Eierstäben modelliert war, die ebenfalls mit Stuck überzogenen Kapitelle wurden grob in korinthische Kapitelle umgewandelt und anschließend mit Rot, Blau und Gelb bemalt. Der Architrav selbst wurde so dick mit Stuck überzogen, dass die Triglyphen darunter verschwanden, danach erhielt er eine Verzierung aus Girlanden und Greifen, die heute leider nur noch in den Zeichnungen erhalten sind, die bei der Auffindung angefertigt wurden. Aus anderen Zeichnungen geht hervor, dass die Rückwände einst mit einer parataktischen Struktur bemalt waren, bei der Wandfelder durch architektonische Verkürzungen und Mittelbild voneinander getrennt waren. Die durch die Schließung der früher zum Forum führenden Durchgänge entstandenen Nischen waren hingegen mit Szenen aus dem Trojanischen Krieg bemalt. Außerhalb des Säulenumgangs standen mehrere Statuen auf Sockeln (heute alle im Archäologischen Nationalmuseum in Neapel), darunter auch die Bronzestatuen, die Apollo und Artemis als Bogenschützen darstellen, von denen im Tempel heute Kopien stehen. Der offene Hof war mit Tuffplatten ausgelegt. Der eigentliche Tempel liegt im rückwärtigen Bereich des heiligen Bezirks, seine Vorderseite weist in üblicher Weise nach Südosten. Vor dem Eingang zum Tempel steht ein Altar aus griechischem Mar-

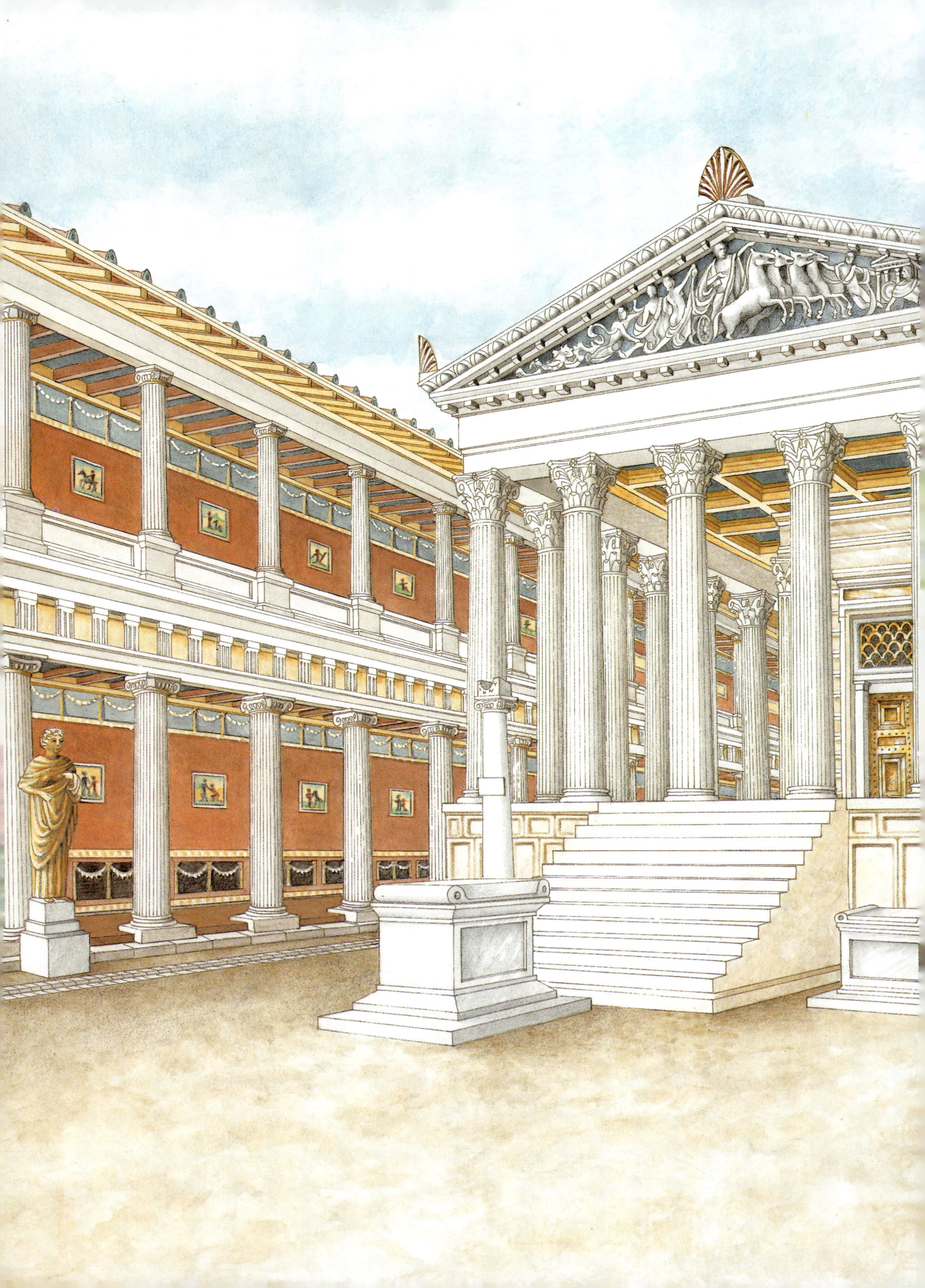

112 oben *Diese Tonplatte (insula occidentalis VI 17,42) aus dem Fries des Tempels zeigt in plastischer Darstellung rechts die Artemis, links eine Nike und unten in der Mitte einen Hund. Artemis ist zu erkennen an dem kurzen Chiton und dem Köcher auf der Schulter.*

112 Mitte *Die Hypothese, dass diese in der insula occidentalis (VI 17,42) gefundene Tonplatte vom Fries des Apollotempels stammt, ist nicht von der Hand zu weisen. Auf der Platte ist ein Blumenfries zu erkennen; bei genauerem Hinsehen erkennt man die Löcher für Nägel.*

112 unten *Diese ebenfalls in der insula occidentalis gefundene Platte scheint aus dem Apollo-Tempel zu stammen; die mit Chiton und Himation bekleidete Frau öffnet gerade eine mit vier Füßen versehene Schachtel um ein Opfer darzubringen.*

mor, der kurz nach 80 v. Chr. von den *quattuorviri* (zwei Duumvirn und zwei Ädilen) errichtet worden war. Links vom Altar steht nicht weit vom der Treppe zum Tempel entfernt, eine ionische Säule aus weißem Marmor mit einer Sonnenuhr: In der Mitte des Säulenschaftes ist eine Inschrift zu lesen, die bezeugt, dass die Errichtung der Säule den Duumvirn Lucius Sepunius Sandilianus und Marcus Herennius Epidianus zu verdanken war. Der Tempel zeigt eine Mischung aus griechischen und etruskischen Stilelementen; auf einem Podium mit einer breiten Treppe steht die eher in den rückwärtigen Teil des Podiums verschobene Cella, diese ist von einem Peripteros aus sechs Säulen an den Stirnseiten und neun an den Längsseiten umgeben, was in der griechischen Architektur unüblich war. Die korinthischen Säulen trugen ein Gebälk mit einem Giebelfeld, auf dem der Mythos von Apollo und Marsia dargestellt gewesen sein soll, falls die Hypothese stimmt, der zufolge im Haus VI 17,41 zum Tempel gehörende Giebelteile gefunden worden sein sollen. Der Fußboden der *cella* ist aus *opus sectile* und besteht aus Rauten aus grünem und weißem Stein sowie aus Schiefer, die wie perspektivisch wirkende Würfel angeordnet waren, also in der gleichen Machart wie der Fußboden in der Cella des Jupitertempels und im *tablinum* im Haus des Faun. In diesem Fall sind die Würfel von einem Band aus Schiefer eingefasst, das wiederum von einem weißen Mosaik umrahmt ist; in dem Schieferband ist noch heute eine oskische Inschrift zu lesen, die eingetieft und mit Metall ausgegossen war: *„U.Kampaniis... kvaisstur kulbenniеis tanginud Appellunеis eitiuvad ...ùps annu aaman affed* (Der Quästor Oppius Campanus ... förderte den Bau ... auf Beschluss der Versammlung, mit dem Apollo dargebrachten Geld)". Sowohl der Fußboden als auch diese Inschrift ermöglichen eine Datierung in die zweite Hälfte des 2. Jh. v. Chr. Nicht weit von der Rückwand befindet sich die Basis, auf dem die Kultstatue gestanden haben muss, die leider nicht gefunden wurde; an der Westseite ist im Fußboden ein ungewöhnliches Element von ovaler Form eingelassen, es stellt den *omphalos* (Nabel) dar, das delphische Symbol des Apollo. Die Innenwände der Cella weisen eine Wandbemalung im Ersten Stil aus nachgeahmten Marmorinkrustationen auf, während die von gestäbten Lisenen gegliederten Außenwände Wandfelder in Stuckrelief zeigen, die von einem Rahmen aus kleinen stilisierten Eiern eingefasst sind. Zusammenfassend kann man sagen, dass sich anhand des Apollo-Tempels die gesamte Geschichte Pompejis von der Entstehung bis hin zum tragischen Untergang zurückverfolgen lässt und dass dieses Bauwerk durch seine unterschiedlichen Elemente die sozialen und kulturellen Veränderungen aufzeigt, der die Stadt in ihrer langen Geschichte unterworfen war.

Der Tempel der Fortuna Augusta

Eine Inschrift auf dem Architrav der Cella des Tempels legt Zeugnis ab über die Umstände der Errichtung: *M(arcus) Tullius M(arci) f(ilius) d(uo)v(ir) i(ure) d(icundo) tert(ium) quniq(eennalis) augur, tr(ibunus) mil(itum) a pop(ulo), aedem Fortunae August(ae) solo et peq(unia) sua* (Marcus Tullius, Sohn des Marcus, dreimal *Duumvir* mit Gerichtsbarkeit und *duomvir quinquennale,* Augur, vom Volk gewählter Militärtribun, errichtete den Tempel der Fortuna Augusta auf eigenem Boden und auf eigene Kosten). Die Tullii, zu der auch Cicero gehörte, waren vor allem in Arpinum und in Mittelitalien vertreten, ein Zweig der Familie kam im Gefolge Sullas nach Pompeji, wo mehrmals Mitglieder der Familie mit Magistratsämtern betraut waren. Aus der Inschrift aber erfährt man, dass Marcus Tullius wohl das herausragende Familienmitglied war. Marcus Tullius selbst kam es zu, nach dem Bau des Tempels unter den Sklaven die Priester für den Tempelkult auszuwählen *(ministri Fortunae Augustae)*. Diesen Priestern kam nach Genehmigung der Dekurionen die Aufgabe zu, entweder eine Kultstatue der Fortuna oder jedesmal nach der Ernennung eines Kaisers dessen Statue zu weihen. Gerade die fünf im Tempel und seiner Umgebung entdeckten Inschriften gaben den Wissenschaftlern Anlass zu der Vermutung, dass diese sich auf die Folge der Kaiser bis zum Jahr 62 n. Chr. beziehen, dem Jahr der Zerstörung des Tempels aufgrund des Erdbebens, also auf Augustus, Tiberius, Caligula, Claudius und Nero. Der Tempel wurde an der Kreuzung zwischen Via del Foro und Via della Fortuna Augusta auf einem Bereich errichtet, auf dem zuvor Läden und wahrscheinlich ein Haus standen, wie aus einigen Fußböden aus verziertem *cocciopesto* hervorgeht, die in der Nähe und unterhalb des Podiums der Südseite gefunden wurden. Dieser etruskisch-italische Tempel stammt aus den letzten Jahren des 1. Jh. v. Chr. Die nach Westen weisende Vorderseite des Heiligtums ist durch eine große Treppe mit zwei Rampen gekennzeichnet, die von einem kurzen, aber breiten Absatz unterbrochen wird. Die untere Rampe ist in der Mitte durch ein Podium geteilt, auf dem der Altar steht. Der Aufbau bestand aus einem Pronaos mit vier korinthischen

A *Via del Foro*
B *Via della Fortuna Augusta*
C *Zugangstreppen zum Tempel*
D *Altar*
E *Pronaos*
F *Cella*
G *Apsis mit zwei Säulen*
H *Nischen mit Ehrenstatuen*
I *Wohnräume der Tempeldiener*

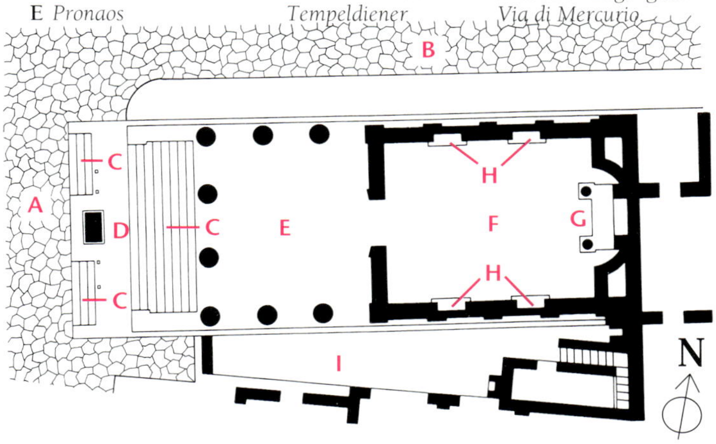

Säulen an der Vorderseite und drei an den Längsseiten; die in den hinteren Teil des Podiums verlegte Cella hat in der Rückwand eine weite Apsis, in der Mitte davon stand eine von zwei Säulen getragene Ädikula. Darin befand sich die Statue der Fortuna, die mit einem Ruder und einem Steuer dargestellt war. Auf beiden Seitenwänden waren zwei rechteckige Nischen, in denen Ehrenstatuen aufgestellt waren, zwei davon wurden bei den Ausgrabungsarbeiten von 1822 entdeckt: Eine männliche, mit Toga bekleidete Statue, die in der Vergangenheit irrtümlicherweise für Cicero gehalten wurde, und eine weibliche Figur ohne Gesichtsmaske. Der Tempel war an der Vorderseite durch Metallgitter geschlossen, von dem auf dem Treppenabsatz auf der Höhe des Kultaltars noch Reste zu erkennen sind. An der Südseite des Tempels waren, ebenfalls auf dem Grundstück des Marcus Tullius, Räume für die Tempeldiener eingerichtet worden. Die Verbindung zwischen dem Tempel und dem Forum war dadurch gut zum Ausdruck gebracht worden, dass die Straße nur für Fußgänger zugänglich war, und dass der Bürgersteig mit einem Portikus ausgestattet war. Zweifellos war der Tempel in einer strategisch günstigen Position errichtet worden, von Neapel oder Herculaneum über die Via Consolare aus kommend sah man sich diesem prachtvollen, fast vollständig aus Marmor bestehenden Gebäude direkt gegenüber. Und die Pracht des Gebäudes muss in der Tat beachtlich gewesen sein, schaut man sich die noch erhaltenen korinthischen

113 oben *Der Triumphbogen, links im Bild, der mit großen Vorbehalten dem Caligula zugeordnet wird, bildet den Zugang zur Via di Mercurio.*

113 unten *Der Tempel befand sich genau an der Ecke einer Kreuzung; beim Erdbeben von 62 n.Chr. wurde er leider fast völlig zerstört. Die Vorderseite bestand aus vier prächtigen Säulen korinthischer Ordnung, von denen nur die Kapitelle erhalten sind.*

114-115 *So etwa könnte der Tempel der Fortuna Augusta früher ausgesehen haben: Ein klassischer Prostylos mit vier Säulen, davor eine hohe Treppe, die von einem Podium unterteilt war, auf dem der Altar ruhte.*

Kapitelle auf dem Podium des Tempels an, die aus bestem Marmor hervorragend gearbeitet waren. Das Erdbeben von 62 erschütterte das gesamte Bauwerk, und wahrscheinlich war nicht viel dafür getan worden um ihn wieder aufzubauen, es ist auch nicht auszuschließen, dass ein großer Teil des Einsturzmaterials woanders wieder verwertet wurden.

Eine interessante Hypothese geht davon aus, dass die mit Opferszenen verzierten Marmorplatten des sogenannten Tempels des Vespasian ursprünglich die Verkleidung des Altars im Tempel der Fortuna Augusta waren.

SABINUM AED
D·R·P·O·V·F

FORTVNAE AVGVSTAE

Die Forums-Thermen

Als Pompeji unter der vulkanischen Asche begraben wurde, waren die Forums-Thermen die einzigen, die nach dem Erdbeben von 62 n. Chr. schon wieder in Betrieb waren. Sehr wahrscheinlich waren die dabei verursachten Schäden unverzüglich ausgebessert worden, so dass die Thermen bald ihren normalen Betrieb wieder aufnehmen konnten. Die in eine Männer- und eine Frauenabteilung aufgeteilte Thermenanlage wurde wahrscheinlich unmittelbar nach 80 v. Chr. eingerichtet, was eine vermutlich hier gefundene Inschrift zu bezeugen scheint. Diese bezieht sich auf Personen, die mit der Gründung der sullanischen Kolonie nach Pompeji kamen, und so liest man, dass der Duumvir

Lucius Caesius und die beiden Ädilen Caius Occius und Lucius Niraemius auf Beschluss der Dekurionen die Thermen mit öffentlichen Geldern errichten ließen und den Bau abnahmen. Die Thermen nehmen den größten Teil der *insula VII 5* ein und waren in erster Linie von Läden und *thermopolii* umgeben, Privatwohnungen gab es hier nicht. Die Männerabteilung ist über drei unterschiedliche Eingänge zugänglich, zwei führen in die Palästra und einer direkt in das *apodyterium,* die Eingänge liegen am Vicolo delle Terme im Westen, Via delle Terme im Norden und Via del Foro im Osten; bei diesem zuletzt genannten Eingang fand man etwa 500 Öllampen. Die Palästra ist in gewisser Hinsicht unüblich, denn es handelt sich um einen auf drei Seiten von Säulen umgebenen Hof, an der West- und an der Ostseite standen dorische Säulen, die mit einer dicken Stuckschicht überzogen waren, im unteren Drittel hatten sie einen größeren Umfang und waren rot bemalt; der Portikus an der Ostseite ist enger und zeigt statt der Säulen eine Reihe von Arkaden über Pfeilern aus Ziegelmauerwerk. An der Südseite befinden sich keine Säulen. Anfangs muss die Palästra sich weiter nach Süden hin erstreckt haben, eine regelmäßigere Form gehabt haben und auf vier Seiten vollständig von Säulen umgeben gewesen sein. An der Seite zum Forum hin muss außerdem ein Eingang gewesen sein, zu dieser Vermutung geben einige abgedichtete Hohlräume dort Anlass. Später hingegen musste die südlich Seite zugunsten von vier Läden bzw. *thermopolii* mit Hinterzimmer und Obergeschoss zurückweichen. Entlang der Nordwand der Palästra zieht sich eine lange gemauerte Bank, die in der Mitte von einem Raum unterbrochen wird, der sich über seine ganze Breite zur Palästra hin öffnet: Da die Palästra für die Spaziergänge *(deambulationis)* nach den Badezyklen genutzt wurde, ist es nicht auszuschließen, dass hier warme Getränke angeboten wurden. Das *apodyterium* ist ein weiter Raum mit einem Tonnengewölbe; vor den Längsseiten gibt es gemauerte Bänke, die klassischen Nischen hingegen, in denen die Kleidung abgelegt werden konnte, fehlen. Erhellt wurde der Raum durch ein in Metall eingefasstes metallenes Oberlicht. Die Wände waren gelb bemalt und das Tonnengewölbe war mit Stuckrelief verziert, ebenso die Lunetten an den Querseiten. In der Mitte, bei dem Oberlicht, befindet sich eine Okeanos-Maske. Vom *apodyterium* aus gelangte man auch zum *frigidarium,* das einen runden Grundriss hat, in der Mitte befindet sich ein rundes, mit Marmorplatten verkleidetes Becken und an den Seiten vier apsidenförmige Nischen. An der Südwand erkennt man den rechteckigen Zufluss der Kaltwasserleitung *(fistula),* mit der das Becken gefüllt wurde. Man sieht noch die Löcher für den Abfluss im Boden des Beckens, sowie für den Überlauf. Die Kuppel, die oben eine mit Glas versehene Lichtöffnung hatte, war in Form einer Muschel gestaltet. Von besonderem Interesse ist der in Stuckrelief gearbeitete Fries, der auf rotem

__116__ An der Südseite des tepidariums ist noch ein großer Teil der mehrfarbigen Stuckdekoration sowie die von tönernen Telamonen eingefassten Wandnischen erhalten.

__116-117__ Sehr beeindruckend ist der südliche Bereich des caldarium mit dem labrum und den hohen Fensteröffnungen, die das Licht in die weite Apsis einließen.

__117 oben__ Prachtvolle, aus Ton geformte Telamone tragen auf ihren Ellbogen das gekehlte Gesims oberhalb der Wandnischen, die zur Ablage der Kleidungsstücke dienten.

__117 unten__ Diese Stuckdekoration aus dem Gewölbe des tepidarium zeigt im Medaillon Ganymed, der von Zeus im Gewand eines Adlers entführt wird.

- **A** *Eingang am Vico delle Terme*
- **B** *Eingang an der Via delle Terme*
- **C** *Männer*-apodyterium
- **D** *Männer*-frigidarium
- **E** *Männer*-tepidarium
- **F** *Männer*-caldarium
- **G** Labrum *der Männer-Thermen*
- **H** *Becken der Männer-Thermen*
- **I** *Säulenhof*
- **J** *Eingang an der Via del Foro*
- **K** Praefurnium
- **L** *Sklaventrakt*
- **M** *Frauen*-apodyterium
- **N** *Frauen*-tepidarium
- **O** *Frauen*-caldarium
- **P** *Kaltwasserbecken*
- **Q** Labrum *der Frauen-Thermen*
- **R** *Warmwasserbecken*

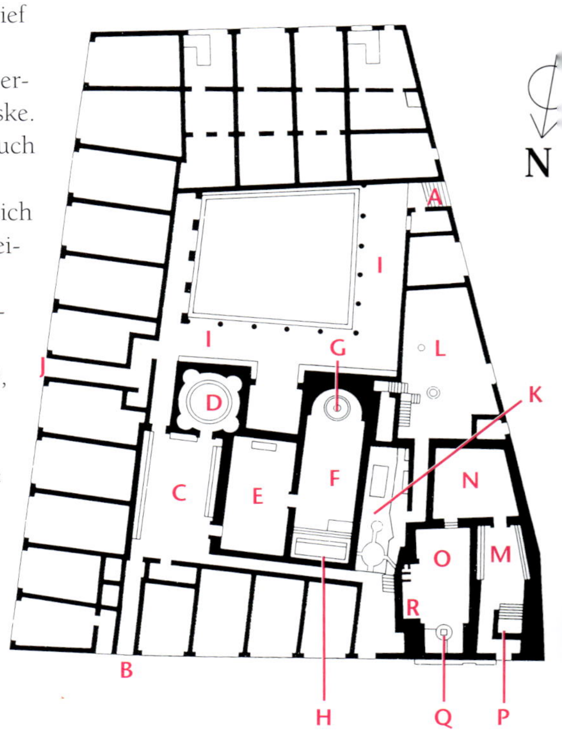

Hintergrund Eroten beim Wagenrennen zeigt. Vom *apodyterium* aus ging es dann weiter zum *tepidarium*. Dieser sowohl zum *apodyterium* als auch zum *caldarium* parallel liegende Thermenraum hat ein Tonnengewölbe, dessen mehrfarbige Stuckverzierungen auf der Südseite noch sehr gut erhalten sind: Über einem Rankenfries wechseln sich rechteckige und

quadratische Kassetten ab, in deren Mitte mythologische Gestalten dargestellt sind (Apollo, Ganymed, Eros usw.), die einzelnen Felder sind durch Pflanzenkandelaber getrennt, darüber befindet sich ein Band mit kleineren, achteckigen Medaillons. Noch weiter darüber, im mittleren Teil des Gewölbes, sieht man große, in Rauten und Rechtecke unterteilte Felder mit weiteren Reliefdarstellungen. Die gesamte Dekoration geht auf die Restaurierungen vor 79 n. Chr. zurück. Im Gegensatz zum *apodyterium* befinden sich hier Nischen, die als Ablage für Salböle und Handtücher gedient haben könnten; zwischen den einzelnen Nischen stehen herrliche aus Ton geformte Telamone, von denen einige nackt und einige mit Tierfellen bekleidet sind. Sie stützen ein mit Eierstab verziertes Gesims, über dem die Gewölbedekoration beginnt. Der gut erhaltene Fußboden zeigt ein weißes Mosaik, das von einem schwarzen Band eingefasst ist. Das *tepidarium* wurde beheizt mit einem großen Kohlebecken aus Bronze, das ebenso wie die drei daneben stehenden niedrigen Bänke aus dem gleichen Material von Marcus Nigidius Vaccula gespendet wurden. Eine Tür führte vom *tepidarium* aus zu dem architektonisch sehr gefälligen *caldarium:* An der Südseite ist eine weite Apsis mit einer halbkugelförmigen Kuppel, die wie eine Muschel geformt ist, Licht erhält dieser Bereich durch drei rechteckige Fenster im Gewölbe und durch ein rundes Oberlicht in der Mitte der Kuppel. In der Apsis steht ein großes *labrum* aus monolithischem Marmor, es hat die Form einer Opferschale mit einem Wasserstrahl in der Mitte. Am Beckenrand steht eine lange Inschrift aus Bronzebuchstaben, sie lautet „Cnaeus Melissaeus Aper, Sohn des Cnaeus, und Marcus Staius Rufus, Sohn des Marcus, ließen, als sie zum zweiten Mal Duumvirn mit Gerichtsbarkeit waren, dieses Becken auf Beschluss der Dekurionen mit öffentlichen Geldern errichten. Es kostete 5250 Sesterzen.“ Aufgestellt wurde dieses mächtige Becken etwa 3-4 n. Chr. An der gegenüberliegenden Seite steht das mit Marmor verkleidete Heißwasserbecken. Das *caldarium* war mit einer indirekten Heizung in Form von Hohlräumen hinter allen Wänden ausgestattet, die durch die Verwendung von *tegulae mammatae* (Warzenziegel) entstanden, die schließlich mit Putz überzogen wurden. Darauf war die Dekoration aus großen gelben Feldern aufgetragen, die von roten Lisenen eingefasst waren. Das über einem vorkragenden Gesims beginnende Gewölbe war mit einem schlichten Längsmuster verziert, das verhinderte, dass das sich an der Decke bildende Kondenswasser auf die Köpfe der Badegäste herabfiel. Die warme Luft wurde im *praefurnium* erzeugt, das die Männer- von den der Frauen-Thermen trennte. Zum Bereich der Frauen gehörten nur drei Räume: das gleich hinter dem Eingang liegende *apodyterium* mit Reinigungsbecken, das mit Hilfe von *tegulae mammatae* beheizte *tepidarium* und das *caldarium*.

Auf dem Weg zur Porta di Nola

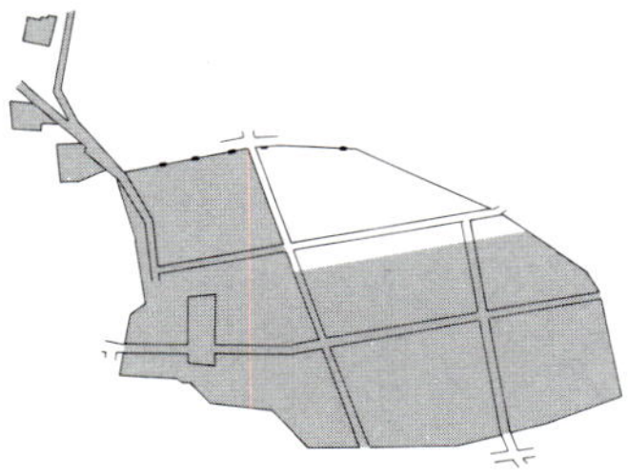

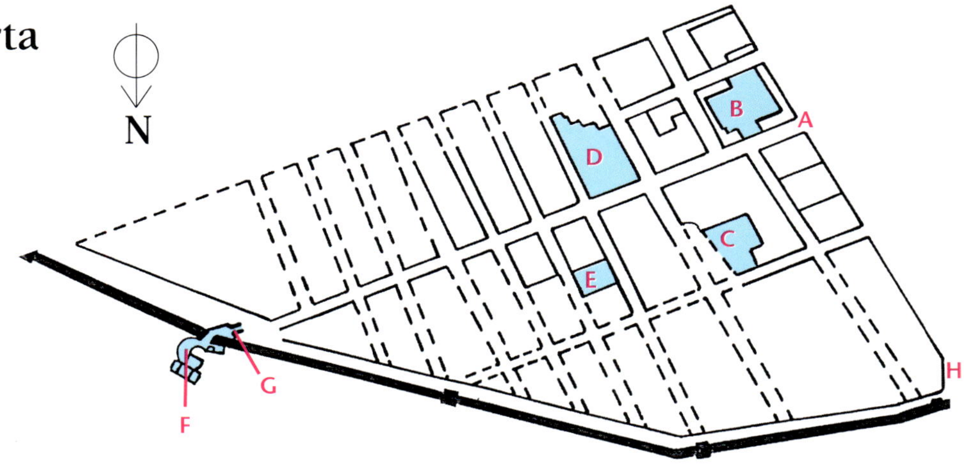

Via di Nola ist Teil des nördlichen *decumanus* und verläuft fast parallel zur Via dell'Abbondanza, dem südlichen *decumanus*. Die an der nördlich verlaufenden Hauptstraße liegenden *insulae*, vor allem die östlich der Kreuzung mit Via di Stabia gelegenen, scheinen sich in den letzten Jahrzehnten vor dem Untergang Pompejis vor allem als Wohngebiet entwickelt zu haben: Zahlreiche architektonisch bedeutende Häuser mit außergewöhnlichen Dekorsystemen finden sich hier. Zwar gibt es auch Läden, *tabernae* und *thermopolii*, aber im Vergleich zur Via dell'Abbondanza fehlt hier jene Lebhaftigkeit der Farben und Verzierungen, die eher typisch sind für ein stark ausgeprägtes Handelsviertel. Bis heute wurde in diesem Viertel nur ein einziges öffentliches Gebäude entdeckt, nämlich die Zentralthermen, die eine ganze *insulae* einnehmen; diese Thermenanlage ist schon von daher bedeutend, dass sie erst nach dem Erdbeben von 62 n. Chr. gebaut wurden, allerdings wurde sie leider nie fertig gestellt. Hätte der großartige Bauplan vollständig verwirklicht werden können, wären diese Thermen sicherlich die am besten durchdachten, die funktionalsten und auch die schönsten geworden.

A *Kreuzung des Orpheus*
B *Zentralthermen*
C *Haus der Silbernen Hochzeit*
D *Haus der Hundertjahrfeier*
E *Haus des Lucretius Fronto*
F *Nekropole vor der Porta di Nola*
G *Porta di Nola*
H *Porta Vesuvio*

118 *Große Fenster reihen sich, getrennt durch mächtige Halbsäulen, an der Fassade der sogenannten „Zentralthermen" aneinander und verleihen dem Gesamtbild ein monumentales Ebenmaß.*

119 links *Auf diesem Bild wird die Verbindung zwischen dem nördlichen, älteren Säulengang mit dorischen Säulen und den später errichteten, niedrigeren Portiken mit achteckigen Säulen deutlich.*

Das Haus der Silbernen Hochzeit (V 2,1)

Anlässlich der Silbernen Hochzeit des italienischen Königspaares begannen im Jahr 1893 unter der Leitung von Michele Ruggero die Ausgrabungen eines großen Hauses, das zu Ehren dieses Ereignisses eben diesen Namen erhielt. Der dank zahlreicher, in der Nähe des Hauses gefundener Wahlprogramme bekannte Eigentümer, L. Albucius Celsus, gehörte einer alten pompejischen Familie an, die in der Zeit vor der römischen Kolonialisierung unter Sulla sehr aktiv war. Es ist anzunehmen, dass diese wohlhabende Familie erst in den letzten Jahren erneut

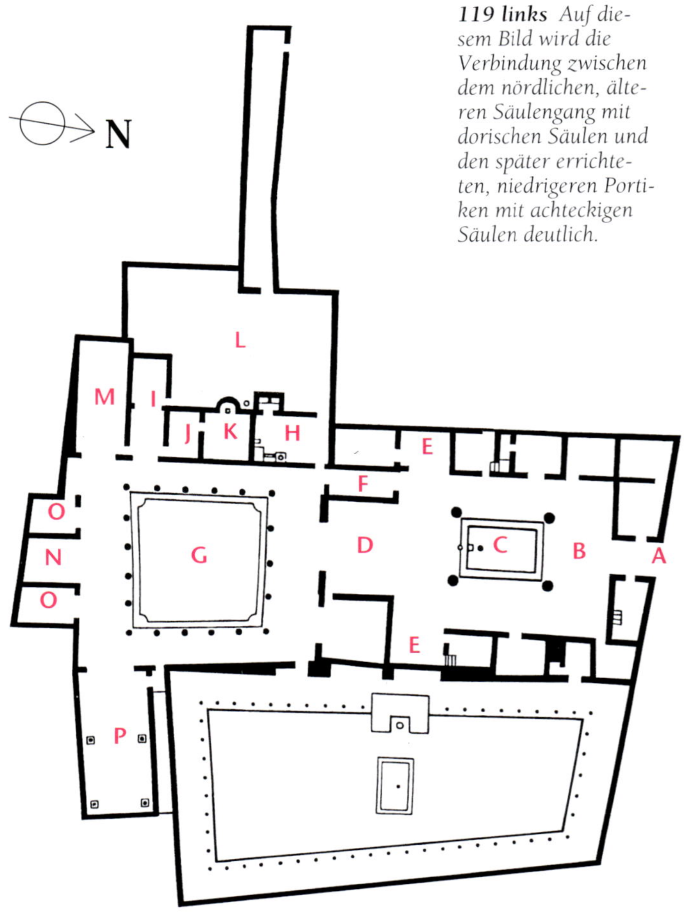

A *Eingang*
B *Atrium*
C Impluvium
D Tablinum
E Alae
F Aditus
G *Peristyl*
H *Küche*
I Apodyterium
J Tepidarium
K Caldarium
L Natatio
M Triclinium
N Exedra
O Cubiculi
P Oecus tetrastylus

119 rechts oben
Die vier großen korinthischen Säulen aus Nocera-Tuff, die in dem weiten Atrium mit einem ungewöhnlichen, rechteckigen impluvium stehen, tragen das compluvium sowie den mächtigen Dachstuhl.

119 rechts unten
Die Raumverteilung in diesem cubiculum ist durch die wundervolle Wandbemalung im Zweiten Stil vorgegeben: Dort, wo das Bett stand, im Alkoven, war die Decke gewölbt, während auf den Wänden unterschiedliche Ornamente, jeweils abgetrennt durch eine korinthische Säule, dargestellt waren.

am politischen Leben der Stadt teilnahm, ihre gesellschaftliche Stellung hatten sie aber dennoch in den Jahrzehnten davor nicht eingebüßt, denn das Haus zeigt sich noch in palastartiger Würde. Die Wechsel der Eigentümer lassen sich an den Veränderungen der Strukturen des Hauses ablesen. Der ursprüngliche Kern, Atrium mit vier Säulen und Peristyl, entsprach der gängigen Bauweise: An den Seiten des wahrscheinlich im Ersten Stil dekorierten Atriums lagen einige Räume, die man durch hohe Türen betrat, welche dem Gebäude ein strenges und edles Aussehen verliehen. Hinter den Räumen auf der Südseite befand sich ein von dorischen Säulen aus Tuff umgebener Hof. In sullanischer Zeit wurden die seitlichen Räume entfernt und die hohen Durchgänge geschlossen; in der Folge wurde die Wanddekoration im Zweiten Stil erneuert.
Später, vielleicht nach 62 v. Chr., wurden am Atrium wieder Räume angebaut, die aufgrund der beachtlichen Höhe in zwei Stockwerke mit niedrigeren Durchgängen unterteilt wurden; enge Steiltreppen führten zum Obergeschoss, das sich zum Atrium hin mit quadratischen Fenstern öffnete. Der untere Bereich der Wände im Atrium wurde mit einem unechten Zweiten Stil neu gestaltet, um ihn den gut erhaltenen Gemälden im oberen Bereich anzugleichen. Ebenfalls in dieser Zeit wurden dem ursprünglichen Portikus an der Nordseite des Gartens drei neue, niedrigere Säulengänge hinzugefügt, dadurch erhielt das Peristyl eine Anordnung, die den Vorschriften Vitruvs (VI, 7, 3) für das rhodische Peristyl entsprachen. Außerdem wurde das Gebäude nach Westen hin mit den Privatthermen erweitert, und nach Osten mit einem großen Peristyl mit einem Becken und Sommertriklinium. Der Eingang liegt im Norden, an einer Nebenstraße, die fast parallel zur Via di Nola verläuft. Das Dach mit dem *compluvium* des eindrucksvollen Atriums wurde von vier mächtigen korinthischen Säulen aus Nocera-Tuff getragen, die kanneliert und mit weißem Stuck überzogen waren; in der letzten Phase wurde das unterste Viertel mit einer glatten, dickeren Schicht überzogen, die rot bemalt war. Das *compluvium* ist mit Wasser speienden Löwenköpfen und Palmetten-Antefixen verziert. Das *tablinum,* neben dem sich zwei *alae* befinden, liegt mit dem Eingang, dem Atrium und dem Peristyl auf einer Achse und ist im Vierten Stil verziert. Die Bilder in der Predella zeigen beachtenswerte Szenen mit Eroten auf Zweigespannen und Tieren vor schwarzem Hintergrund. Von den am Atrium liegenden Räumen ist der in der Südwestecke besonders interessant: Die Wandgemälde im Vierten Stil zeigen in der außergewöhnlichen *Predella* burleske Szenen mit Pygmäen. Das fast quadratische Peristyl hat fünf dorische Säulen an der Ostseite und an den anderen Seiten sechs kleine rechteckige Pfeiler, die im unteren Drittel rund sind. Das Epistyl ist jeweils entsprechend zu den Interkolumnien mit Darstellungen von Jagdszenen bemalt, darüber ist ein fortlaufendes Gesims mit Stuckrelief.
Auf der Westseite liegt auch das kleine Privatbad; die Schwelle des Vorraums vor dem *apodyterium* ist aus Mosaik und stellt, schwarz auf weiß, ein Aquädukt aus Bögen dar. Das mit Fresken im Vierten Stil dekorierte *tepidarium* hat eine

Halbkuppel in Form einer Muschel; der Raum grenzt an die Küche an, wo sich auch die Vorrichtung zur Erzeugung des heißen Dampfes befand. Vervollständigt wurde das Bad schließlich mit einem kleinen Schwimmbecken *(natatio)* im dahinter liegenden Garten. An der Rückseite des südlichen Säulengangs liegen weitere Räume: In der Südwestecke ein *triclinium* (mit hervorragendenen Fresken im Vierten Stil), sowie in der Mitte eine Exedra mit zwei seitlich angeordneten *cubiculi;* alle drei Räume sind im Zweiten Stil dekoriert und haben bunte Mosaikfußböden. Offensichtlich diente die Exedra auch als Unterrichtsraum, in denen ein Lehrer die Söhne des Hauses unterrichtete, denn an den Wänden waren wüste Beleidigungen zu lesen. Der außergewöhnlichste Raum dieses Hauses ist sicherlich der *oecus tetrastylus* in der Südostecke des Gebäudes, dieser als Speisesaal dienende Raum hat einen wundervollen Fußboden aus schwarzweißem Mosaik. Vier achteckige, auf hohen Sockeln stehende Säulen tragen ein Tonnengewölbe mit Kassetten, die mit Stuckmotiven verziert sind; die Wandbemalung ist aus dem Vierten Stil.

Haus der Hundertjahrfeier (IX 8,6)

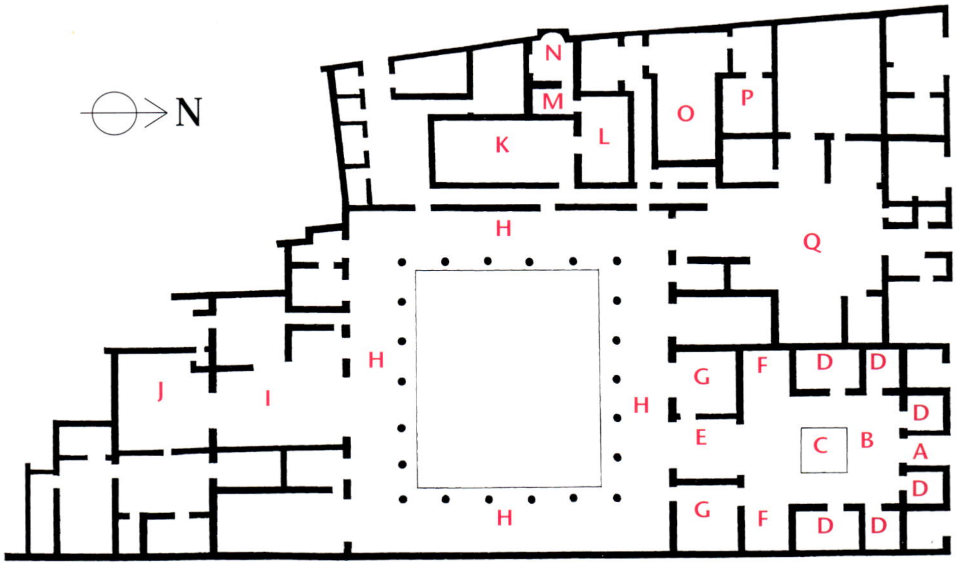

A Vestibulum
B *Atrium*
C Impluvium
D Cubiculi
E Tablinum
F Alae
G Oeci
H *Peristyl*
I Exedra
J Nymphäum
K Frigidarium
L Apodyterium
M Tepidarium
N Caldarium
O Triclinium
P *Alkoven*
Q *Atrium*

***120 oben** In der Mitte des großen Peristyls, das zwei Säulenordnungen aufwies, befindet sich ein herrlicher Garten; auf einer Achse mit dem* tablinum *und dem Atrium liegt ein rechteckiger Brunnen mit einer halbrunden Nische, an dessen Rand früher die Bronzestatue eines jungen Satyrs stand, der Wein aus einem Schlauch ausgoss.*

Das 1879 von Michele Ruggero ausgegrabene Haus der Hundertjahrfeier verdankt seinen Namen der Wiederkehr der 18. Hundertjahrfeier seit der Zerstörung Pompejis. Der Eigentümer war ein gewisser A. Rustius Verus, wie aus drei Wahlprogrammen hervorgeht, zwei davon befanden sich am Haupt- und einer am Nebeneingang, wo für seine Wahl als Ädil und als Duumvir geworben wird. Diese *domus*, eine der größten in Pompeji, entstand aus dem Zusammenschluss von nicht weniger als drei vormals unabhängigen Häusern. Die *insula* hat eine leicht trapezförmige Gestalt, da sie als Bindeglied zwischen den vier an der Via di Stabia liegenden, quadratischen *insulae* und den rechteckigen *insulae* an der Via di Nola diente. Die Bebauung der *insula* geht sehr wahrscheinlich in die erste Hälfte des 2. Jh. v. Chr. zurück, damals waren es drei Häuser in Nord-Süd-Richtung an der Via di Nola und verschiedene dahinter liegende Häuser in Ost-West-Richtung; die genaue Zahl weiß man nicht, da dieser Teil der *insula* noch nicht ausgegraben wurde. In augusteischer Zeit (Ende 1. Jh. v. Chr. – Anfang 1. Jh. n. Chr.) erfolgte dann der Zusammenschluss der drei Häuser an der Via di Nola und eines Teils des dahinter liegenden Hauses zu einem einzigen Wohnhaus. Die Erweiterung ermöglichte eine Unterteilung des Hauses in unterschiedliche Bereiche: Der herrschaftliche Bereich, der natürlich am größten ist, nimmt den gesamten östlichen Teil ein; im westlichen Teil liegt neben der Wohnung des *procurator* das Privatbad, und in dem eingegliederten Haus Nr. 3 schließlich die Räume für die Dienerschaft. Der herrschaftliche Bereich, dessen Eingang Nr. 6 direkt an der Via di Nola liegt, entspricht den üblichen Atriumhäusern mit Peristyl. Das leicht ansteigende Vestibulum ist mit einem schwarzweißen Mosaik mit einem Delfin und einem Meeresgreif verziert. Das *impluvium* des zweigeschossigen, etruskischen Atriums ist mit Marmorplatten ausgelegt, der Fußboden aus weißem Mosaik weist eine Einfassung aus schwarzen Leisten auf, über das *compluvium* ist leider nichts bekannt. Die verschiedenen *cubiculi* am Atrium sind im Vierten Stil dekoriert. Neben dem mit Vestibulum, Atrium und Peristyl auf einer Achse liegenden *tablinum* mit zwei *alae* befinden sich zwei zum Peristyl hin offene Räume: Der Fußboden des *oecus* auf der linken Seite besteht aus einem schwarzgrundigen Mosaik und der auf der rechten Seite aus einem weißgrundigen Mosaik, die jeweils mit kostbaren mythologisch inspirierten Ornamenten verziert waren. Vom Atrium aus gelangt man über einen östlich vom *tablinum* gelegenen Gang zum Peristyl, das einen fast quadratischen Grundriss hat. Der nördliche Säulengang des Peristyls war zweigeschossig mit zwei Säulenordnungen. In der Mitte des Gartens befindet sich ein rechteckiges Becken mit einer halbrunden Nische auf der Nordseite, an dessen Seite man die wundervolle, als Brunnen dienende Bronzeskulptur eines jungen Satyrs fand. Auf der Rückwand der Westseite des Peristyls lässt sich noch die Wandbemalung erkennen, die gekennzeichnet war durch große gelbe Wandabschnitte mit rotem Rand, in deren Mitte die Symbole und Attribute

verschiedener Götter sowie Bilder mit Perseus und Andromeda und mit Herkules und Hesione dargestellt sind. In der Mitte der Südseite befindet sich eine weite Exedra von beachtlicher Schönheit, die auf der Südseite mit einem wundervollen Nymphäum verbunden ist. Die Exedra ist zu einem großen Teil zerstört, aber in der Mitte ist noch das aus Zwiebelmarmor angefertigte *emblema* aus *opus sectile* erhalten. Im Nymphäum ist eine Nische, in der sich früher ein Silen und ein Mosaik aus Glaspaste befand; von dort fiel das Wasser über kleine Wasserfälle in ein Becken hinab. Der untere Teil war in der Art eines *paradeisos* mit Pflanzen, Vögeln und Fischteich verziert, während im oberen Teil mehrere Kämpfe zwischen Raubtieren in einer exotischen Landschaft abgebildet sind. Der Blick von Via di Nola aus durch das Atrium, das *tablinum* und das Peristyl schuf die Illusion eines imaginären Raumes innerhalb des Hauses; auf diese perspektivische Wirkung war die ganze Anordnung des Hauses angelegt. Über die Rückseite des westlichen Säulengangs erreichte man dank eines vom Trakt der Dienerschaft ausgehenden Gangs das Privatbad, das nach dem Erdbeben von 62 n. Chr. wieder aufgebaut wurde. Dieses umfasste ein *frigidarium* mit einem Kaltwasserbecken auf der kurzen Seite der Rückwand und mit einer Wanddekoration im Vierten Stil mit ägyptisierenden Elementen, ein *apodyterium*, in dem noch die Spuren der

121 unten *Das großartige Nymphäum hinter der Exedra ist einzigartig in Pompeji: Von der Apsis in der Mitte aus goss eine Statue als Brunnen das Wasser auf die Stufen, so dass es in kleinen Wasserfällen nach unten fiel und das Becken füllte. Die Bilder an den Seiten zeigten Tiere aus dem Meer, während die Rückwand mit Jagdszenen in exotischen Landschaften bemalt war.*

121 oben *Dieses berühmte Gemälde aus dem Lararienschrein im Atrium des Sklaventraktes zeigt Bacchus, dargestellt als Personifizierung der Weintraube, vor dem mit Weinhängen bedeckten Vesuv. Im Vordergrund sieht man die Schlange als Symbol der Haus- und Schutzgötter.*

121 unten *Im Alkoven im Wohnbereich des procurator fand man Gemälde mit erotischen Szenen, dargestellt in einem Dekorationssystem im Vierten Stil.*

122-123 *Das Haus der Hundertjahrfeier – so genannt, weil es 1879 ausgegraben wurde, genau 18 Jahrhunderte nach dem großen Vulkanausbruch, der die Stadt unter sich begrub – war ein großartiges Wohngebäude mit einer prunkvollen Dekoration aus Skulpturen, Wandgemälden und Mosaikfußböden: Die Zeichnung zeigt den Längsschnitt vom Atrium bis zum Peristyl.*

vorangegangenen Wanddekoration erhalten sind und schließlich das *tepidarium* und das *caldarium,* die nicht durch *suspensurae* oder *tegulae mammatae* beheizt wurden, sondern durch einen großen Ofen im darunter liegenden Keller (wie auch im Haus mit dem Menander), sowie durch die Wände zur Küche hin. Im *caldarium* befand sich in einer halbrunden Nische ein *labrum,* außerdem ein tragbares Becken in der rechteckigen Nische; die Wandgemälde waren im Vierten Stil und der Fußboden bestand aus rautenförmigen Steinen. Der Fußboden im *tepidarium* hingegen bestand aus einem schwarzweißen Mosaik, auf dem Meeresfauna dargestellt war. Das Wohngebäude des *procurator* bestand aus einem kleinen offenen Hof, zwei weiteren, miteinander verbundenen Räumen; in einem davon sind zwei erotische Szenen abgebildet. Der Wohntrakt

der Dienerschaft war rund um das vom Eingang Nr. 3 an der Via di Nola liegende Atrium angeordnet; hier fand man in einem Raum in der Südwestecke des Atriums das berühmte Bild aus dem Lararium, das den von Weintrauben umkrönten Bacchus vor einem mit Weinhängen bedeckten Berg zeigt. Aufgrund dieses Gemäldes und der Statue des jungen Satyrs am Rand des Beckens im Peristyl gelangte man zu der Annahme, dass die Familie Rustia Weinberge an den Hängen des Vesuvs besaß.

123 oben *In der Mitte der Südwand des triclinium befindet sich dieses Bild, eine Szene der Tragödie „Iphigenie auf Tauris" des Euripides, sie zeigt ein Gespräch zwischen Iphigenie, stehend auf dem Säulenfuß, Orestes sitzend auf dem Sockel, und Pylades, der sich dagegen lehnt.*

123 unten *Das Bild in der Mitte der Ostwand im triclinum des procurator zeigt Hermaphroditos mit einer Fackel in der rechten Hand und einem Kantharos in der linken Hand, aus dem er Wein ausgießt; er ist umgeben von einem Silen, der auf einer Lyra spielt und einer Mänade mit der Handtrommel.*

122 unten links *Diese vor gelbem Hintergrund schwebende Mänade hält ein Tablett voller Opfergaben in der Hand (aus dem triclinium des procurator). Diese in der pompejischen Malerei sehr verbreiteten Frauengestalten zierten vor allem die seitlichen Wandabschnitte.*

122 *Auch das Bild dieser Mänade mit einem Tablett in der linken Hand stammt aus dem triclinium. Häufig wurden diese Figuren im impressionistischen Stil ohne Vorzeichnung gemalt.*

Das Haus des Lucretius Fronto (V 4 a)

Dieses Haus wurde in den Jahren 1899 und 1900 unter der Leitung von Giulio de Petra ausgegraben, der beschloss, das Dach unverzüglich wieder aufzubauen, um den gesamten Bestand an Gemälden und Mosaiken erhalten zu können. Es ist nicht sicher, ob der Aufbau der Dachbalken genau dem ursprünglichen entspricht, aber der Archäologe nahm für diese Restaurierungsarbeit die von F. Mazois durchgeführten Untersuchungen über das Zimmerhandwerk in der Antike zu Hilfe. Seine Entscheidungen riefen allerdings so große Auseinandersetzungen hervor, dass de Petra sich von den Ausgrabungen zurückzog und erst 1905 zurückkehrte. Wahlempfehlungen, die hier an der Straße zu lesen waren, führten zu der Annahme, dass der Besitzer dieses Hauses vermutlich Marcus Lucretius Fronto war. Eine davon lautet *Si pudor in vita quicquam prodesse putatur Lucretius hic Fronto dignus honore bono est* (Wenn man glaubt, dass Anstand im Leben zu etwas gut sein könnte, dann ist Lucretius Fronto, der hier wohnt, dieser Ehre würdig). Dieses kleine, aber elegante und kostbar ausgestattete Haus liegt an einer etwas abgelegenen Stelle, in einer kleinen Straße, die im rechten Winkel von Norden her auf die Via di Nola stößt. Die unregelmäßige Form des Hauses beruht auf einer komplexen Baugeschichte, die zu einer völligen Neugestaltung des Hauses in augusteischer Zeit führte; die nach dem Erdbeben von 62 n. Chr. durchgeführten Restaurierungen hingegen bezogen sich nur auf die oberen Teil wird die Wand durch eine schmale symmetrische Architektur belebt. Der aus gestoßener Lava *(lavapesto)* bestehende Fußboden ist verziert mit Marmorstücken und einem regelmäßigen Muster aus kleinen geometrischen Platten aus buntem Marmor, die sich mit Reihen von Rosetten aus fünf weißen Mosaiksteinen abwechseln. In der Mitte des Atriums befindet sich das marmorne *impluvium* mit reich profilierten Rändern, darin sind noch zwei Öffnungen sehr gut erhalten: Eine davon diente zur Versorgung der darunter liegenden Zisterne, die andere führte das überschüssige Wasser mit Hilfe einer Rinne unterhalb des Fußbodens aus dem Haus heraus. Der Rand des *impluvium* besteht aus einem schwarzweißen Mosaik in Form eines zweifädigen

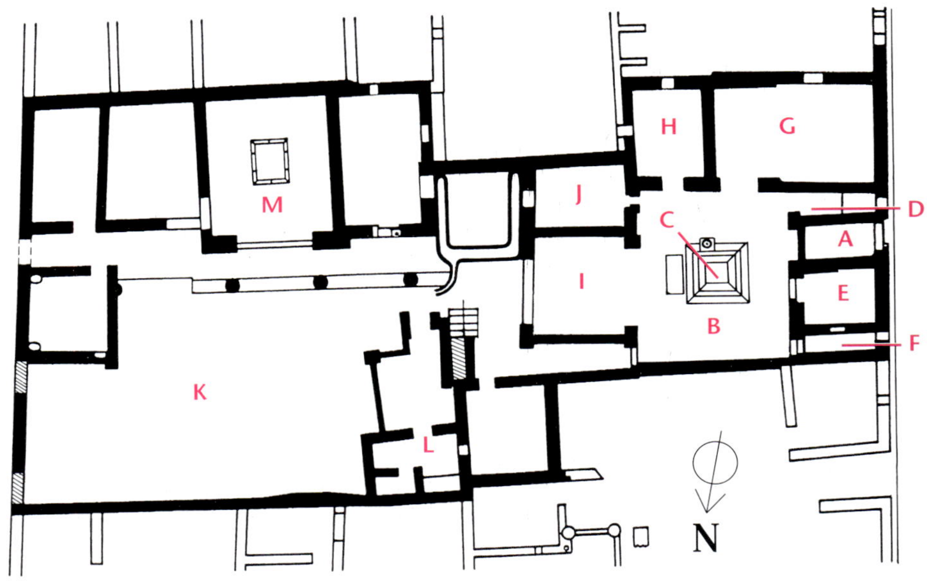

Gemäldeausstattung. Die über ihre ganze Breite weiß verputzte Fassade des Hauses war von einem Vordach geschützt, von dem noch die Löcher für die Tragbalken zu sehen sind. Das leicht ansteigende Vestibulum, in dessen Fußboden aus *cocciopesto* noch das Loch für den Balken zu sehen ist, mit dem die Tür verriegelt wurde, führt in das toskanische Atrium, das seiner vornehmen Dekoration wegen beeindruckt: Die Wände sind auf schwarzem Hintergrund im Dritten Stil dekoriert, mit weiß eingefassten Wandabschnitten, deren Mittelmotive kleine Jagdszenen und Tiere wie Schwäne und Greife zeigen; zwischen den einzelnen Wandabschnitten befinden sich gelbe, senkrechte Streifen mit einer phantasiereichen Dekoration; im

A Vestibulum
B *Atrium*
C Impluvium
D *Vorratsraum*
E Cubiculum
F *Treppe zum Obergeschoss*
G Triclinium
H Cubiculum
I Tablinum
J Cubiculum
K *Peristyl*
L *Küche*
M Triclinium

124 oben *Durch das überwiegend einheitliche Dekorationssystem wirkt dieses Haus besonders elegant. Der über einen großen Teil der Wände im Atrium und im* tablinum *fortgeführte Dritte Stil bildet eine formale Kontinuität und weist auf eine sorgfältig geplante Wanddekoration hin.*

Flechtbandes. Auf der Westseite des Atriums öffneten sich neben dem *Vestibulum* auch eine Vorratskammer im Süden und ein *cubiculum* in der Mitte, die Wandgemälde sind auch hier im Dritten Stil, aber auf weißem Hintergrund, und der Fußboden besteht aus einem wundervollen, schwarzweißen Mosaik, bestehend aus einer Schwelle mit paarweise angeordneten halbmondförmigen leichten Schwertern *(pelta)* und einem Belag aus vierstrahligen Sternen. Nördlich davon befand sich schließlich die steile Treppe zum Obergeschoss, das sich oberhalb der an der Fassade liegenden Räume erstreckte. Auf der Südseite lagen zwei weitere herrliche Räume: Der größere davon wurde als *triclinium* benutzt und der kleinere als *cubiculum*. Die Wandgemälde im *triclinium* (in dem noch die Fugen für die Liegen sichtbar sind) war nach dem Erdbeben im vierten Stil erneuert worden; hier herrscht die gelbe Farbe der Wandabschnitte vor, in der Mitte der Wand ist ein prächtiges Bild mit einem Motiv aus Euripides' Tragödie „Andromache". Dargestellt ist die Tötung des Neoptolemos durch die Hand von Orestes in der Nähe des delphischen Apollo-Tempels. Die Wandbemalung im *cubiculum* hingegen ist aus dem Dritten Stil wie auch die im Atrium, nur von feinerer Qualität: In der Predella über dem mit Kreuzen verzierten, violettgrundigen Sockel sieht man Abbildungen von Theatermasken und Vogelpaaren; in der mittleren allerdings ist ein *hortus conclusus* mit Holzzäunen darge-

124 unten *Auf der Südwand im tablinum wird eine präzise lineare Perspektive betont, auch wenn es sich teilweise um irreale Scheinarchitekturen handelt. Die seitlichen Abschnitte der Mittelzone werden durch Kandelaber ausgefüllt, die Bilder mit Villen am Meer tragen. Das scheinbar hängende Bild in der Mitte bezieht sich auf den Mythos von Venus und Mars.*

125 *Auch auf der Nordwand im tablinum befindet sich das wichtigste Bild im mittleren Wandabschnitt: Auf der linken Seite sind Mars und Venus dargestellt, und in der Mitte Eros und einige Frauen, die die Szene beobachten.*

stellt. Die Mittelzone ist in Wandabschnitte unterteilt: Die seitlichen sind durch silberne, von Sphingen bekrönte Kandelaber eingefasst, während der mittlere Abschnitt geschnitzte Elfenbeinsäulen aufweist; in der Oberzone sieht man phantastische Scheinarchitekturen. Besonders erwähnenswert sind die Mittelbilder, die einmal Theseus und Ariadne zeigen und auf der anderen Wand die Venus beim Ankleiden. Zwischen dem *impluvium* und dem *tablinum* war ein viereckiger Marmortisch mit Löwenfüßen aufgestellt. Auch das *tablinum* war im Dritten Stil dekoriert, aber die Fresken sind hier besonders hochwertig: Die mittleren Wandabschnitte werden von den Bildern „Triumphzug des Bacchus" und „Hochzeit von Venus und Mars" beherrscht, während an den Seiten, auf aufwändigen Kandelabern einige Bilder „aufgehängt" sind, Gemälde mit Villen und Tempeln am Meer. Die Türpfosten des *tablinum* ahmen die hölzerne Vertäfelung nach, mit der meist die Kanten in den verschiedenen Räumen verkleidet waren. Links vom *tablinum* aus führt ein Gang zum Garten, auf der rechten Seite dagegen befindet sich noch ein weiteres prächtiges *cubiculum*, dieses Mal allerdings im Vierten Stil dekoriert. Auf den von seltsamen, gewundenen Säulen unterteilten Wandabschnitten überwiegt die Farbe gelb; die seitlichen Abschnitte sind mit schwebenden Eroten geschmückt, während auf den mittleren figürliche Darstellungen abgebildet sind: Auf der nördlichen Wand sieht man Narziss, der sein Spiegelbild betrachtet, und auf der Südwand den, wahrscheinlich von Ovid veränderten Mythos von Pero, die ihren im Gefängnis sitzenden Vater stillt. An der Westwand schließlich, in deren Mitte der Durchgang liegt, sieht man zwei Porträts, das einer Frau und das eines Mannes mit den Attributen des Mercurius', vielleicht handelt es sich hierbei um die Kinder von M. Lucretius Fronto. Hinter dem *tablinum* öffnet sich das Peristyl, das an der Südseite einen Säulengang hat, hinter dem verschiedene Räume liegen; die Nordseite ist mit Jagdszenen und Tieren in Lebensgröße in einer exotischen Umgebung bemalt; in der Nordwestecke schließlich waren die Küche, die Latrine und eine Treppe, die zu dem über diesem Teil des Hauses liegenden Obergeschoss führte. Zu den Räumen am Portikus gehört ein großes *triclinium* im Vierten Stil mit Bildern von Pyramos und Thisbe und von Dionysos in Begleitung eines Lyra spielenden Silens.

126 links *Das Bild, das sich in der Mitte der Nordwand im seitlich vom* tablinum *liegenden* cubiculum *befindet, ist eine Darstellung des Mythos des Narziss, der sich in sein eigenes Spiegelbild verliebt. Von dieser Szene gibt es in Pompeji zahlreiche Wiederholungen.*

126 rechts oben *Dieses Bild aus dem rechten Wandabschnitt der Südwand hängt an einem Kandelaber und zeigt eine Reihe von Villen am Meer; im Vordergrund sieht man ein Fischerboot.*

126 rechts unten *Dieses Bild befindet sich im linken Wandabschnitt auf der Nordwand des* tablinum *und zeigt eine Vorstadtvilla, die auf drei Flügeln rund um einen Garten angelegt ist. Landschaftsdarstellungen dieser Art waren sehr beliebt, da sie scheinbar ein Fenster in den Wänden öffneten.*

Porta di Nola und die Nekropole

A *Porta di Nola*
B *Ringstraße um Pompeji*
C *Grab von Aesquillia Polla*
D *Unbekanntes Grab*
E *Grabmal*
F *Grab des M. Obellius Firmus*
G *Prätorianergräber*
H *Villa*

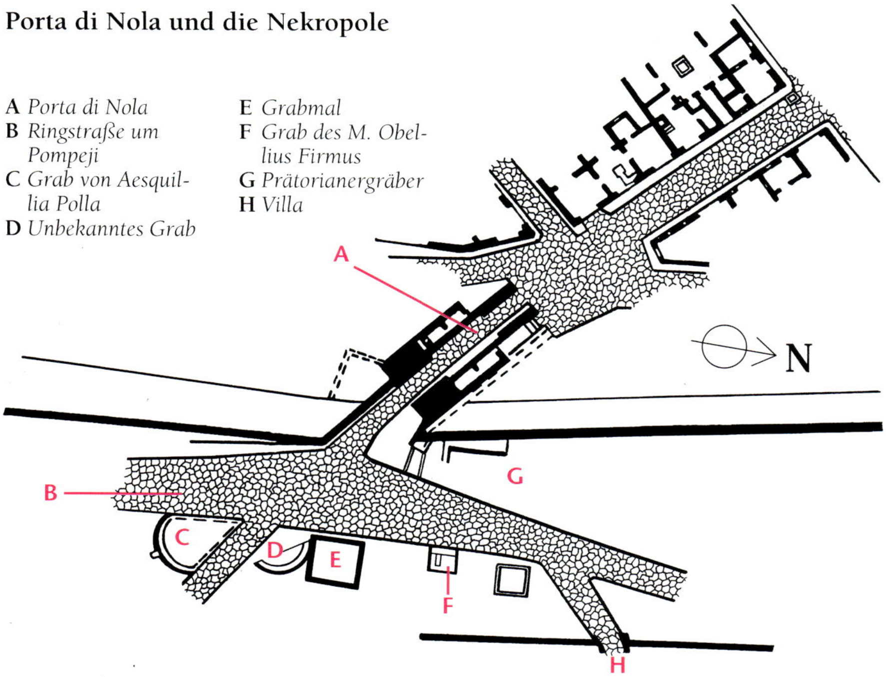

127 links *Die aus dem Stadtzentrum herausführende, gepflasterte Straße kreuzte die Straße, die rings um Pompeji verlief; östlich davon liegen zwei Gräber mit halbrunder Exedra (*schola*), das von Aesquillia Polla und ein bislang unbekanntes; dieses war durch eine ionische Säule mit einem vierseitigen Kapitell gekennzeichnet, auf dem eine Amphore stand, in der symbolisch das Wasser für die kultische Reinigung enthalten war.*

127 rechts oben *In der Via di Nola wurden zahlreiche Läden und* thermopolii *betrieben, die fast völlig die an der Straße liegenden Fassaden der* insulae *einnahmen.*

127 rechts unten *Der Kreuzung Via di Stabia/Via di Nola kommt etwa die gleiche Bedeutung zu, wie dem* quadrivium *der Holconier: Hier beginnt die Via di Nola, die die* regiones *V und IX trennt und zum gleichnamigen Tor aus der Stadt herausführt.*

Die Porta di Nola bildet im Osten den Abschluss der gleichnamigen Straße. Dieses bereits bei Ausgrabungen im Jahr 1813 entdeckte Stadttor wurde zu einem großen Teil in den Jahren 1907 und 1908 ausgegraben, als ein Abschnitt der die Stadt umgebende Straße, die im Osten in die Ebene führende Straße sowie Bauteile von zwei Gräbern mit halbrunder Exedra (schola) und einer Umfassung entdeckt wurden. In den Jahren 1975 und 1978 wurden dann die Untersuchungen weitergeführt: Bei diesen jüngsten Arbeiten wurde unter anderem das Grab von Obellius Firmus entdeckt, vier Prätorianergräber und eine Umfassungsmauer, die wahrscheinlich zu einer Villa gehörte. Das Tor, so wie es sich heute zeigt, entstand nicht vor dem 3. Jh. v. Chr., allerdings kann aufgrund mangelnder spezifischer Tiefengrabungen auch eine ältere Bauphase nicht ausgeschlossen werden. Eine oskische Inschrift auf der Vorderseite bezeugt, dass *meddix tuticus* Vibius Popidius den Bau unterstützte und ihn auch selbst abnahm. Das Tor besteht zu einem großen Teil aus Tuff in *opus quadratum*, das Tonnengewölbe ist aus *opus caementicium*. Der Schlussstein auf der Stadtseite ist mit einem Minervakopf geschmückt. Das Tor liegt im Vergleich zur Linie der Stadtmauer leicht zurückgezogen, außerdem war die Straße, die von außerhalb zum Stadttor führte, ziemlich steil; diese beiden Gegebenheiten waren Teil einer ausgeklügelten Verteidigung, denn um das Tor zu stürmen, hätte der Feind erst einen steilen Weg überwinden müssen, der auf beiden Seiten von einer Bastion flankiert war, ein extrem riskantes Unterfangen. Die aus der Stadt herausführende gepflasterte Straße, die zu beiden Seiten enge Bürgersteige hatte, verlief geradeaus weiter nach Osten und erreichte schließlich die am Fuß der Berge verlaufende, nach einem Konsular benannte Straße (Via Popilia). Kurz hinter dem Stadttor kreuzt die Via di Nola die ebenfalls gepflasterte Straße, die ringförmig, fast parallel zur Stadtmauer, die Stadt umläuft.

Der Bereich westlich dieser Straße zur Mauer hin gehörte zum *pomerium*, also dem Bereich, auf dem auch aus Gründen der Verteidigung nicht gebaut werden durfte; östlich der Straße lagen die Gräber. Das bedeutendste Grab liegt nördlich und besteht aus einer viereckigen Umfassung mit einem Eingang, über dem sich ein Giebel mit einer Inschrift erhebt, die an Marcus Obellius Firmus erinnert, der hier beigesetzt wurde. Sie lautet: „Dem Marcus Obellius Firmus, Sohn des Marcus, Ädil und Duumvir mit Gerichtsbarkeit. Hier legten die Dekurionen den Bestattungsort sowie 5000 Sesterzen für die Beisetzung fest. Die Bewohner des *pagus* (Bezirk) stifteten 30 *librae* (etwa 10 Kilogramm) Räucherwerk und ein *clipeus* (Rundbild mit dem Porträt des Verstorbenen). Die *ministri* des *pagus* stifteten 1000 Sesterzen für duftende Essenzen und ein clipeus".

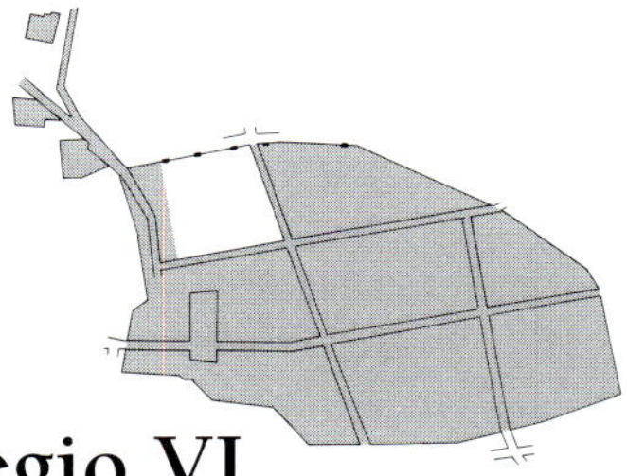

Die regio VI

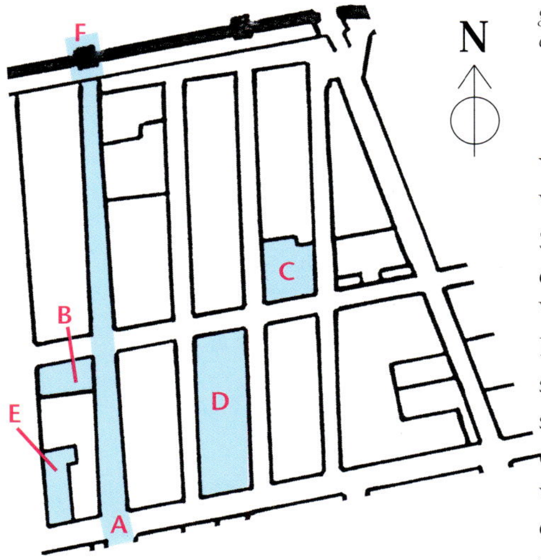

A *Via di Mercurio*
B *Haus mit dem kleinen Brunnen*
C *Haus der Vettier*
D *Haus des Fauns*
E *Haus des Tragödiendichters*
F *Merkurturm*

128 unten *Die Via di Mercurio verdankt ihren Namen einem Laufbrunnen in der Nähe des Hauses mit dem kleinen Brunnen, denn der Brunnenpfeiler über dem Becken hat als Verzierung ein Relief mit einem Merkurkopf.*

Die *regio VI,* die im nordwestlichen Teil der Stadt liegt und im Süden an das Forum grenzt, wird in Nord-Süd-Richtung von der Via di Mercurio durchzogen. Das Viertel besteht aus zwei Reihen von *insulae,* die durch eine parallel zum oberen *decumanus* (Via delle Terme und Via della Fortuna) verlaufende Nebenstraße getrennt werden. Dies war vorwiegend ein Wohnviertel, auch wenn es nicht an Läden und Gaststätten fehlte. Hier wohnte ein großer Teil des neuen und des alten Adels, und so weisen die Häuser beachtliche Architekturen auf, man denke nur an das Haus der vergoldeten Putten, das Haus des Pansa oder an das Haus des Apollo. Außerdem wurden in dieser *regio* viele der Kunstwerke gefunden, die heute die Säle im Nationalmuseum von Neapel bereichern.
Von den zahlreichen erwähnenswerten Häusern der *regio* VI haben wir die bekanntesten ausgewählt und sie auf der Grundlage der jüngsten archäologischen und historischen Forschungsergebnisse analysiert.

128 oben *Im 1. Jh. n.Chr. war die Via di Mercurio für den Fahrzeugverkehr gesperrt, wie aus den Steinblöcken und dem sogenannten „Triumphbogen des Caligula" ersichtlich wird, der an der Kreuzung mit Via delle Terme steht. Die Bürgersteige aus cocciopesto und die für diese Straße typischen Fassaden der Patrizierhäuser wurden erst vor kurzem restauriert.*

Via di Mercurio

Via di Mercurio ist die von Norden nach Süden verlaufende Straßenachse, an der entlang sich die Erschließung der regio VI vollzog. Die beiden an der Via di Mercurio liegenden Reihen von *insulae* stellen zweifellos das Wohnviertel schlechthin dar. Aufgrund der Fassaden, die teilweise mit *opus quadratum* verziert, teilweise aber auch direkt so errichtet waren, sowie des beeindruckenden Merkurturms, der den nördlichen Abschluss der Straße bildet, und des Triumphbogens im Süden ist diese Straße vor allem aus architektonischer Sicht von großem Interesse. Die Ausgrabungen in der ersten Hälfte des 19. Jh. gaben Anlass zu der Vermutung, dass Via di Mercurio eines der ältesten Gebiete sei, auf denen sich die Erweiterung der Stadt vollzog, die sogar bis ins 4. Jh. v. Chr. zurückgehen sollte, aber die jüngsten Erkenntnisse datieren die städtischen Baumaßnahmen, deren Ziel die Schaffung von luxuriösen Privathäusern war, auf eine Zeit nicht vor dem 2. Jh. v. Chr. Die Namengebung der Straße beruht auf dem öffentlichen Laufbrunnen etwa in der Mitte der Straße, dieser hat ein quadratisches Becken aus Lavaplatten, die Brunnenstele mit der antiken *fistula* ist mit einem Merkurkopf mit Merkurstab und geflügeltem Hut *(petasos)* geschmückt. Die Straße verläuft mitten durch die *regio* VI und verbindet den Bereich des Forum mit den nördlichen Mauern der Stadt. Im Süden beginnt die Via di Mercurio an einem Triumphbogen aus *opus latericium,* der ursprünglich mit Marmorplatten verkleidet war und auf dem vermutlich eine Quadriga stand; im Norden hingegen steht die Torre di Mercurio, der imposante Wehrturm, der die Stadtmauern der nördlichen Verteidigungsanlage überragt. Der Turm erstreckt sich über drei Ebenen, die durch Treppen verbunden sind: Vom Mittelgeschoss aus gelangte man auf den Wehrgang der Stadtmauer, durch den sämtliche Wehrtürme der nördlichen Verteidigungsanlage miteinander verbunden waren. An der Via di Mercurio liegen die schönsten Häuser von Pompeji, so z. B. das Haus mit dem kleinen Brunnen, das Haus des Apollo, das Haus mit dem Meleager, das Haus der Dioskuren; die wenigen Geschäftsgebäude an dieser Straße befinden sich fast ausschließlich im südlichen Abschnitt der Straße. Einige Wissenschaftler halten Via di Mercurio für eine der ältesten Straßen Pompejis, und im Norden entdeckte A. Maiuri Spuren eines antiken Stadttores außerhalb der Mauern, das sich nach Norden hin öffnete. Alle nördlich der Stadt liegenden Villen wie die Villa delle Colonne a Mosaico, Villa des Diomedes, Villa des Cicero und wahrscheinlich sogar die landwirtschaftlich genutzten Grundstücke sind an dem Verlauf der Via di Mercurio ausgerichtet.
Heute wird diese Straße täglich von so vielen Touristen besucht, dass vor kurzem eine Restaurierung der an der Straße liegenden Fassaden und eine Instandsetzung des aus *cocciopesto* bestehenden Belags auf den Bürgersteigen notwendig geworden war.

Das Haus mit dem kleinen Brunnen (VI 8,23)

Das in den Jahren 1826 und 1827 unter der Leitung von Carlo Bonucci ausgegrabene Haus verdankt seinen Namen einem schönen Mosaikbrunnen im kleinen *viridarium* im hinteren Teil des Hauses. Der Eigentümer könnte ein gewisser Helvius Vestalis gewesen sein, der auf einem Wahlprogramm auf der Fassade des Hauses erwähnt wird. Das Haus besteht aus zwei ursprünglich getrennten Wohnhäusern, die in der zweiten Hälfte des 2. Jh. v. Chr. errichtet worden waren, in augusteischer Zeit wurden sie dann durch zwei enge Durchgänge verbunden. Möglicherweise war das nördliche Haus der Dienstbotentrakt und das südliche das Herrenhaus. Während des Umbaus der beiden Häuser wurden auch die Wandgemälde und Mosaiken großenteils erneuert. Durch das Erdbeben von 62 n. Chr. entstanden dem Haus schwere Schäden, unmittelbar danach wurden aber die notwendigen Restaurierungen durchgeführt, bei der fast alle Wände im Vierten Stil dekoriert wurden. Von der Straße aus lässt sich schön die für italische Häuser übliche Folge der einzelnen Räume beobachten, die abwechselnd im Halbschatten und im vollen Sonnenlicht angeordnet sind: *Vestibulum,* Atrium mit *compluvium, tablinum* und Peristyl, in dem vor der Rückwand der Mosaikbrunnen steht. Die Hausfassade war mit einer aus Stuck gefertigten Imitation von *opus quadratum* verziert, mit der die strengen Hausfassaden aus rechteckigen Blöcken aus grauem Nocera-Tuff nachgeahmt wurden. Der Fußboden des leicht ansteigenden Vestibulums besteht aus *cocciopesto,* das mit weißen, regelmäßig angeordneten Mosaiksteinen dekoriert ist; rechts davon ist ein Raum mit dem Treppenaufgang zum Obergeschoss. Anschließend betritt man das sehr hohe etruskische Atrium. Der Boden und die Einfassung des *impluvium* sind ohne Verkleidung, vielleicht wurde es zum Zeitpunkt der Verschüttung gerade erneuert. Dafür spricht auch ein anderer Hinweis, denn in dem Fußboden aus *lavapesta,* der mit Reihen aus großen, marmornen Mosaiksteinen verziert ist, sind zwei Rinnen zu erkennen, in denen vermutlich die aus dem Peristyl kommenden Wasserrohre verliefen. Das von dort kommende Regenwasser, das mit dem vom *compluvium* zusammenlief, füllte eine große Zisterne unter dem Atrium, die vom südlichen Rand des Brunnens aus erreichbar war. Die heute leider nicht mehr sichtbaren Wandmalereien im Atrium bestanden aus einem roten Sockel und weißgrundigen Wandabschnitten, in deren Mitte geflügelte Gestalten abgebildet waren. Auf der Südwand sind drei Scheintüren dargestellt, durch die eine Symmetrie zu den echten Türen auf der Nordseite hergestellt wurde. Hier öffnet sich auf der rechten Seite ein Durchgangsraum, der in das nebenan liegende Haus führt, in der Mitte ein *cubiculum* und links ein Seitenzimmer, das als Wartezimmer benutzt wurde. Südlich vom Vestibulum liegt ein *oecus* mit eleganten Wandmalereien im Vierten Stil: Über einem roten Sockel erheben sich Scheinarchitekturen auf weißem Grund mit herrlichen Landschaften in den mittleren Wandabschnitten, die von einem hervorragenden Künstler im impressionistischen Stil gezeichnet wurden. Auch das *tablinum* muss wundervoll gewesen sein, leider ist nur der Fußboden aus schwarzweißem Mosaik erhalten, das von einem breiten Band aus Mäandern und Hakenkreuzen umgeben ist. Besonders hervorzuheben ist die Gestaltung der Stufe, die zum *tablinum* führt: Darauf ist im Relief der Kopf des ägyptischen Gottes Amun zwischen Akanthusbüschen dargestellt. Das nicht besonders große Peristyl ist nur auf zwei Seiten von Säulengängen mit sehr schlanken, dorischen Säulen umgeben, auf den beiden anderen Seiten sind mit dorischen Halbsäulen zwei falsche Säulengänge angedeutet. Auf den Wänden des falschen Peristyls befinden sich große Landschaftsbilder, auf denen Häfen, Villen am Meer und Tempel dargestellt sind. Die Seiten des Brunnens, der in einer von einem Giebeldach überdeckten halbrunden Nische steht, sind vollständig mit bunten Mosaiksteinen aus Glaspaste sowie mit Muscheln und Marmor verkleidet. Das Wasser sprudelte aus einer komischen Maske an der Wand der Nische hervor und aus dem Schnabel einer Gans, die ein bronzener Putto unter dem linken Arm hält.

129 oben *Das Seitenzimmer* (ala) *in der Nordwestecke des Atriums ist mit eleganten Fresken ausgestattet, die auf weißem Hintergrund fantastische Scheinarchitekturen darstellen. Die Wandabschnitte, die Wandfelder und die Scheinarchitekturen sind mit Priestern und Überbringern von Opfergaben mit heiligen Attributen bevölkert.*

129 unten *Das Ziel, die Perspektive der Achse im sogenannten „Haus mit dem kleinen Brunnen" noch weiter zu führen und die engen Räumlichkeiten aufzubrechen, veranlasste den Architekten dazu, ein großes Peristyl mit einem Brunnen an einer Wand nachzubilden, der mit einem bunten Mosaik und einer bronzenen Statuette verziert ist.*

A Vestibulum
B *Atrium*
C Impluvium
D Tablinum
E *Peristyl*
F *Mosaikbrunnen*
G *Treppe zum Obergeschoss*
H Cubiculum
I *Durchgangsraum*
J Ala
K Oecus
L Triclinium
M Vestibulum
N *Atrium*
O Tablinum
P *Küche*

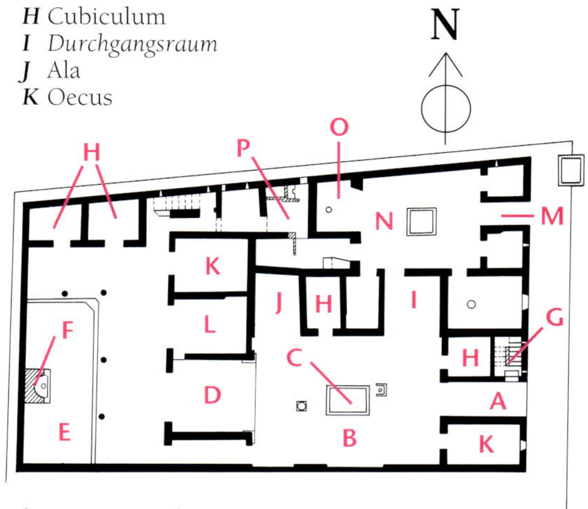

130 links oben *Die Auswahl der einzelnen Räume und ihre perfekt symmetrische Anordnung – sie liegen seitlich der Achse Vestibulum, Atrium und Peristyl – schaffen eine bemerkenswerte perspektivische Erweiterung.*

130 links unten *Nicht nur die erlesenen Wandmalereien bringen den Reichtum dieses Hauses zum Ausdruck, sondern auch die umfangreiche Gartenausstattung, die praktisch unversehrt aufgefunden wurde. Besonders hervorzuheben sind dabei die herrlichen Bronzestatuen der Eroten, aus denen die Brunnen in der Mitte der Querseiten gespeist wurden, sowie die Hermen aus Marmor.*

Das Haus der Vettier (VI 15,1)

Das Haus der Vettier wurden in den Jahren 1894 und 1895 unter der Leitung von Giulio de Petra ausgegraben und erregte damals größtes Aufsehen, denn abgesehen davon, dass allein schon die Architektur des Hauses beeindruckend ist, kamen kostbare Wandmalereien aus dem Vierten Stil zum Vorschein, die reich an mythologischen Bildern und Gestalten waren, sowie zahlreiche Statuen und Skulpturen aus Marmor und Bronze. Der gute Zustand des Hauses beruht u.a. darauf, dass es nach dem Erdbeben von 62 n. Chr. restauriert wurde, und dass die Wandmalereien mit den hochwertigsten Materialien erneuert wurden. Hinzu kommt, dass zwar die Lage des Hauses nach dem Vulkanausbruch bekannt war, es aber aus uns unbekannten Gründen von Plünderungen verschont blieb, weshalb ein großer Teil der Kunstwerke in situ gefunden werden konnte. Der ausgezeichnete Zustand des Hauses und der Wille, die Kunstwerke nicht zu entfernen, veranlassten De Petra dazu, das Haus unverzüglich zu restaurieren und zu überdachen. Sein Vorhaben war nicht unumstritten, denn ein Teil der Wissenschaftler zeigte sich „..zum einen besorgt wegen der Schwierigkeiten und der Risiken, die eine Erhaltung vor Ort mit sich brachte, und zum anderen, weil zu viel erneuert und restauriert würde ...". Diese Unsicherheiten verzögerten die Arbeiten, die daher erst 1905-1906 beendet wurden. Die *domus* war im Besitz der Familie der Vettier, dies wird durch einige Wahlempfehlungen auf der südlichen Fassade des Hauses und durch zwei Bronzesiegel bezeugt, die im Atrium in der Nähe der Geldtruhe an der südlichen Wand gefunden wurden: Eines davon ist mit einem Heroldsstab und dem Namen A. Vetti Convivaes, das andere mit einer

Amphore und dem Namen A. Vetti Restituti verziert. Vettius Conviva, der auf einem der Wachstäfelchen des Bankiers Caecilius Iucundus als Zeuge benannt wird, gehörte zu den *augustalis*. Die Vettier waren *liberti* und gehörten jener aufstrebenden Schicht an, die von der augusteischen Zeit an, und vor allem nach dem Erdbeben von 62 n. Chr. die Geschicke der Stadt lenkten. Das Haus war das Ergebnis des Zusammenschlusses mindestens zweier, vormals unabhängiger Häuser, die beide einen Eingang nach Osten hin hatten; zu Beginn des 1. Jh. n. Chr. wurde es zu einem Wohnhaus umgestaltet und nach dem Erdbeben fast vollständig restauriert und mit Wandmalereien im Vierten Stil ausgestattet. Dieses etruskische Atriumhaus mit einem Peristyl, das zwar auf der gleichen Achse, aber quer dazu liegt, nimmt den südlichen Teil der *insula* 15 in der *regio* VI ein, der Haupteingang liegt an der Ostseite, ein Nebeneingang im Süden. Vom Eingang

130 rechts *Das triclinium in der Nordostecke des Peristyls ist ein Kompendium der Mythologie, aber nicht nur der Bilder in den großen Wandabschnitten der Mittelzone wegen, sondern vor allem aufgrund der enormen Anzahl an Figuren, die die architektonischen Felder und die Oberzone bevölkern.*

aus führt der Blick durch das Atrium bis zur Westseite des Portikus, durch die Wandmalereien wird die Perspektive illusionistisch noch weitergeführt. In dem Vestibulum, das in einen Vorraum und den eigentlichen Eingang unterteilt ist, ist auf schwarzem Hintergrund links ein Hahnenkampf und rechts ein Schaf mit einem Beutel und einem Heroldsstab, den Attributen Merkurs, abgebildet; rechts neben dem Eingang zum Atrium ist ein Priapos dargestellt, der negative Einflüsse vom Haus fernhalten soll, auf eine Seite der Waage legt er

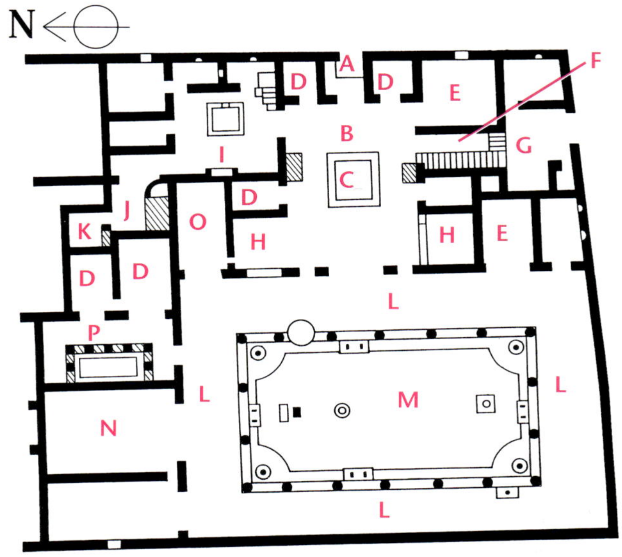

A Vestibulum
B *Atrium*
C Impluvium
D Cubiculi
E Oecus
F *Treppe zum Obergeschoss*
G *Stall*
H Alae
I *Wirtschaftstrakt*
J *Küche*
K *Alkoven*
L *Säulenumgang*
M Viridarium
N *Saal mit Erotenfries*
O Triclinium
P Viridarium

130-131 *Bei der Erstellung der Fresken im oecus in der Südostecke des Peristyls waren zweifellos erstklassige Maler am Werk. Hier besticht die Ordnung und das harmonische Gleichgewicht zwischen den einzelnen Bereichen. Die bühnenmäßigen Kulissen auf den seitlichen Wandabschnitten beeindrucken aufgrund der geometrischen Strenge und der scheinbaren Greifbarkeit der dargestellten Rauminhalte.*

einen Geldbeutel (Reichtum) und auf die andere Seite seinen riesigen Phallus (Gesundheit), ein großer Korb voller Früchte steht symbolisch für den Wohlstand des Hauses. Das bis hin zum Dach in allen Einzelheiten rekonstruierte Atrium ist prunkvoll dekoriert und zeigt den Reichtum dieses Hauses: Auf dem schwarzgrundigen Sockel öffnen sich „Fenster“, in denen Kinder mit Opfergaben für die Hausgötter erscheinen, während in darüber liegenden Bildern geflügelte Eroten dargestellt sind, die sich den verschiedensten Beschäftigungen im Alltag des Zirkus und des Amphitheaters hingeben. Noch weiter darüber sieht man herrliche, reich verzierte Kandelaber. Links und rechts im Atrium standen auf eigens dafür gemauerten Sockeln zwei mit Eisen beschlagene Geldtruhen, die mit Nägeln und Ornamenten aus Bronze verziert sind. Der Fußboden im Atrium ist größtenteils aus mit weißen Mosaiksteinen ver-

131 rechts *In vielen Patrizierhäusern wurde der Larenkult an einer Stelle zwischen dem Bereich der Dienerschaft und dem Herrenhaus vollzogen. Dieses prachtvolle Lararium befand sich im Atrium des Wirtschaftstraktes, das gleich neben dem Hauptatrium des Hauses lag.*

ziertem *cocciopesto* und *lavapesta.* Seitlich vom Vestibulum befinden sich zwei *cubiculi,* auch diese im Vierten Stil, aber nicht so kostbar dekoriert; von besonderem Interesse ist das links vom Eingang: Der Sockel ahmt eine Verkleidung aus Marmor nach; die Mittelzone ist in abwechselnd rote und weiße Wandabschnitte unterteilt, die Bilder zeigen Ariadne, die von Theseus verlassen wird, und Hero und Leandros; darüber ein Fries mit einem Fischteich und schließlich phantastische Scheinarchitekturen in der Oberzone. Von bedeutend höherer Qualität zeigt sich der *oecus* in der Südostecke: Hier sind ober-

halb des Sockels verschiedene Bühnenarchitekturen auf weißem Hintergrund gemalt, die mit einem Stuckgesims eingefasst sind; das Bild im mittleren Wandabschnitt auf der Nordwand zeigt Kyparissos, auf der Südwand Bacchus und Ariadne, die dem Kampf zwischen Eros und Pan zuschauen, und in der Oberzone sieht man Leda mit dem Schwan, Danae und Jupiter in Gestalt von goldenem Regen und Jupiter auf dem Thron sitzend (oder eher Alexander der Große dargestellt als Helios?). In der Mitte der Südseite des Atriums ist ein langer, schmaler Raum, in dem sich die Treppe zum Obergeschoss und der Zugang zu einer Latrine befindet, wo wahrscheinlich auch ein Stall war, denn hier fand man Pferdegeschirr. An der Westseite des Atriums liegen zwei *alae,* deren Wandmalerei mehr oder weniger der im Atrium entspricht, hier ist das Motiv der Hahnenkämpfe vorherrschend. In der Nordostecke des Atriums öffnet sich der Durchgang zum Wirtschaftstrakt, der um ein kleines Atrium mit einem schmucklosen *impluvium* herum angeordnet ist. An der Ostseite steht eine Treppe, die zum Obergeschoss führt, auf der anderen Seite befindet sich ein prächtiges Lararium, das wahrscheinlich sowohl von den Herrschaften als auch von der Dienerschaft genutzt wurde; schließlich gibt es noch eine Küche, in der auf der Kochstelle noch die Dreifüße mit den Bronzetöpfen stehen, und einen Raum, der mit erotischen Szenen und der Statue eines ityphallischen Jünglings geschmückt ist. Vom Atrium aus betritt man den wundervollen Garten. Abgesehen von unzähligen Blumen war dieser

132 oben *Dieses Bild an der Südwand des oecus stellt die Hinrichtung der Dirke dar: Amphion und Zethos haben einen Stier eingefangen und schicken sich nun an, die Unglückliche daran festzubinden.*

132 unten *Dieses Bild an der Nordwand des triclinium zeigt Dädalus, als er Pasiphae die hölzerne Kuh übergibt, in der sich die Königin verstecken konnte um sich mit dem von Zeus gesandten Stier zu vereinigen. Im Hintergrund zeigt eine ältere Amme einer jungen Frau verstört das Werk das Erfinders. Diese Szene spielt sich in Dädalos', Werkstatt ab.*

132-133 *Im triclinium sieht man unter den architektonischen Elementen kleine Bilder mit Naumachie-Szenen, darüber sind Theatermasken und Körbe mit heiligen Gegenständen zu sehen; in diesem Fall handelt es sich um eine Maske für das Tragödienspiel und im Korb sind ein Kantharos, ein Trinkhorn und ein von einem violetten Tuch bedeckter Phallus zu erkennen.*

133 oben *Dieses Bild, das dem Besucher des Hauses zu vermitteln scheint, dass Gesundheit ein mindestens ebenso wertvolles Gut ist wie eine Menge Gold, befindet sich rechts neben dem Eingang zum Atrium.*

133 unten *Das Motiv des Hahnenkampfes ist im Atrium des Hauses häufig vertreten: Hier sieht man drei besiegte Tiere, der Sieger steht rechts auf einem goldenen Pokal. Im Hintergrund ist ein Tisch mit heiligen Gegenständen zu erkennen.*

Garten auch von vielen Statuen aus Marmor und Bronze, von *mensae,* Hermen und Marmorbecken geschmückt. Die korinthischen Säulen tragen ein Architrav, das auf der Innenseite mit weißen Feldern bemalt war, während es an der Außenseite mit einem wundervollen Akanthusfries aus Stuck auf rotem Grund geschmückt war, der leider verloren gegangen ist. Das Stylobat vor den Interkolumnien ist aus *cocciopesto,* das mit verschiedenen Motiven aus schwarzen und weißen Mosaiksteinen verziert ist. Die im Vierten Stil gestalteten Wände des Peristyls zeigen eine strenge Gliederung zwischen geschlossenen Wandabschnitten und Architekturdurchblicken; die Motive der Mittelbilder sind Stillleben, mythologische Gestalten, schwebende Figuren, Tiere oder Landschaftsentwürfe:

Am rechten Ende der nördlichen Wand ist in hervorragender Qualität auf schwarzem Hintergrund eine Landschaft mit einem ländlichen, vom Mondlicht beschienenen Heiligtum gemalt. Hier am Peristyl liegen die schönsten Räume des Hauses. Besonders prächtig zeigt sich das *oecus* im Süden der Ostseite. Auf der gegenüberliegenden Seite ist ein einzigartiger Raum mit drei großen Bildern: Pasiphae und Dädalus, der ihr eine hölzerne Kuh übergibt; Ixion in der Unterwelt, der auf Befehl von Zeus auf das sich ständig drehende Rad des Hephaistos gebunden ist; Bacchus, der Ariadne auf Naxos entdeckt und sie zu seiner Gefährtin macht. In der Mitte der Nordseite des Portikus öffnet sich ein weiter Saal, der vor allem mit dem kostbaren Fries der Eroten auf schwarzem Hintergrund einen großen Teil zur Berühmtheit dieses Hauses beigetragen hat: Neun kleine Meisterwerke sind hier zu sehen, die wohl zur Unterhaltung der Gäste des Hauses beitragen sollten. Links von der Tür ausgehend sieht man folgende Szenen: Eroten bei einem Bogenwettbewerb; Blumenschnitt und Herstellung von Girlanden; Herstellung und Verkauf duftender Essenzen; ein Rennen mit von Hirschen gezogenen Zweigespannen; Vorbereitungen für die Herstellung von Münzen; das Backen von Brot; Weinlese und Arbeiten an der Weinpresse; ein Fest zu Ehren von Bacchus und Ariad-

134 oben *Diese zweigesichtige Herme aus Marmor – eine Darstellung des Dionysos – mit einem mit Blumen und Blättern verzierten Pfeiler schmückte den Garten des Hauses.*

134-135 *Unter den in der Predella im Saal mit dem Erotenfries dargestellten Handwerksbetrieben sticht die Szene mit der Herstellung duftender Öle hervor. Man sieht Eroten, die die Essenzen zerstoßen, andere, die sie zubereiten und wieder andere, die sie einer auf einem bisellium sitzenden Psyche darreichen.*

ne; Kauf und Verkauf von Wein. Von ganz besonderem Interesse sind auch die, ebenfalls auf schwarzem Untergrund gemalten kleinen Bilder, die sich unterhalb der Kandelaber befinden, die die Bereiche zwischen den Wandabschnitten schmücken. Dargestellt sind hier: Iphigenie auf Tauris zwischen Thoas, Orestes und Pylades; Apollo und Diana nach dem Kampf mit dem Python von Delphi, einem schlangenartigen Ungeheuer; Agamemnon, der sich anschickt, in Aulis seine Tochter Iphigenie zu opfern. Auf den großen rotgrundigen Wandabschnitten sind paarweise geflügelte Gestalten abgebildet, die zwar auch beeindruckend sind, aber hinsichtlich Qualität und Schönheit in keinem Vergleich zu den Malereien auf schwarzem Hintergrund stehen. Östlich dieses Raumes befindet sich ein kleines abgelegenes *viridarium*, an dem zwei Wohnräume liegen, die Dekoration in dem größeren ist ebenfalls im Vierten Stil, zwei Bilder von guter Qualität sind hier zu sehen: Einmal Odysseus, der den als Mädchen gekleideten Achilles unter den Töchtern des Lykomedes erkennt, und Auge, der von dem betrunkenen Herkules an der Quelle überrascht wird. Das Haus der Vettier ist das meist besuchte Haus in ganz Pompeji. Dieser Zustrom von Touristen allerdings könnte sich im Laufe der Jahre als schädlich für die Erhaltung dieser Meisterwerke erweisen.

134 unten *Die Wände im Atrium weisen eine ganze Reihe geschmackvoller Szenen mit zahlreichen Eroten auf; das hier abgebildete Fresko zeigt einen Weinverkäufer, der seinem Kunden einen Wein kosten lässt.*

135 oben *Auch dieses Bild, das einen Eroten zeigt, der auf einem gezäumten Krebs reitet und ihn mit einer Reitpeitsche antreibt, befindet sich im Atrium.*

135 unten *Dieser Kopf einer Mänade ist Teil einer zweigesichtigen Herme, die auf der anderen Seite das Gesicht eines Satyrs zeigt; auch diese Herme auf einer Marmorsäule stand im Garten.*

136 links *Das quer zur Achse liegende Peristyl mit seinen ionischen Säulen und dem mit Beeten geometrisch angeordneten Garten verlieh diesem Teil des Hauses Eleganz und Würde. In der Mitte des offenen Bereiches befand sich ein Marmorbrunnen.*

Das Haus des Fauns (VI 12,2)

Die bronzene Statuette eines tanzenden Fauns, die auf einem Marmorsockel am nördlichen Rand des *impluvium* gefunden wurde, gab diesem Haus, das in den Jahren von 1830 bis 1832 von Antonio Bonucci ausgegraben wurde, den Namen. Das Original der Statuette wird heute im Nationalmuseum von Neapel aufbewahrt, in Pompeji sieht man eine Kopie, die irrtümlicherweise auf einem Sockel in der Mitte des *impluvium* aufgestellt wurde. Mit einer Grundfläche von etwa 3000 m² ist dies, zusammen mit dem sogenannten Haus des Pansa (VI 6,1) das größte Privathaus in Pompeji, und wie das Haus des Pansa, so nimmt auch dieses die ganze *insula* ein. Das Haus in etwa der heutigen Form wurde in der ersten Hälfte des 2. Jh. v. Chr. (180–170 v. Chr.) erbaut, nachdem ein kleineres Haus, das in der Mittel der *insula* lag und in das 3. Jh. v. Chr. zurückging, niedergerissen worden war. Gegen Ende des 2. Jh. v.Chr. wurde das Haus umgebaut. Dabei wurde Eingang geschaffen, der in den Bereich des zweiten Atriums führte, ohne dabei allerdings den ursprünglichen Eingang aufzugeben; die Wandmalereien wurden in einem späten Ersten Stil erneuert, so als sollte damit die palastartige Wirkung der großen *domus* unterstrichen werden. Die bedeutendste Umbaumaßnahme allerdings bestand in der Ausführung der alexandrinisch beeinflussten bunten Mosaiken feinster Machart, deren Steinchen oft eine Seitenlänge von weniger als einem halben Zentimeter haben. Als herausragend zeigt sich hier das Alexander-Mosaik in der großen Exedra zwischen dem ersten und dem zweiten Peristyl.

An der Vorderseite des Hauses lagen mehrere Läden, die durch grobe Pfeiler aus grauem Tuff mit in der Mitte hervorgehobenen Lisenen (oder Halbsäulen, wie jüngst vermutet wurde) voneinander getrennt waren. Auf dem Bürgersteig aus *lavapesta* ist noch heute vor dem Eingang der mit bunten Steinchen geschriebene Gruß *have* zu lesen.

136 links Das querliegende Peristyl mit seinen ionischen Säulen und dem geometrisch angeordneten Garten verleiht diesem Teil des Hauses Eleganz. In der Mitte ein Brunnen mit rundem Becken.

136 rechts *Zwei Antenpfeiler mit korinthischen Kapitellen, die ein mächtiges, gekehltes Architrav trugen, kennzeichneten den großen Hauseingang. Auf dem Bürgersteig ist noch heute der aus Marmorsteinchen geschriebene Gruß* have *zu lesen.*

der *hortus* in ein zweites weiträumiges Peristyl umgewandelt mit dorischen Säulen und einer Reihe von kleinen Räumen an der Nordseite; die Säulenordnung in dem querliegenden Peristyl hingegen wurde in eine ionische verändert. Die Thermen wurden in den Bereich der Küche verlegt, während in dem vorherigen Raum ein *triclinium* eingerichtet wurde, das sich im Norden zum zweiten Peristyl hin öffnete; vor dem Laden Nr. 5 auf der Via della Fortuna Augusta wurde ein zusätzlicher

Seitlich des Eingangs befinden sich zwei Pfeiler mit korinthischen Kapitellen aus Tuff. An den Seiten des im Ersten Stil dekorierten Vestibulums befinden sich oberhalb eines vorkragenden Kassettengesimses zwei kleine Tempel mit vier korinthischen Säulen auf Sockeln aus bemaltem Stuck. Der Fußboden besteht aus *opus sectile* mit Dreiecken aus buntem Marmor, zum Atrium hin schloss er mit einer Schwelle aus Mosaik in *opus vermiculatum* ab, auf dem tragische Masken und Girlanden dargestellt waren.

136-137 *Das große* Atrium, *das* tablinum *auf der gleichen Achse und die Wanddekoration im Ersten Stil verliehen dem Haus ein edles, palastartiges Aussehen.* Das impluvium *in der Mitte mit dem tanzenden Faun hatte eine Einfassung aus Marmor und einen Boden mit bunten Rhomben.*

Die Wände im Atrium weisen eine reliefartige Dekoration im Ersten Stil auf, mit der sogar ein imaginäres Obergeschoss dargestellt war. In der Mitte des Atriums befindet sich das kostbare *impluvium* mit einer Einfassung aus weißem Marmor und einem Boden aus *opus sectile* mit Rhomben aus Schiefer, weißem Marmor und buntem Kalkstein. An den Seiten des Atriums öffnen sich verschie-

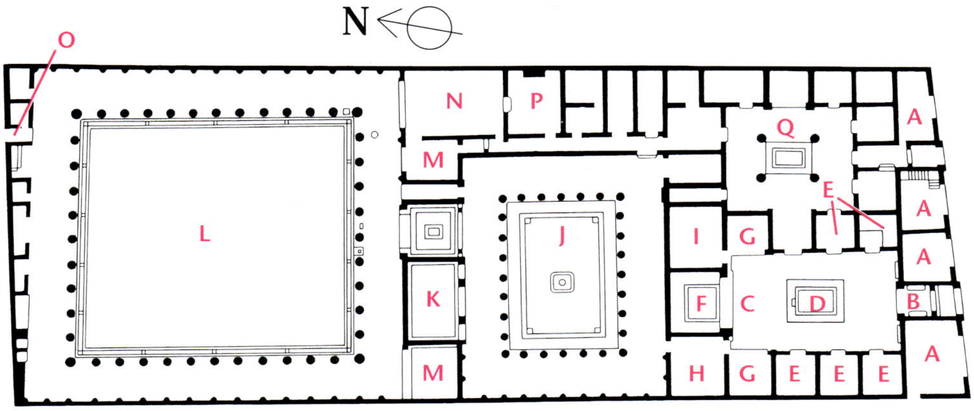

A *Läden*
B Vestibulum
C *Atrium*
D Impluvium
E Cubiculi
F Tablinum
G Alae
H *Durchgangsraum*
I Oecus
J *Erstes Peristyl*
K *Exedra mit dem „Alexander-Mosaik"*
L *Peristyl*
M Oecus
N Triclinium
O *Hintertür*
P *Thermen*
Q *Wohntrakt der Dienerschaft*

137 unten *Das große Mosaik auf dem Fußboden der Exedra zwischen den beiden Peristylen ist eine großartiges Werk sowohl im Hinblick auf die darstellende als auch auf die kompositorische Leistung.*

138-139 *Die Wände mit lebhaften Farben im Ersten Stil dekoriert, der Fußboden aus* lavapesta *mit einzelnen Marmorsteinchen, in der Mitte das* impluvium *aus* opus sectile *mit bunten Rhomben, auf dessen Einfassung die berühmte Bronzestatue des Fauns stand, die heute im Nationalmuseum in Neapel aufbewahrt wird: So etwa muss das etruskische Atrium im Haus des Fauns ausgesehen habe.*

dene, ebenfalls im Ersten Stil dekorierte *cubiculi,* im ersten *cubiculum* auf der rechten Seite ist ein außergewöhnliches Mosaik zu sehen mit einem *emblema* in *opus vermiculatum,* das das Liebesspiel zwischen einem Satyrn und einer Bacchantin zeigt. Auch die seitlich vor dem *tablinum* liegenden *alae* hatten wundervoll gestaltete Fußböden aus bunten Marmorinkrustationen, in die jeweils ein *emblema* eingefügt worden war: Aus der rechten *ala* stammt das *emblema,* auf dem das Stillleben mit einer Katze, die ein Rebhuhn frisst und mit Nilenten, Muscheln und Fischen zu sehen ist; das *emblema* mit den drei Tauben, die eine Perlenkette aus einem Schmuckkästchen ziehen, stammt aus der linken *ala.* Die beiden Räume seitlich des *tablinum* zeigen zwei weitere *emblemata* aus buntem *opus vermiculatum:* Aus dem Raum östlich vom *tablinum* stammt das Mosaik mit dem geflügelten jungen Dionysos, der auf einem Tiger mit Löwenkopf reitet, das mit einem viereckigen Rahmen mit Girlanden und Theatermasken eingefasst ist; das im Westen zeigt eine Krake, die eine Languste fängt und eine bunte Meereslandschaft. Das *tablinum* mit seinen Türpfosten aus nachgeahmten kannelierten Marmorsäulen, die sich an den Seiten des zum ersten Peristyl hin offenen, weiten Fensters wiederholten, wirkte ganz besonders kostbar. Der Fußboden war aus *opus sectile* mit bunten Rhomben, die wie perspektivisch wirkende Würfel angeordnet waren, in der gleichen Art ist auch der Fußboden in der Cella des Apollo-Tempels und in der des Jupiter-Tempels gestaltet. Davor befand sich eine Schwelle aus einem bunten Mosaik mit einem außergewöhnlichen Mäanderband. An der Nordseite des ersten Peristyls öffnet sich die herrliche und elegante Exedra mit dem berühmten „Alexander-Mosaik". Auf der Südseite der Exedra stehen zwei schlanke Tuff-Säulen auf Sockeln zwischen zwei Antenpfeilern, alle mit wunderschönen rot stuckierten Kapitellen. Auf der Nordseite war die Exedra zum zweiten Peristyl hin fast über die ganze Breite der Wand mit einem großen Fenster oberhalb einer niedrigen Brüstung offen. Auf der Südseite vor dem großen „Alexander-Mosaik" war eine lange, dreigeteilte Schwelle, auf der in einem bunten Mosaik aus *opus vermiculatum* verschiedene Tiere am Nil dargestellt waren. In der Exedra selbst lag schließlich das großartige Mosaik, das aus mehr als anderthalb Millionen kleinster Steinchen an Ort und Stelle zusammengesetzt worden war. Es zeigt die Schlacht bei Issos zwischen Alexander und Darios.

140 links oben *Die ala in der Nordostecke des Atriums zeigt ein ungewöhnliches Mosaik: Eine Katze fängt auf einer Stufe ein Rebhuhn, während unterhalb davon zwei Enten, Muscheln und soeben erst gefangene Fische dargestellt sind.*

140 links unten *Diese Art Tisch* (cartibulum) *stand in der Regel im Atrium zwischen* impluvium *und* tablinum; *man geht davon aus, dass dort die vom Hausbesitzer empfangenen* clientes *ihre mitgebrachten Dinge ablegen konnten. Dieses Exemplar stammt aus dem Haus mit dem Meleager (VI 9,2).*

140 Mitte links *Dieser ungewöhnliche Gegenstand stellt eine pelta dar, einen leichten, halbmondförmigen Schild, der auf beiden Seiten verziert war und unten an den Trägern der Portiken aufgehängt wurde.*

140 Mitte rechts *Dieser Tisch ist sehr charakteristisch, das Tischbein besteht aus einem alten Satyrn, der den kleinen Dionysos im Arm hält, anstelle von Füßen hat er ein einzelnes, riesiges Bein eines Greifen.*

Die Einrichtung

Die Möblierung der pompejanischen Häuser war auf das Wesentliche beschränkt, und während diese in bescheideneren Häusern sehr spartanisch wirkte, konkurrierten die Möbel in den reichen Häusern bezüglich Schönheit und Kunsthandwerk mit den Wandmalereien. Das Mobiliar wurde aus Holz, Marmor und vor allem aus Bronze angefertigt. Einer der am häufigsten verwendeten Gegenstände war das Bett, das nicht nur im *cubiculum* zu finden war, sondern auch in den *triclinii* und den Wohnräumen, denn es diente nicht nur als Schlafstätte während der Nacht, man benutzte es auch während Unterhaltungen, beim Lesen, beim Musik hören, beim Essen. Auch Tische waren sehr verbreitet; besonders fein gearbeitet waren die Tische, die im Atrium aufgestellt wurden und meistens aus Marmor waren. Schränke und Kisten waren vorwiegend aus Holz und standen vor den Wänden im Atrium. Die Beleuchtung mittels Öllampen aus Bronze auf Kandelabern mit hohen Ständern oder an der Decke aufgehängten Laternen war gleichbedeutend mit einem reichen Haus: In ganz Pompeji fand man weniger als 20 bronzene Öllampen. Beheizt wurden die Häuser im Winter mit Kohlenbecken und Öfen, die in vielen Häusern ein kunsthandwerkliches Produkt von beachtlicher Qualität aufweisen.

141 oben *Diese bronzene, mit tragischen Masken und Girlande verzierte Öllampe wurde an einem Haken an der Decke oder an einem oben gebogenen Kandelaber aufgehängt.*

141 Mitte oben links *Dieses halbrunde Becken aus Bronze steht auf einem zusammenklappbaren Dreifuß mit Kopfplastik und Füßen eines Greifen.*

141 Mitte oben rechts *Dieser zusammenklappbare Bronzetisch hat eine rechteckige Tischplatte; die Tischbeine, die mit Pferdeköpfen und -hufen verziert sind, werden durch diagonale Stangen stabilisiert.*

141 Mitte unten links *Bronzene Sitze dieser Art sieht man häufig auch auf den Wandgemälden; die ebene Sitzfläche wird von vier, mit Scheiben dekorierten Beinen getragen.*

141 Mitte unten rechts *Dieses emblema stammt aus dem Raum links vom tablinum im Haus des Fauns, es stellt eine Krake dar, die vor den entsetzten Augen verschiedener Meerestiere eine Languste fängt; das Mosaik ist mit einem Akanthusfries eingefasst.*

141 unten *Im Winter wurden die Räume mit Kohlenbecken beheizt, von denen häufig Exemplare in kostbarer Ausführung gefunden wurden. In diesem Fall sind die Ränder von außen mit Menschenköpfen geschmückt, die Beine stellen Sphingen dar.*

Das Haus des Tragödiendichters (VI 8,3)
Der Name dieses Hauses entstand aufgrund eines in der Mitte des *tablinum* entdeckten *emblema,* auf dem eine Theaterprobe mit Schauspielern, Musikanten und Bühnenzubehör dargestellt ist. Der Besitzer war wahrscheinlich ein gewisser P. Aninius, der zu einer Familie gehörte, die sich nach 80 v. Chr. sehr hervorgetan hat, ein Mitglied der Familie trug sogar zum Wiederaufbau der Stabianer Thermen bei. Das nicht

übermäßig große Haus steht in der südwestlichen Ecke der *insula:* In der letzten Bauphase wurden der große Empfangsraum und die Küche an der Ostseite des Peristyls angebaut. Die Anlage geht wohl in das 2. Jh. v. Chr. zurück.
In den Jahren 1824 und 1825 wurde das Haus unter der Leitung von Antonio Bonucci ausgegraben. Damals war es üblich, sämtliche Bilder und Mosaiken zu entfernen und in das Archäologische Nationalmuseum nach Neapel zu bringen. So geschah es auch beim Haus des Tragödiendichters. Dieses italische Atriumhaus liegt an dem *decumanus,* der von der Porta Ercolano aus kommend zur Porta di Nola führt, eine recht vekehrsreiche Straße. Gegenüber dem Haus steht der Gebäudekomplex der Forums-Thermen.
Vor dem Eingang ist ein Fußboden aus *cocciopesto,* der mit großen Mosaiksteinen aus Travertin verziert ist; die Türe muss aufgrund der Fugen in der Türschwelle zweiflügelig gewesen sein. Die Wände im lang gestreckten Vestibulum waren mit roten Sockeln verziert, die Wandabschnitte darüber waren gelb und durch weißgrundige Felder unterteilt, auf die jeweils ein Holzzaun und ein Kandelaber gemalt waren. Der Fußboden war weiß mit großen schwarzen Mosaiksteinen und hatte eine doppelte Einfassung aus schmalen, schwarzen Leisten. Gleich hinter der Schwelle war fast in Lebensgröße ein brauner Hund dargestellt, dessen Einzelheiten wie Ohren, Halsband und Kette aus mehrfarbigen Mosaiksteinchen gestaltet waren; davor war eine Inschrift aus schwarzen Steinen auf weißem Grund zu lesen: *„cave canem“* („Achtung vor dem Hunde“). Vom Vestibulum aus konnte man durch zwei kleine Türen die großen Läden erreichen, die zur Straße hin offen waren. Das Atrium war außergewöhnlich prunkvoll ausgestattet: Die Gestaltung der Wände war ähnlich wie im Vestibulum, hinzu kam hier noch ein Fries mit Akanthusvoluten oberhalb der Mittelzone, über der sich noch Kampfszenen befanden. Die Bilder in den Wandabschnitten waren von erstklassiger Qualität, fast alle bezogen sich auf den trojanischen Zyklus: Die Hochzeit von Jupiter und Juno; der Aufbruch von Chryseis; die Übergabe der Briseis durch Achilles; Venus mit der Taube; Neptun und der Putto auf dem Delfin und schließlich eine Kampfszene. Die ersten drei Bilder, die sehr gut erhalten sind, wurden nach Neapel ins Museum gebracht, die anderen, die schon zum Zeitpunkt der Ausgrabung in einem schlechten Zustand waren, sind leider verloren gegangen; geblieben sind uns davon jedoch die Dokumentation und die Reproduktionen aus dem 19. Jh. Der Fußboden im Atrium war aus weißem Mosaik mit großen schwarzen Steinchen, das von zwei schwarzen Leisten eingefasst war; in der Mitte davon befindet sich das *impluvium* mit einer Einfassung und einem Boden aus Marmor, die Einfassung ist nochmals von einem Rahmen aus schwarzweißem Mosaik in der Form eines zweifädigen Geflechts umrandet; an der Nordseite des Atriums steht ein Puteal aus Marmor mit einem kannelierten Schaft und gekehlten Rändern, der es ermöglichte, Wasser aus der darunter liegenden Zisterne zu entnehmen, diese konnte mit Hilfe eines Deckels an der Seite überwacht werden. Am Atrium liegen verschiedene Räume, von denen hier die folgenden genannt werden sol-

len: Ein *cubiculum* in der Mitte der Ostseite, wo sich innerhalb einer schlichten Dekoration im Vierten Stil das Bild mit dem Mythos von Phrixos und Helle sowie ein Fries mit Kämpfen zwischen Griechen und Amazonen befand; die *ala* in der Nordostecke mit einem herrlichen Fußboden aus schwarzweißem Mosaik mit einer Schwelle und einem „Teppich“ mit geometrischen Figuren. Vom Atrium aus gelangte man über eine enge und steile Treppe in der Südwest-

ecke zum Obergeschoss, das sich über den gesamten vorderen Teil des Hauses erstreckte. Auf einer Achse mit dem Eingang und dem Atrium liegt auch das wundervolle *tablinum*, das sowohl zum Atrium als auch zum Peristyl hin völlig offen ist. Die beiden seitlichen Wände sind im Vierten Stil bemalt: Auf der östlichen Wand war das Bild mit Admet und Alkestis, während sich auf der Westseite eine Tür befand, die in ein *cubiculum* führte. Auch hier ist der Fußboden erwähnenswert: Das Mosaik, das Musiker bei der Probe darstellt, ist von einem doppelten schwarzen Mäanderband auf weißem Grund eingefasst. Das Peristyl war auf drei Seiten von Portiken mit dorischen, kannelierten Säulen umgeben, deren unteres Drittel verstärkt und rot bemalt war; die Interkolumnien waren mit einem Holzzaun geschlossen, wie aus den hier gefundenen Eisenkrampen ersichtlich wird. Leider ist das *paradeisos* (Phantasiegarten) auf der Rückwand des Peristyls nicht mehr erhalten. Im *viridarium* im Westen befindet sich auf einem Podest vor der Rückwand ein Lararium in der Form eines kleinen Tempels mit architektonischen Elementen in Stuckrelief. Hinter dem westlichen Säulengang öffnen sich zwei *cubiculi* mit Fresken im Vierten Stil und Fußböden aus *cocciopesto* verziert mit weißen Mosaiksteinchen; dort ist außerdem ein Gang, der zum Hintereingang des Hauses führt. Unter dem östlichen Portikus befand sich an der Rückwand auf rotem Untergrund das berühmte Bild mit der Opferung der

142 links *Das Haus des Tragödiendichters ist zwar nicht groß, weist aber dennoch alle kanonischen Elemente des italischen Hauses auf; auf dieser Fotografie erkennt man an der Rückwand des Peristyls das Lararium.*

142 rechts *Dieses Bild aus dem Portikus im Peristyl stellt die Tragödie der Iphigenie in Aulis dar: Odysseus und Achilles führen die junge Frau zur Opferung; rechts steht der mit dem Dolch bewaffnete Seher Kalchas; links der weinende Agamemnon mit bedecktem Kopf; Artemis am Himmel steht bereit, um Iphigenie auf dem Altar durch eine Hirschkuh zu ersetzen.*

143 oben links *Das Mosaik im vorderen Teil des Vestibulums zeigt einen angebundenen Hund; im Vordergrund ist die Warnung zu lesen „cave canem“.*

143 links unten *Dieses Gemälde aus dem Atrium stellt die feierliche Hochzeit zwischen Zeus und Hera auf dem Berg Ida dar.*

143 rechts *Dieses Mosaik, das sich als emblema im tablinum des Hauses befand, liegt dem Namen des Hauses zugrunde, es zeigt die Vorbereitung der Schauspieler vor der Aufführung eines Satyrspiels, wie an den Ziegenfellkostümen zu erkennen ist, die die beiden Schauspieler ganz rechts tragen. In der Mitte probiert ein Chorsänger eine Doppelaulos, rechts, auf einem Hocker sitzend und mit einem* himation *bekleidet, ist der Chorleiter; im Hintergrund sieht man einen Diener.*

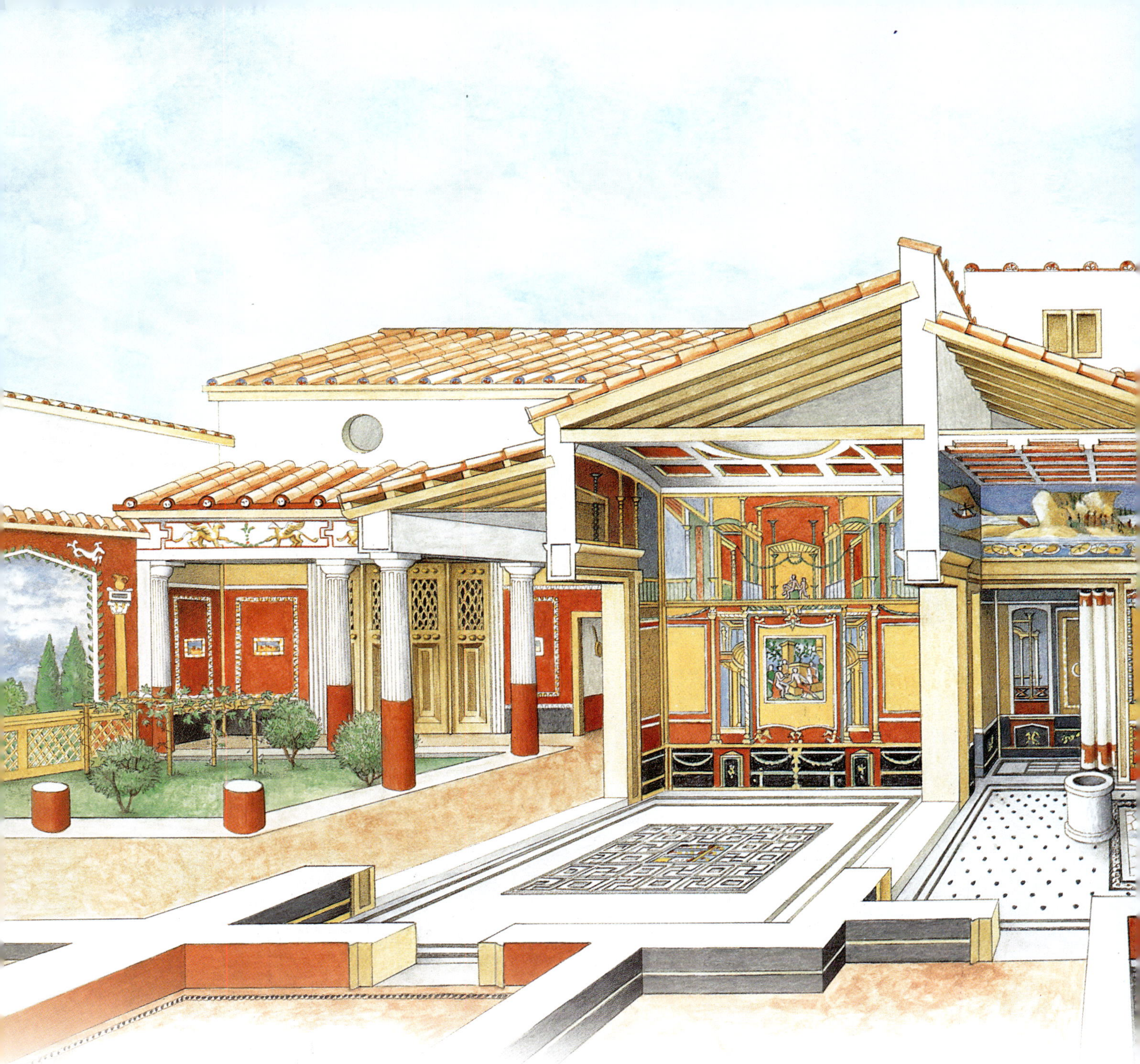

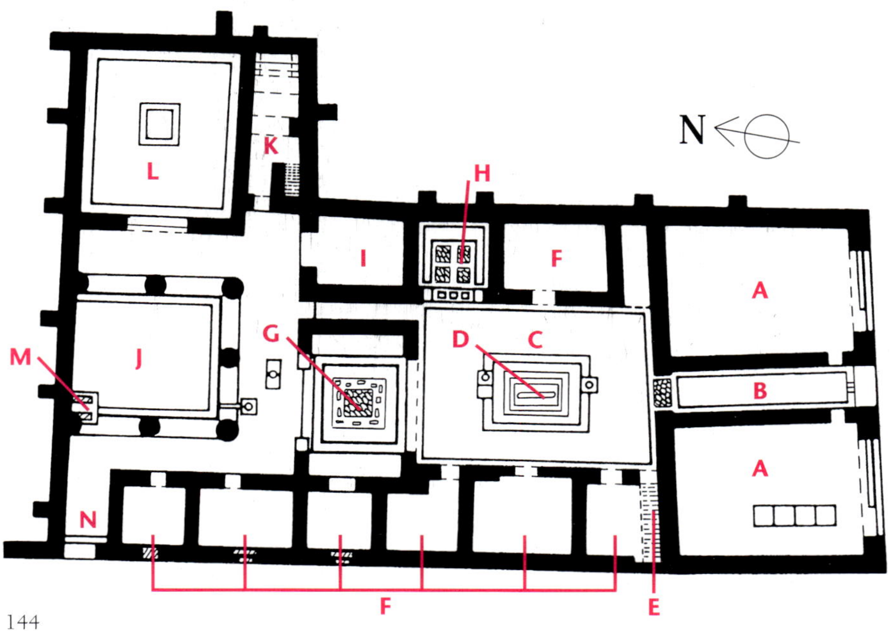

A *Läden*
B Vestibulum
C *Atrium*
D Impluvium
E *Treppe zum Obergeschoss*
F Cubiculi
G Tablinum
H Ala
I Oecus
J *Peristyl*
K *Küche*
L *Empfangssaal*
M Lararium
N *Hintereingang*

144-145 Dieser Längsschnitt zeigt wunderbar, wie das Haus des Tragödiendichters von innen etwa ausgesehen haben muss, dies ist ein typisches Beispiel für ein pompejisches Atriumhaus zur Kaiserzeit, ausgestattet mit herrlichen Mosaikfußböden und prächtigen Wandmalereien.

Iphigenie. Unter diesem Säulengang befand sich rechts der Zugang zur Küche mit einer Latrine und in der Mitte zum großen Speisesaal; der Fußboden ist hier aus schwarzweißem Mosaik, das von zwei schwarzen Leisten eingefasst ist; in der Mitte ist ein *emblema* mit einem komplexen Muster aus geometrischen Figuren, Fischen und Enten innerhalb eines Rahmens aus übereinander liegenden Dreiecken. Auf den Wänden des Saals sind noch die herrlichen Wandmalereien im Vierten Stil erhalten: Auf dem schwarzen Sockel, der durch zwei Pavillons dreigeteilt ist, ruht eine durch zwei Sockelpaare ebenfalls dreigeteilte Predella; der Abschnitt dazwischen zeigt jeweils eine figürliche Darstellung mit Kentauren bei der Jagd auf einen Löwen; auf den Sockeln ruhen schmale Säulen, die eine Ädikula tragen. Daran hängt das Mittelbild, das auf einem gelbgrundigen Teppich befestigt zu sein scheint, der an den Ecken vor dem roten Hintergrund aufgehängt ist; an den Seiten befinden sich Wandabschnitte mit geflügelten Gestalten. In der Oberzone sieht man phantasievolle Bühnenkulissen mit sitzenden Gottheiten und kleinen Stillleben. An der Nordseite findet man in der Mitte der Wandabschnitte das Bild mit dem „Eroten-Nest"; an der Ostwand ist das Bild mit Theseus, der Ariadne verlässt; an der Südwand schließlich das Bild mit Artemis und Kallisto.

Das Haus des Tragödiendichters ist ein typisches Beispiel für ein Wohnhaus der aufsteigenden Klasse, das nach dem Erdbeben von 62 n. Chr. dekoriert wurde.

Auf dem Weg zur Porta Ercolano

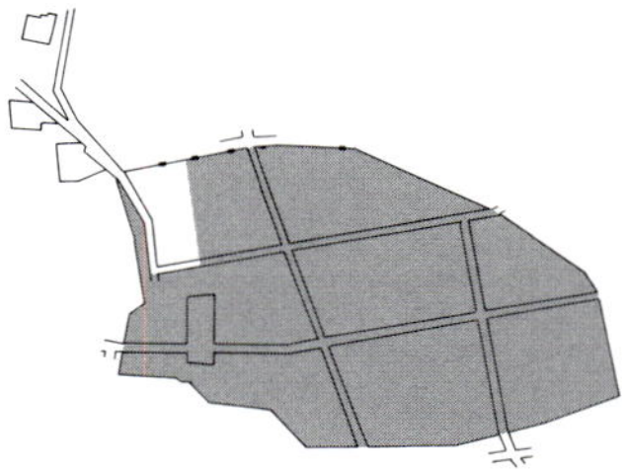

Dieser Teil von Pompeji, der an der Via Consolare und an der Gräberstraße entlang verläuft und vom Herculaner Tor geteilt wird, gehört sicherlich zu den reizvollsten ganz Pompejis. Zahlreiche Bauwerke ziehen sich an diesem ältesten Besucherweg Pompejis entlang, den schon die berühmten Besucher im 18. Jh. und im 19. Jh. benutzten, die mit ihren Reisetagebüchern, Zeichnungen und Aquarellen die Ruinen von Pompeji zu einem der berühmtesten Reiseziele der Welt machten. Dies ist auch der Teil Pompejis mit den ältesten Ausgrabungen, der daher dem Zahn der Zeit und somit leider auch den Einflüssen durch den Menschen ausgesetzt war. Dennoch können hier die Besucher auch heute noch in eine ganz besondere Atmosphäre eintauchen, die dramatisch, aber auch spektakulär anmutet, und die dem Gast einen Einblick in die Geschichte vermittelt.

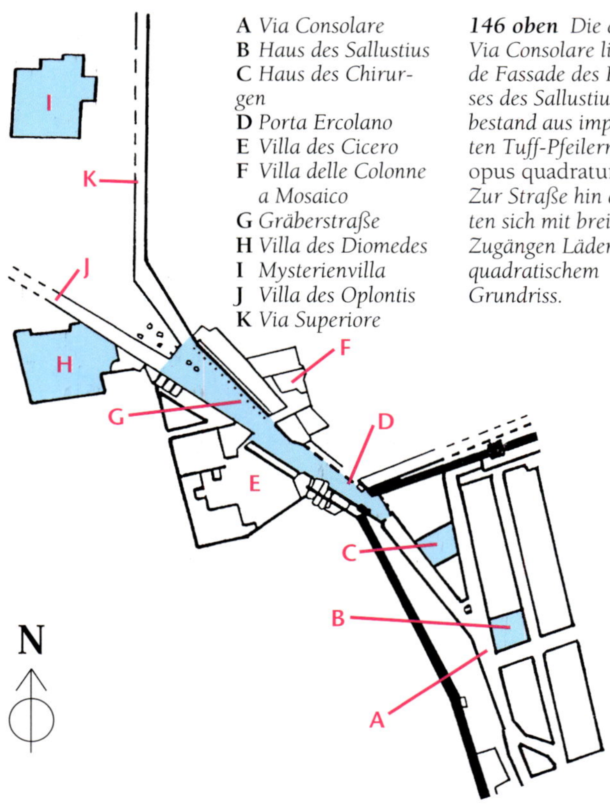

A *Via Consolare*
B *Haus des Sallustius*
C *Haus des Chirurgen*
D *Porta Ercolano*
E *Villa des Cicero*
F *Villa delle Colonne a Mosaico*
G *Gräberstraße*
H *Villa des Diomedes*
I *Mysterienvilla*
J *Villa des Oplontis*
K *Via Superiore*

146 oben *Die an der Via Consolare liegende Fassade des Hauses des Sallustius bestand aus imposanten Tuff-Pfeilern in* opus quadratum. *Zur Straße hin öffneten sich mit breiten Zugängen Läden mit quadratischem Grundriss.*

146 unten *Im Atrium und im* tablinum *des Hauses ist noch ein beträchtlicher Teil der Dekoration im Ersten Stil erhalten, durch die die Räume streng und würdevoll wirken.*

147 oben *Nach der ersten Hälfte des 1. Jh. v. Chr. wurde anstelle des vorherigen offenen Bereiches ein wundervoller dreiseitiger Portikus mit zwei* cubiculi *(*dietae*) am Ende der Ost- und der Westseite geschaffen. Das Fresko mit dem Mythos Diana und Aktäon an der Rückwand ist zu einem großen Teil bei einer Bombenexplosion im Zweiten Weltkrieg zerstört worden.*

Das Haus des Sallustius (VI 2,4)

Das Haus des Sallustius wurde in den Jahren 1805 bis 1809 ausgegraben, aufgrund von Wahlempfehlungen auf der Fassade des Hauses wurde es einem gewissen C. Sallustius zugeordnet. Ein Bronzesiegel, das man im Haus fand, weist aber eher darauf hin, dass der Eigentümer des Hauses ein gewisser A. Cossius Libanus war, der vielleicht aus dem griechisch-römischen Bereich stammte.
Aufgrund seiner edlen Wandmalereien im Ersten Stil und der Größe des Wohnbereichs erregte dieses Haus bei seiner Ausgrabung großes Aufsehen. Es entstand in der ersten Hälfte des 2. Jh. v. Chr. in einem Gebiet zwischen dem regelmäßigen Gefüge der *regio* VI und der Straße, die schräg von Norden kam. Der erste Aufbau des Hauses war extrem schlicht und rational, wenn auch von beträchtlichem Ausmaß: An der Fassade öffneten sich sechs viereckige *tabernae,*

in deren Mitte das Vestibulum war; der Wohnbereich war wie üblich aufgebaut mit einem Atrium in der Mitte und *cubiculi* auf beiden Seiten, dem *tablinum* auf der gleichen Achse mit zwei seitlichen *oeci*. In der Südwestecke des Atriums befand sich eine Küche mit einem Brunnen für den Bedarf des Hauses. Der Bereich zwischen dem Haus und der Umfassungsmauer war der *hortus*, der an der östlichen Mauer einen Nebenausgang hatte. Nach 80 v. Chr. wurden an dieser ersten Anlage einige grundlegende Veränderungen durchgeführt: An der Ost-, Nord- und Südseite wurde ein Portikus aus herrlichen ionischen Säulen aus Sarnokalk errichtet. Der endgültige Umbau erfolgte dann nach dem Erdbeben von 62 n. Chr., als das elegante Haus in ein Hotel umgestaltet wurde: Die beiden Läden seitlich des Eingangs wurden mit dem Atrium verbunden und in *thermopolii* umgewandelt; die Nordseite des Portikus wurde geschlossen, um zwei weitere Räume mit einem Obergeschoss zu errichten; in der Nordostecke des Gartens wurde ein Sommer-Triklinium eingerichtet. Der private Bereich wurde rund um ein Peristyl im südlichen Bereich des Gartens angelegt; in der südwestlichen Ecke schließlich wurde ein *thermopolium* eingerichtet, nachdem die Räume vom Haus abgetrennt worden waren, und in der nordwestlichen Ecke eine Bäckerei. Und so sieht das Haus heute aus: Seine in *opus quadratum* aus Tuffsteinen errichtete Fassade wirkt imposant; nachdem man das weite Vestibulum durchquert hat, gelangt man in das etruskische Atrium, das zu den größten und höchsten in Pompeji gehört; das mit Platten aus grauem Tuff ausgekleidete *impluvium* hat eine profilierte Einfassung, an der Ostseite stand ein Marmortisch mit Beinen eines Greifen, daneben ein Sockel mit einem bronzenen Brunnen, der Herkules mit der Hirschkuh darstellte, der ein darunter liegendes Becken in der Form einer Muschel füllte. Am Atrium, das durch eine Dekoration im Ersten Stil mit plastisch hervortretenden Elementen gekennzeichnet ist, liegen verschiedene *cubiculi*, die man durch Türen mit Türpfosten in *opus africanum* aus Sarnokalk betritt; die beiden großen *alae* seitlich des *tablinum* wurden als Warteräume für die *clientes* benutzt, die täglich dieses noble Wohnhaus besuchten. Besonders bemerkenswert ist das *viridarium:* Auf der Rückwand war ein Holzzaun gemalt, hinter dem sich ein Phantasiegarten mit Brunnen, Blumen, exotischen Pflanzen und Vögeln erstreckte. Von der Straße aus gesehen hatte man so den Eindruck, als erstreckte sich hinter dem *tablinum* ein Garten von ungewöhnlicher Schönheit.

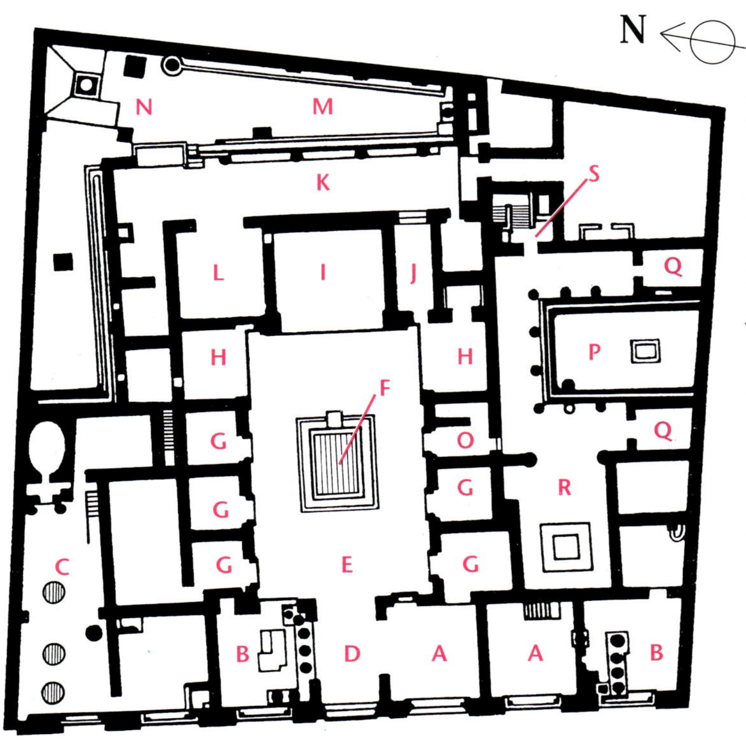

A *Läden*
B Thermopolii
C *Bäckerei*
D Vestibulum
E *Atrium*
F Impluvium
G Cubiculi
H Alae
I Tablinum
J *Gang*
K *Portikus*
L Oecus
M Viridarium
N *Sommer-*Triclinium
O *Durchgangsraum*
P *Peristyl*
Q Dietae
R Triclinium
S *Küche*

147 Mitte *In der* dieta *des westlichen Säulengangs im Peristyl ist im oberen Bereich der Südwand ein wundervolles Fresko erhalten, das Mars und Venus zeigt, die sich um eine kleine Girlande zu streiten scheinen; seitlich davon spielen zwei Eroten mit den Waffen des Kriegsgottes.*

147 unten *In den letzten Jahren Pompejis wurde im Haus eine* caupona *eingerichtet, der Raum nördlich des Eingangs wurde ein großes* thermopolium.

Das Haus des Chirurgen (VI 1,10)

Namengebend für dieses in den Jahren 1770/1771 ausgegrabene Haus war der Fund von 40 chirurgischen Instrumenten, die in Etuis aus Metall aufbewahrt wurden und heute im Nationalmuseum in Neapel zu sehen sind.

Die Auseinandersetzung um die Datierung dieses Hauses dauert unter den Archäologen schon lange an: Der von A. Maiuri durchgeführten Datierung in das 4. Jh. v. Chr. – er hielt das Haus für ein Beispiel der monumentalen samnitischen Häuser – steht eine Datierung in die Mitte des 3. Jh. v. Chr. gegenüber, die sich auf jüngste archäologische Erkenntnisse stützt. Aus den von A. Maiuri im Jahr 1926 durchgeführten Schichtengrabungen geht hervor, dass die Größe des Hauses nicht verändert wurde; es ist von West nach Ost ausgerichtet und steht im mittleren Teil der *insula* auf einem unregelmäßigen Grundstück, wo

A *Laden*
B *Eingang*
C *Atrium*
D Impluvium
E Alae
F Tablinum
G Cubiculi
H Triclinium
I Oecus
J Viridarium

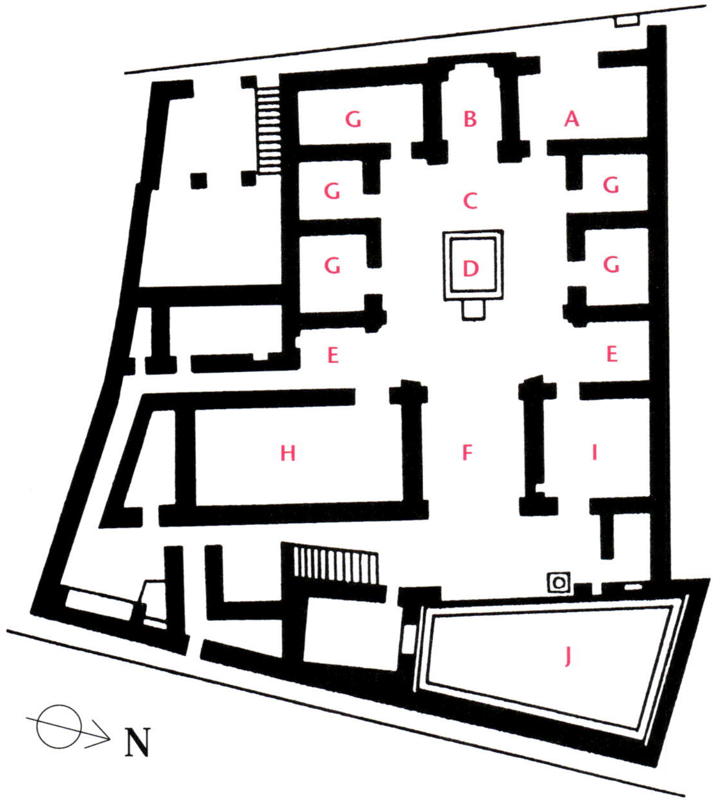

148 oben *Das Haus des Chirurgen liegt an der Via del Consolare, einer der ältesten und verkehrsreichsten Straßen Pompejis.*

148 unten *Die in* opus quadratum *errichtete Fassade aus Sarno-Kalkstein hatte lange zu der Vermutung geführt, dass es sich hier um ein Beispiel der ältesten Häuser in Pompeji handelte.*

148-149 *Das im Lauf der Zeit mehrfach umgestaltete tablinum des Hauses ist sowohl zum Atrium als auch zum Peristyl hin geöffnet.*

149 oben links *Dieses Exemplar einer* forceps *(Geburtszange) zeigt den hohen Spezialisationsgrad, den die Römer bei der Entwicklung von medizinischen Instrumenten erreicht hatten.*

früher ein noch älteres Gebäude stand. Bei diesem lag der Zugang unterhalb dem des späteren Hauses, und es hatte kein *impluvium:* Diese Besonderheit führte einige Wissenschaftler zu der Annahme, dass das Atrium überdacht gewesen sein könnte *(atrium testudinatum),* andere hingegen meinen, es sei nicht überdacht gewesen, und hätte daher wie ein „Hof eines Landguts ausgesehen, wo das abschüssige Gelände und vielleicht eine angelegte Vertiefung in der Mitte dazu dienten, das Wasser zusammenzuführen und in eine Zisterne zu leiten." Der Grundriss des Hauses war das eines italischen Hauses mit den üblichen Räumen (Vestibulum, Atrium, *tablinum*) auf derselben Achse und mit den rechteckigen *alae* und dem *hortus.* In einer späteren Phase wurde der Fußboden auf einem höheren Niveau hauptsächlich aus *cocciopesto* erneuert. Gleichzeitig wurde das Atrium mit *compluvium* und *impluvium* ausgestattet: Das *impluvium* wurde mit Platten aus grauem Nocera-Tuff ausgekleidet und erhielt einen Abfluss aus Tuff, der das Wasser in eine darunter liegende Zisterne leitete, darüber muss ein Puteal gestanden haben. Die Wände im Atrium, die wohl in der ersten Bauphase mit Malereien im Ersten Stil dekoriert waren, worauf einige Bruchstücke hinweisen, wurden nach dem Erdbeben im Vierten Stil ausgestattet. Aus augusteischer Zeit stammen die Fußböden mit schwarzweißen Mosaiken in den beiden *alae:* Die Schwellen waren mit geometrischen Mustern verziert, während der mittlere Bereich bunte Marmorstücke auf weißem Hintergrund aufwies, eingefasst war das Ganze mit einer schwarzen Leiste. Ein großer Bankettraum, rechts vom *tablinum,* wurde im 1. Jh. n. Chr. neu dekoriert: Auf den Wänden sind Malereien im Vierten Stil zu sehen, während der Fußboden aus *cocciopesto* in der Mitte ein *emblema* aus *opus sectile* zeigt. Außerhalb des *triclinium* befindet sich die Treppe zum Obergeschoss, das sich über dem südlichen Teil des Hauses erstreckt, der als Wohntrakt für die Sklaven vorgesehen war. Das Haus des Chirurgen ist zweifellos eines der interessantesten Bauwerke in ganz Pompeji.

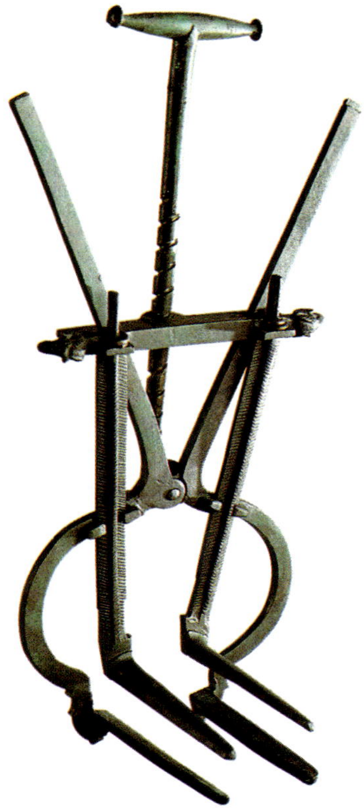

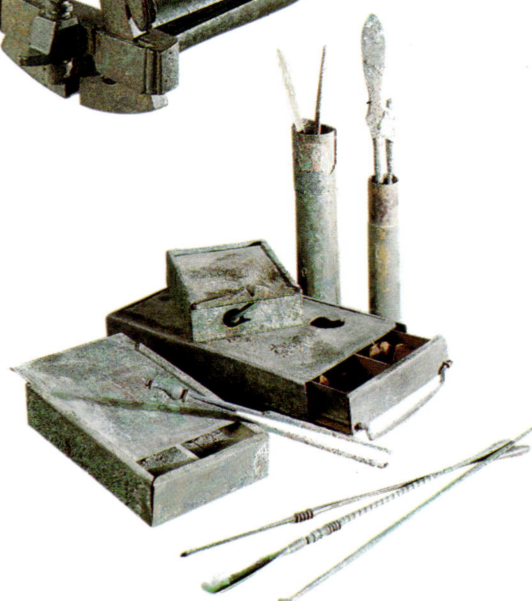

149 oben rechts *Auch dieses Instrument, ein in der Gynäkologie verwendetes speculum uteris, weist auf einen hochentwickelten Kenntnisstand der Medizin in römischer Zeit hin.*

149 Mitte *Die Entdeckung zahlreicher Behälter mit chirurgischen Instrumenten wie Skalpelle, Spekula und Zangen bezeugen die Tätigkeit der Ärzte in Pompeji.*

149 unten *Dieses Bild, das sich in der Mitte der Ostwand im cubiculum rechts vom Garten befindet, stellt eine Malerin bei der Arbeit dar.*

Porta Ercolano und die Gräberstraße

Der nördliche *decumanus maximus* der Stadt endete im Westen nicht mit einem Tor, denn dort ist das Gelände sehr abschüssig, so dass die Straße nicht hätte weitergeführt werden können. Daher knickte sie nach Norden ab und führte nordwestlich aus der Stadt heraus, wo die sogenannte Porta Ercolano errichtet wurde. Über diesen Weg erreichte man Oplontis (Torre Annunziata), Herculaneum und Neapel, aber auch die zahlreichen Bauernhöfe an den Hängen des Vesuvs. Sowohl von der Stadt als auch von draußen aus gesehen wirkte das Tor sehr beeindruckend, denn auf beiden Seiten weist es ein symmetrisches Bild mit drei Tordurchgängen mit Rundbogen auf: Der mittlere, größte Bogen war für den Fahrzeugverkehr vorgesehen, während die beiden seitlichen Durchgänge den Fußgängern vorbehalten waren. Die gepflasterte Straße, die durch das Tor führt, verengt sich zum mittleren Durchgang hin. Die mächtigen Pfeiler sind mit einer Dekoration verkleidet, die an den Ersten Stil erinnert und aus im Stuckrelief angefertigten Buckelquadern besteht. Die Straße, die aus der Stadt herausführt, wurde zwar erst in augusteischer Zeit gepflastert, geplant worden war sie aber mit Sicherheit bereits nach der Eroberung durch Sulla, denn schon damals wurde ein geradliniger Weg angelegt, der nach Oplontis führte, wo ein Militärhafen eingerichtet worden war; der alte Weg dagegen, der heute Via Superiore genannt wird, machte einen sanften Bogen nach Osten, um die Villen nördlich der Stadt zu erreichen: An dieser Straße liegt der Eingang zur Villa dei Misteri (Mysterienvilla). Seitlich dieser leicht, aber gleichmäßig abschüssigen Straße lagen eine ganze Reihe von Gräbern und Villen, und gerade die Faszination, die von diesem Ort ausgeht, veranlasste die damaligen Archäologen dazu, die in Pompeji ausgegrabenen Gebäude nicht wieder zuzuschütten, um der Öffentlichkeit nicht nur den Genuss der „Kunstobjekte" zu ermöglichen, sondern auch einen Einblick in das Leben in der Antike.

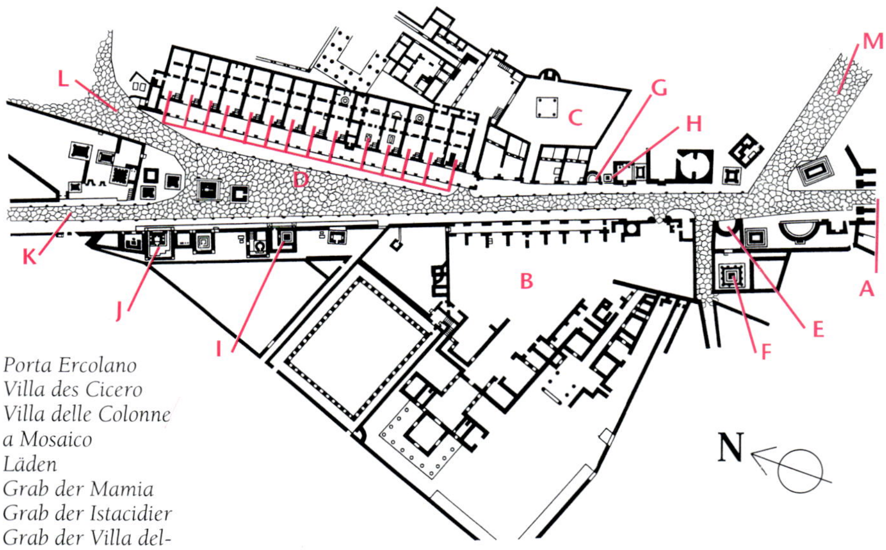

A *Porta Ercolano*
B *Villa des Cicero*
C *Villa delle Colonne a Mosaico*
D *Läden*
E *Grab der Mamia*
F *Grab der Istacidier*
G *Grab der Villa delle Colonne a Mosaico*
H *Grab mit dem blauen Glasgefäß*
I *Grab des Umbricius Scaurus*
J *Grab der Naevoleia Tyche*
K *Straße nach Oplontis*
L *Via Superiore*
M *Ringstraße um die Stadt*

150 links oben *Porta Ercolano ist eines der interessantesten Stadttore Pompejis und wirkte sicherlich schon früher sehr beeindruckend auf die Besucher; mit seinem weiten mittleren Durchgang und den beiden kleineren an den Seiten sowie der Dekoration in Marmor nachahmendem opus quadratum aus Stuck sah es wohl aus wie ein Triumphbogen.*

150 links unten *Jenseits des Tores erhob sich das Grab der Istacidier, das aus einem Podium besteht, auf dem sich ein Rundtempel mit ionischen Säulen erhob, der früher ein kegelförmiges Dach hatte.*

150 rechts oben *Sehr sehenswert ist die Reihe der Altargräber auf hohem Podium, die sich an der Westseite der Nekropole entlangzieht. Diese Art der perspektivisch verkürzten Darstellung wurde in Europa dank der Maler des 18. Und 19. Jh. sehr bekannt.*

150 rechts unten *Dieses würfelförmige Grab hat im oberirdischen Bereich eine kleine Türe mit Eckpfeilern aus Marmor, diese ermöglichte den Zugang zur Grabkammer, wo die Ascheurnen aufbewahrt wurden.*

Die Villa des Diomedes

Die Villa des Diomedes, eines der größten und luxuriösesten Häuser Pompejis, wurde von 1771 bis 1773 unter der Leitung von B. Tanucci und F. La Vega ausgegraben, ihre Entdeckung erregte enormes Aufsehen, denn im *cryptoporticus* fand man die Skelette von 18 Frauen und Kindern. Die Leiche einer jungen Frau, die viel Schmuck getragen hatte, hinterließ im Aschenschlamm den Abdruck einer Brust: Dieser Fund beeindruckte die Besucher sehr, und Théophile Gautier schrieb daraufhin eine tragische Novelle, in der dieser Abdruck vorkam.

Die Villa war aufgrund des Interesses, das sie hervorgerufen hatte, das erste Gebäude außerhalb der Stadt, das nach den Ausgrabungen nicht mehr verschüttet wurde. Man betrat den Bezirk auf der Höhe der Straße über eine Treppe, die mit einer Vorhalle mit zwei Säulen ausgestattet war, danach gelangte man in das Peristyl, um das herum verschiedene Wohnräume angeordnet waren, darunter ein herrlicher Alkoven, der mit einem roten Sockel und gelben Wandabschnitten bemalt war und eine weite Apsis hatte, die sich mit drei Fenstern nach Südwesten hin öffnete. In der Ecke, die das Haus im Westen mit dem Verlauf der Straße bildete, wurden die Thermenräume eingerichtet: Ein elegantes *balneum* in einem dreieckigen Bereich, der auf zwei Seiten von Säulen umgeben ist und auf der dritten Seite mit Meerestieren und einem Phantasiegarten bemalt ist. Seitlich davon liegen in dieser Reihenfolge das *apodyterium*, das *frigidarium*, das *tepidarium* und das *caldarium* mit einem Warmwasserbecken sowie einer Apsis mit einer wundervollen Dekoration im Vierten Stil und einer halbrunden, muschelförmigen Kuppel mit den Sternzeichen. Ließ man das *tablinum* in der Mitte der Westseite hinter sich, so kam man auf eine Terrasse, von der aus man zum einen in eine große Exedra mit Fenstern gelangte und zum anderen auf den Umgang, der auf dem Peristyl im tiefer gelegenen Teil des Hauses errichtet worden war. Zwei Rampen führten zum unteren Bereich des Hauses, wo in der Mitte eines großen Gartens, der auf vier Seiten von Portiken mit jeweils 17 Säulen umgeben war, ein großartiges Nymphäum und eine von sechs Säulen getragene Pergola stand. An der Ostseite des Peristyls lagen herrliche Wohnräume, die mit Bildern im Vierten Stil dekoriert waren, von denen zum Teil auch noch die Deckenbemalung erhalten ist. Das Peristyl war so gestaltet, dass eine vollständige Verbindung zur Natur erreicht war, denn die Rückwände der Säulengänge waren mit Fenstern nach außen hin geöffnet, die jeweils genau mit den Interkolumnien des Säulengangs übereinstimmten. Unterhalb des Peristyls verlief ein *cryptoporticus*, der in erster Linie als Keller diente. Die Räume der Dienerschaft befanden sich auf der Nordseite des Hauses in einem unabhängigen Gebäude.

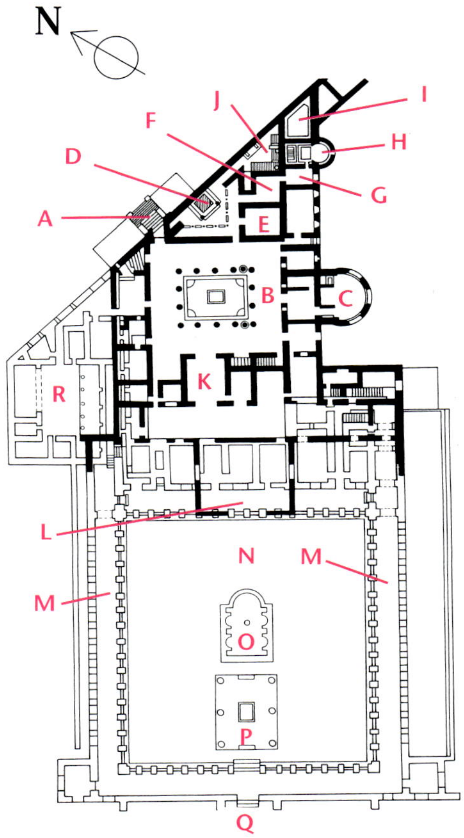

■ Obere Ebene
□ Untere Ebene

A *Eingangstreppe*
B *Peristyl*
C *Alkoven*
D Balneum- frigidarium
E Apodyterium
F Frigidarium
G Tepidarium
H Caldarium
I *Zisterne*
J *Küche*
K Tablinum
L Exedra
M *Portikus*
N *Garten*
O *Becken des Nymphäums*
P *Pergola*
Q *Hintereingang*
R *Trakt der Dienerschaft*

151 links *Das herrliche caldarium der zwar bescheidenen aber vollständigen Thermen hatte an der südlichen Rückwand ein kleine Apsis mit einer muschelförmigen Kuppel, auf der die Sternzeichen dargestellt waren.*

151 rechts oben *Der große, von Säulengängen umsäumte Garten lag tiefer als die eigentliche Villa; in der Mitte stand ein Nymphäum und eine Pergola, die von sechs auf einer hohen Basis stehenden Säulen getragen wurde.*

151 rechts unten *Das gleich hinter dem Eingang liegende Peristyl lag deutlich oberhalb des Straßenniveaus; es war gekennzeichnet durch dorische Säulen, die im unteren Drittel rot und im oberen Drittel weiß und kanneliert waren.*

Die Mysterienvilla

Aufgrund ihres gefälligen Aufbaus und der dionysischen Gemälde ist die Mysterienvilla einer der wichtigsten und am besten erhaltenen Gebäudekomplexe, die außerhalb der Stadtmauern ausgegraben wurden. Nachdem die Villa 1909 und 1910 von Aurelio Item, einem privaten Ausgräber, teilweise freigelegt worden war, wurde sie in den Jahren 1929 und 1930 unter der Leitung von Amedeo Maiuri zu einem großen Teil vom vulkanischen Schutt befreit. Die Villa ist von Osten nach Westen ausgerichtet. Wie ein großer Teil der Häuser in diesem Bereich ruhte der vordere Teil des Gebäudes auf einer viereckigen *basis villae,* die notwendig war, um das unterschiedliche Höhenniveau des Geländes auszugleichen.
Aus östlicher Richtung gelangte man von der Via Superiore aus zur Villa, während im Westen die bedeutende Verkehrsader verlief, die von der Porta Ercolano nach Oplontis führte; es ist aber nichts darüber bekannt, ob und wie das Haus mit dieser Straße verbunden gewesen sein könnte. Die älteste Bauphase der Villa geht an den Beginn des 2. Jh. v. Chr. zurück: Damals glich das Gebäude einem Stadthaus mit einer regelmäßigen Aufteilung, ohne aber besonders reich ausgestattet gewesen zu sein. Nach 80 v. Chr. wurde das Gebäude modernisiert, vergrößert und höher gebaut, bis daraus eine luxuriöse Vorstadtvilla geworden war; außerdem erhielt sie hervorragende Wandmalereien im Zweiten Stil, zu denen auch der Fries mit den dionysischen Mysterien gehörte. Nach dem Erdbeben verlor das Haus den Charakter einer prächtigen Patrizier-Villa: Sie wurde zu einem großen Weingut umgestaltet. Der Umbau und wahrscheinlich auch die Zerstörung der Wandmalereien wurden durch den Ausbruch des Vulkans im Jahr 79 n. Chr. unterbrochen. Es gibt keine exakten Kenntnisse darüber, wer in der zweiten Hälfte des 1. Jh. v. Chr., dem Zeitraum ihrer größten Prachtentfaltung, der Eigentümer der Villa war; dies könnte M. Livius Marcellus gewesen sein, denn man fand eine Statue der Livia mit den Attributen der

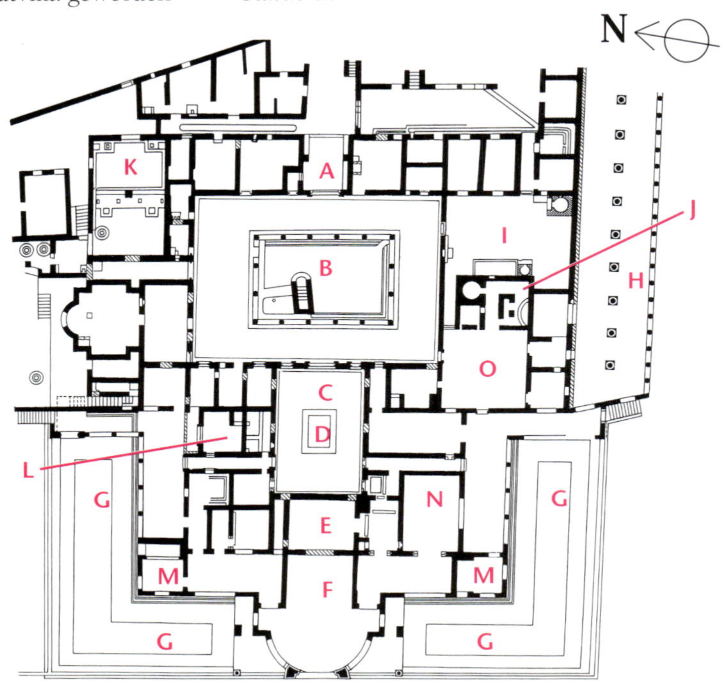

A Vestibulum
B *Peristyl*
C *Atrium*
D Impluvium
E Tablinum
F Exedra *mit Fenstern*
G *Gärten*
H *Dreischiffiger Portikus*
I *Küchentrakt*
J *Thermen*
K Torcularium
L *Doppelter Alkoven*
M Dietae
N *Mysterien-Saal*
O *Viersäuliges Atrium*

Ceres. In den letzten Jahren gehörte das Haus vielleicht den Istacidier, einer einflussreichen Familie, denn man fand das Siegel eines *procurator* mit dem Namen des L. Istacidus Zosimus. Der Eingang befand sich im Osten: Von der Via Superiore aus führte eine Abzweigung bis vor die Villa. Das Haus ist gekennzeichnet durch einen mehr oder weniger symmetrischen Aufbau auf einer Achse. Auf derselben Achse liegen also Vestibulum, Peristyl, Atrium, *tablinum* und eine Exedra mit einer Apsis, die am Hang liegt und zum Meer hin offen ist. Die Villa war von aufwändigen Säulengängen in unterschiedlicher Machart umgeben; im vorderen Teil, bei der *basis villae,* befand sich ein Dachgarten über

152 oben *Die Villa steht auf einem quadratischen Unterbau mit der Westseite zum Hang hin, der bis zur Küste hinunter führte. An den Seiten dieses Unterbaus* (basis villae) *war ein cryptoporticus mit Fenstern.*

152 unten *Das direkt hinter dem Eingang liegende Peristyl hatte sechs auf einem Stylobat ruhende, kannelierte Säulen mit dorischen Kapitellen; erst in einer späteren Bauphase wurden die Interkolumnien mit Schranken geschlossen, die wie die Wände der Säulengänge im Zweiten Stil verziert waren.*

einem mit Fenstern versehenen *cryptoporticus,* der als Keller diente. Man betrat die Villa über ein langes, breites Vestibulum, das in zwei Abschnitte unterteilt war: Der gepflasterte vordere Teil führte an der Nordseite in eine kleine Wohnung, die vielleicht für denjenigen vorgesehen war, der den Eingang der Villa überwachte, und, an der Südseite, zum Stall und den Unterkünften der Dienerschaft; der zweite Abschnitt des Vestibulums mit einem Fußboden aus *cocciopesto* hatte gemauerte Bänke an den Seitenwänden und diente wahrscheinlich als Warteraum; an der Nordwand öffnete sich hier ein kleiner Raum für einen Wächter *(cella ostiaria).* Auf das Vestibulum folgt das Peristyl mit dorischen Säulen aus Nocera-Tuff, das leider nach 62 n. Chr. mit Schranken verschlossen wurde.

Die Dachflächen, über die das Regenwasser in das *viridarium* geleitet wurde, hatte elegante Palmetten-Antefixe. Die Rückwände der Säulengänge und die anliegenden Räume zeigen eine Wandbemalung im Zweiten Stil. Auf der Südseite liegen die Thermen und die Küche: Das Bad, das rings um ein kleines, elegantes Atrium mit vier Säulen angeordnet ist, bestand aus *apodyterium, tepidarium, laconicum* und *caldarium.* In der großen Küche mit einem offenen Hof in der Mitte und einem Fußboden aus *opus spicatum* aus Ziegelsteinen, steht eine große Theke für die Zubereitung von Speisen und die Herstellung von Wasserdampf und zwei Kochstellen; ebenfalls in diesem Bereich befindet sich ein Hausaltar. An der Nordseite des Peristyls betritt man über einen Gang das *torcularium,* den Raum, wo die Trauben gekeltert und der Wein hergestellt wurde; hier fand man zwei Weinpressen, von denen eine instand gesetzt wurde.

Außerhalb der Nordseite befand sich ein Weinkeller mit zahlreichen Terrakotta-Gefäßen *(dolia),* die zur Hälfte in die Erde eingegraben waren und jeweils etwa 200 Liter Wein enthielten. Vom Peristyl aus führten drei große zweiflügelige Türen in das Atrium; zwei der Türen sind als Gipsabdruck erhalten. Die im Zweiten Stil gestalteten Wände waren gekennzeichnet durch zinnoberrot gemalte Rauten in der Mittelzone und Nillandschaften, Kriegstrophäen und Bildern, die auf Holz gemalt waren und leider nicht erhalten sind. Im nörd-

153 links oben *Die Wand, die das Peristyl vom Atrium trennt, hat drei Durchgänge und ist mit Wandmalereien im Zweiten Stil verziert; der mittlere Durchgang ist sehr breit; von den beiden seitlichen Türen sind Gipsabdrücke erhalten.*

153 links Mitte *Diese große Statue der Livia, die in der Nordostecke des Peristyls gefunden wurde, sollte in der großen Apsis aufgestellt werden, die im nördlichen Teil der Villa in einem eigens dafür bestimmten Raum errichtet worden war.*

153 links unten *Das* tablinum *war mit Fresken im Dritten Stil ausgestattet, die ägyptische Motive zeigten: Hier sieht man die Darstellung des Gottes Anubis.*

153 rechts oben *Das* biclinium *an dem Gang, der vom* Atrium *zum nördlichen Säulengang führte, ist wundervoll mit Wandmalereien im Zweiten Stil dekoriert, die eine architektonische Kulisse zeigen.*

153 rechts *Das* biclinium *zwischen dem* tablinum *und dem Mysteriensaal hat eine ungewöhnliche Dekoration im Zweiten Stil, wo neben den architektonischen Elementen Bilder mit Figuren abgebildet sind: Auf diesem Bild an der Südwand im* biclinium *ist ein tanzender Satyr dargestellt.*

lichen Teil liegen die Schlafzimmer und eine Latrine. Von besonderer Bedeutung ist das *cubiculum* (L) mit doppeltem Alkoven und Vorzimmer: Die Wandmalereien im Zweiten Stil mit perspektivischen Bühnenkulissen und die schwarzweißen Mosaiken auf dem Fußboden sind von unglaublichem Realismus. Das *tablinum* muss ursprünglich eine Tür zum Atrium und eine Tür zur Exedra hin gehabt haben, die aber bei dem Wiederaufbau nach dem Erdbeben beide zugemauert wurden. Einer der schönsten Räume der Villa ist die große, nach Westen ausgerichtete Exedra: Von den drei großen Fenstern in der halbrunden Apsis bot sich eine unvergleichliche Aussicht. Seitlich vom *tablinum* und der Exedra lagen noch zwei weitere Wohnbereiche, jeder mit einem Empfangsraum, *biclinium* und *dietae* in den Außenecken. Diese beiden Räume hatten nach Westen hin einen Portikus mit Fenstern. Im südlichen Trakt befindet sich der Empfangsraum mit den Gemälden, die der Villa ihren Namen gaben. Der Raum liegt längs in Ost-West-Richtung; an der Westseite ist ein breiter Durchgang, in der Nordwestecke eine kleinere Tür und nach Süden hin ein Fenster; die kleine Tür und das Fenster wurden erst nach dem Erdbeben hinzugefügt, die ursprünglichen Wandmale-

155 Mitte *Die Gesamtansicht des großen Mysterien-Frieses, auf dem die Initiation eines jungen Mädchens in die dionysischen Mysterien dargestellt ist, zeigt die Pracht des ganzen Raumes, und so lässt sich nachvollziehen, warum dieser Fries zu den bekanntesten Gemälden der Antike gehört.*

154-155 oben *Diese Strichzeichnung zeigt die Folge der verschiedenen Szenen des großen Mysterien-Frieses, die man von der linken Seite an der Westwand ausgehend betrachten muss.*

154-155 unten *Diese Abbildung zeigt die Szenen II, III, IV und V des Frieses, deren Deutung umstritten ist, da diese Riten streng geheim gehalten wurden. Fest steht, dass der Fries die Nachbildung eines hellenistischen Originals und das Werk eines kampanischen Künstlers ist.*

reien wurden dafür geopfert. Der Fußbodenbelag besteht aus Kacheln aus Palombino-Marmor, die mit einem Schieferrahmen eingefasst sind: Der äußere Streifen ist aus weißen und schwarzen Mosaiksteinen gelegt, die in einem schrägen Muster angeordnet sind. Die Wandmalereien sind im Zweiten Stil und zeigen in großen Bildern die Szenen, die als Darstellung von Riten der dionysischen Mysterien interpretiert wurden. Nicht alle Wissenschaftler sind sich über die Folge und die Bedeutung der Szenen einig, an dieser Stelle sollen die Bilder anhand der gängigsten Betrachtungweise ausgehend von der linken Seite an der Westwand dargelegt werden: I. Das sitzende, junge Mädchen, das in die dionysischen Mysterien eingeweiht werden soll, wartet nachdenklich; II. Das Ritual wird von einem Jungen, unter der Aufsicht eines Erwachsenen vorgelesen, das Mädchen hört zu; III. Vor dem Initiationsritus bringt das Mädchen, mit dem Rücken zum Betrachter, ein Versöhnungsopfer dar, wobei zwei Diener ihr helfen; IV. Ein alter Silen singt hingebungsvoll zur Lyra, an seiner Seite spielt ein junger Satyr auf einem Blasinstrument und eine Mänade stillt eine Hirschkuh; V. Das Mädchen erschrickt beim Anblick von Dionysos und seinem Gefolge; VI. Der betrunkene Dionysos stützt sich auf die sitzende Ariadne, vor ihm ist ein alter Silen, der ein Paar junger Satyre trinken lässt; VII. das Mädchen enthüllt die *cista mystica* mit dem Phallus; VIII. Das Mädchen wird von einem geflügelten Dämon ausgepeitscht, während zwei Mänaden die Zimbeln spielen; IX. Das inzwischen in die dionysischen Mysterien eingeweihte Mädchen macht sich vor einem Spiegel, den ihr ein Erot hinhält, zurecht.

156-157 *Die Abbildung zeigt die Szenen VI und VII des großen Frieses, der den sogenannten „Mysterien-Saal" schmückt: Von links nach rechts sieht man einen alten Silen, der einem Paar junger Satyre zu trinken gibt, den betrunkenen Dionysos, der sich auf Ariadne stützt und eine kniende Gestalt, die den Korb enthüllt, in dem sich der mystische Phallus befindet. Der geflügelte Dämon gehört zur nachfolgenden Szene.*

157 unten links *In Szene VIII wird das Mädchen von einem geflügelten Dämon ausgepeitscht, während zwei Mänaden die Zimbeln spielen.*

157 unten rechts *In Szene IX macht sich das inzwischen in die dionysischen Mysterien eingeweihte Mädchen zurecht und bewundert sich mit neuen Augen in einem Spiegel, den ihr ein Erot hinhält.*

Das Panoramaviertel von Pompeji

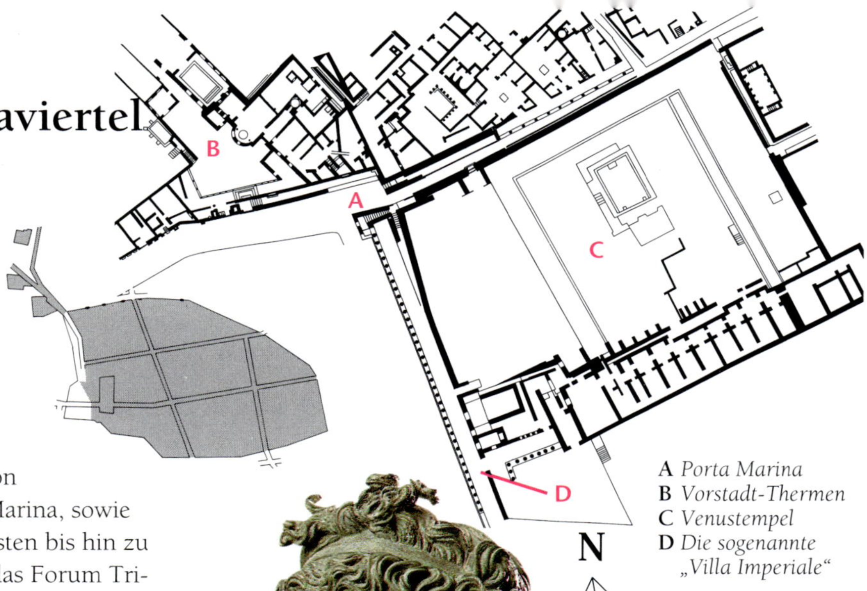

A *Porta Marina*
B *Vorstadt-Thermen*
C *Venustempel*
D *Die sogenannte „Villa Imperiale"*

Im ganzen westlichen Abschnitt von Pompeji, von Porta Ercolano bis Porta Marina, sowie im südlichen Teil von Westen bis hin zu dem Lavahügel, auf dem das Forum Triangolare errichtet worden war, standen im 1. Jh. v. Chr. prächtige öffentliche Gebäude, wie der Venustempel und die Sarno-Thermen, aber auch wundervolle Häuser, die so angelegt waren, dass man so gut wie möglich den herrlichen Ausblick über den Golf von Neapel genießen konnte. Zweifellos standen hier die Gebäude, für die die Pompejer die größten Reichtümer hergegeben hatten, wodurch ein einzigartiges Viertel entstanden war. Leider ist bis heute von diesem Stadtteil, der einst zu den beeindruckendsten und schönsten ganz Pompejis gehörte, nicht mehr viel erhalten geblieben.

158 oben *Dieser Kopf mit idealisierten Gesichtszügen und langen, dichten Haaren, die von einem Band zurückgehalten werden, gehört zu der Statue eines Epheben, die im Haus des Fabius Rufus (VII 16,22) gefunden wurde.*

Die Insula Occidentalis

Unter der Insula Occidentalis fasst man den ganzen Bereich der Stadt zusammen, der westlich von Via Consolare, Via del Farmacista und Vico dei Soprastanti bis zur Via Marina liegt. Es ist eine lange Reihe einzeln stehender Häuser von der Porta Ercolano bis zur Porta Marina, deren Eingänge nach Osten auf die städtische Straße zeigten, die Häuser selber waren zur Küste hinunter terrassenförmig (meist über drei Stufen) angelegt und boten daher eine unvergleichlich schöne Aussicht. Der terrassenförmige Aufbau und die Anordnung der verschiedenen Gebäude erinnern eher an Vorstadtvillen als an die typischen Stadthäuser. Die Erweiterung dieser Häuser nach Westen erfolgte nicht zu einem einzigen Zeitpunkt, man nimmt an, dass die älteren Gebäudeteile in die zweite Hälfte des 1. Jh. n. Chr. zurückgehen: Zu jener Zeit gingen die Häuser nicht über die westliche Stadtmauer hinaus. Nach der Eroberung durch Sulla (80 v. Chr.), als die Stadtmauern ihre Bedeutung verloren, und in augusteischer Zeit (Ende 1. Jh. v. Chr. bis Anfang 1. Jh. n. Chr.) wurden die Häuser über die ehemalige Stadtgrenze hinaus erweitert, wobei am Fuß der Terrassen großzügige Gärten und Peristyle angelegt wurden.

Viele Wissenschaftler sind der Ansicht, dass diese Art der Häuser von östlichen Bauweisen beeinflusst gewesen sei, die von den zahlreichen italischen Kaufleuten und Händlern „importiert" worden waren, was somit den Einfluss der griechischen Kultur auf Pompeji bezeugen würde. In dem Abschnitt an der Via Consolare (VI 17) sind die Häuser Nr.

158 unten *Dieses Bild mit zwei von Weinrebenblättern gekrönten Köpfen auf rotem Hintergrund stammt aus dem oecus im Haus mit dem Goldenen Armband: Die unterschiedliche Färbung der Gesichter betont die verschiedenen perspektivischen Ebenen.*

158-159 *Die Rückwand im oecus des Hauses mit dem Goldenen Armband stellt einen wundervollen Phantasiegarten mit den verschiedensten Pflanzen und Blumen und zahlreichen Vogelarten dar; oben vor dem hellblauen Hintergrund des Himmels hängen oscillae.*

159 rechts oben *Das Haus des Fabius Rufus (VII 16,22) bot von der Terrasse und von den Fenstern in der Apsis der großen Exedra ein schönes Panorama über den Golf von Neapel. Diese Fassade wurde auf der antiken Verteidigungsmauer errichtet.*

41 und 42 besonders erwähnenswert: Das Haus VI 17,41 war schon im Jahr 1759 entdeckt worden, damals wurde es aber nur im Hinblick auf die interessantesten Gemälde erforscht, um diese von dort zum Museum nach Neapel zu bringen, wo sie heute aufbewahrt werden. Beide Wandmalereien sind im Zweiten Stil: Auf dem ersten Bild ist ein an einer Wand aufgehängter Hase und eine daran angelehnte dionysische Maske dargestellt, auf dem anderen eine Ädikula zwischen zwei Wänden, an denen Jagdwild und Fisch aufgehängt ist, die Ädikula selbst zeigt auf einen offenen Hof mit einer Tholos und ein von Säulengängen umgebenes Gebäude.
Interessant ist auch die Exedra Nr. 18 mit Wandmalereien im Zweiten Stil, die ein Podium zeigen, auf dem an den Seiten zwei von Säulen umgebene Seitenflügel dargestellt sind und in der Mitte eine Ädikula mit Apsis, in der ein Dichter mit einer Krone dargestellt ist, der mit einer kurzen rotgestreiften Toga über einer kurzärmeligen Tunika gekleidet ist.
Im Haus mit dem Goldenen Armband (VI 17,42) fand man ein Kind und eine Frau mit Schmuck sowie ein Kästchen voller Geldstücke; dieses Gebäude, dessen Unterbau aus den alten Stadtmauern besteht, liegt auf drei absteigenden Terrassen. Der interessanteste Bereich ist der auf der Höhe des Gartens, wo ein wundervolles Nymphäum steht, das mit einem Mosaik aus Glaspaste verziert ist, es ist verbunden mit einem Wasserbecken und einem *triclinium;* die seitlich liegenden Räume zeigen ein Fresko mit einem *paradeisos* mit Brunnen, Statuen und Hermen, die Bilder tragen.
In dem Abschnitt Via del Farmacist und Vico dei Soprastanti (VII 16) sind zwei Häuser von großem Interesse: Die Nr. 15 gehörte dem U. Umbricius Scaurus, dies wird durch eine Inschrift im Fußbodenmosaik vor dem *impluvium* belegt. Das andere Gebäude ist das große Haus des Fabius Rufus (VII 16,22), das mit verschiedenen Fresken vom Zweiten bis zum Vierten Stil ausgestattet ist. Der letzte Besitzer hatte nach dem Erdbeben von 62 n. Chr. mehrere kleinere Wohnungen verbunden und so ein einziges Haus errichtet, das sich auf vier Ebenen erstreckte. Von Westen aus bietet sich ein einzigartiger Anblick: Der untere Teil besteht aus den antiken Stadtmauern, darüber stehen an den Seiten zwei rechteckige Vorbauten; dazwischen befindet sich eine Reihe von Türen innerhalb von Nischen mit Rundbogen und eine weite Apsis in der Mitte mit drei großen Fenstern auf zwei Ebenen.

159 rechts unten
Auf dieser Wanddekoration aus der Exedra des Hauses VI 17,41 ist ein hohes Podium dargestellt, auf dem sich an den Seiten zwei Flügel erheben und in der Mitte eine halbrunde Ädikula, in der ein Dichter mit einer Krone und einer kurzen Toga steht.

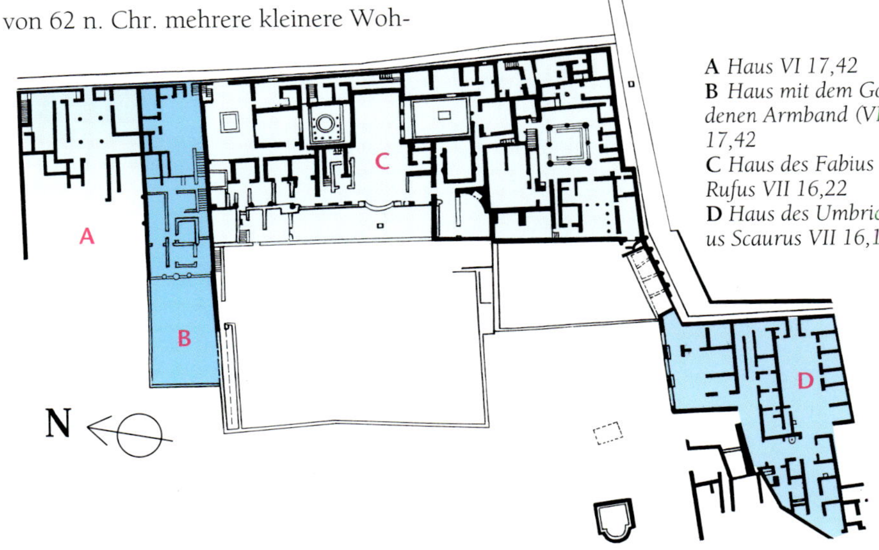

A *Haus VI 17,42*
B *Haus mit dem Goldenen Armband (VI 17,42*
C *Haus des Fabius Rufus VII 16,22*
D *Haus des Umbricius Scaurus VII 16,15*

Die Vorstadt-Thermen

In dem Gebiet nördlich der zur Porta Marina führenden Straße war unterhalb der Stadtmauern auf unterschiedlichen Ebenen eine großartige Thermenanlage errichtet worden, die sich wunderbar in ein unregelmäßiges, stark abschüssiges Gelände einfügen.

An der Nordseite der von Säulen gesäumten, in die Stadt hinaufführenden Straße lag der Haupteingang, der aus einem Vestibulum mit einer von zwei Halbsäulen eingefassten Tür bestand und in einen dreieckigen, von Säulengängen umgebenen Bereich führte, der einen Fußboden aus Tuffblöcken hatte.

Alle Räume der Thermenanlage befanden sich im Erdgeschoss: Ganz rechts betrat man das *apodyterium,* das in der Oberzone Wandmalereien mit nummerierten, erotischen Szenen im Vierten Stil aufwies; danach folgte ein schönes *frigidarium* mit einem Fußboden aus Marmorplatten, Säulen, die eine stark vorspringende Konsole trugen und ein mit Stuckrelief verziertes Gewölbe; dahinter befand sich ein großes *natatio* mit Wänden, auf denen Meereslandschaften, Seeschlachten und Szenen am Nil darge-

160-161 *Die Vorstadt-Thermen liegen in dem Bereich, der zwischen den Stadtmauern und der Straße, die von Porta Marina aus der Stadt hinausführte, frei geblieben war.*

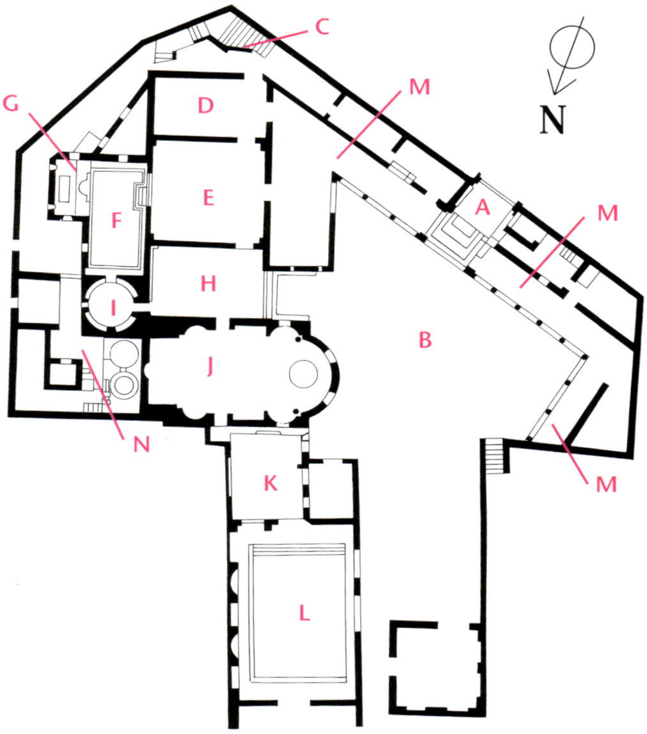

A *Eingang*
B *Peristyl*
C *Treppe zum Obergeschoss*
D Apodyterium
E Frigidarium
F Balneum
G Nymphäum
H Tepidarium
I Laconicum
J Caldarium
K *Durchgangsraum*
L *Beheiztes Becken*
M *Säulengänge*
N Praefurnium

160 unten rechts *Das Nymphäum oberhalb des unbeheizten Beckens hatte eine Nische mit zwei Säulen, von der aus das Wasser über Stufen abwärts in das Becken floss. Das mehrfarbige Mosaik in der Nische stellt Mars und zwei Eroten dar.*

161 links *Dieses Bild mit dem Eroten, der ein Schwert trägt, ist ein Ausschnitt aus dem Mosaik in der Nische hinter dem Schwimmbecken.*

161 rechts oben *Das Gelände vor den Thermenräumen hat eine trapezähnliche Form, zwei Seiten sind von Säulengängen gesäumt, die, vor allem im Sommer, die Gäste vor der Sonne schützen sollten.*

161 rechts unten *Die Fassade der am Peristyl liegenden Thermenräume war in einem nachgemachten Ersten Stil gestaltet und muss sogar vom Meer aus zu sehen gewesen sein. Der Bereich davor war mit grauen Tuff-Steinen gepflastert.*

160 unten links *Dieses Bild zeigt die Überreste eines im Vierten Stil dekorierten Raumes im Obergeschoss der Thermen, das über eine breite Treppe an der Rückseite des südlichen Säulengangs erreichbar war; von den vielleicht als Bordell genutzten Kammern überblickte man den Golf von Neapel.*

stellt waren. Das Becken hatte an einem Ende ein wundervolles Nymphäum mit einem stufenförmigen Brunnen, der mit Mosaiken aus Glaspaste verziert war: Das Wasser kam aus einer Art Grotte, die mit einem Mosaik ausgekleidet war, auf dem Mars mit Eroten dargestellt war, die ihm die Waffen tragen. Links vom *frigidarium* befindet sich das *tepidarium*, der einen auf *suspensurae* errichteten Fußboden und Wände aus *tegulae mammatae* hatte. Links vor der Rückwand öffnet sich das *laconicum* in der üblichen runden Form mit vier Apsiden. Gleich danach betritt man das große *caldarium*, auch dieses hat einen von *suspensurae* getragenen Fußboden. Die Wände waren auch hier mit *tegulae mammatae* verkleidet, auch wenn sie gleichzeitig von Nischen und Apsiden aufgelockert waren, in denen wahrscheinlich Statuen aufgestellt gewesen waren. Auf das *caldarium* folgte ein beheizter Durchgangsraum, der zu einem beheizten

162-163 *Dieses wundervolle Stuckrelief, das einen auf einem Triton reitenden Eroten darstellt, schmückt eines der Bilder im Gewölbe des* frigidariums.

162 unten links *Der obere Teil der Wände im* apodyterium *war mit nummerierten Bildern verziert, die jeweils eine erotische Szene zeigten. Man nimmt an, dass darauf die Leistungen beschrieben wurden, die im Bordell im Obergeschoss der Thermen von den Prostituierten angeboten wurden.*

162 unten rechts *Dieses Stuckrelief zeigt einen Eroten mit Umhang, der seinen Blick nach rechts, in Richtung des Schwimmbeckens wendet. Das ganze* frigidarium *zeigt eine hervorragende Wanddekoration im Vierten Stil.*

Schwimmbecken führte. Die Seiten des Beckens waren stufenförmig angelegt und auf den Wänden des Raumes wechselten halbrunde und eckige Nischen ab. Die Lagerräume befanden sich hinter den Thermenräumen und waren über einen offenen Gang in der Südostecke der Anlage zu erreichen; das *praefurnium* bestand aus leistungsfähigen Öfen und Heizkesseln, denn es gab eine große Zahl an Räumen zu beheizen. Am äußeren Hof lagen weitere Räume, die zu den Thermen gehörten: In einem davon, der

62 n. Chr. schwere Schäden und waren nicht in Betrieb, als 17 Jahre später der Vulkan ausbrach. Das Gebiet wurde nach dem Ausbruch leider wiederholt von Ausgräbern besucht und wurde wahrscheinlich am Ende des ersten nachchristlichen Jahrtausends sogar teilweise bewohnt. Die Thermenanlage war zwar schon im 19. Jh. entdeckt worden, ausgegraben und rekonstruiert wurde sie allerdings erst vor wenigen Jahren (1987 – 1992).

163 oben *Dieses Bild stellt einen kleinen Wagen dar, der von zwei Ziegenböcken gezogen wird, darauf wird eine Komödienmaske transportiert, ein Füllhorn und ein Thyrsusstab. Diese Szene stammt aus dem Gewölbe des frigidariums.*

163 links *Innerhalb eines von kannelierten Pfeilern getragenen Bogens fliegt ein Storch. Der Bogen ist oben und unten von einem Gesims mit Eierstäben eingefasst; dieser Wandschmuck stammt aus dem frigidarium.*

mit dem Durchgangsraum zwischen dem *caldarium* und dem *natatio* verbunden war, befanden sich wundervolle Malereien im Vierten Stil mit Stuckreliefs. Im Raum selber befand sich ein kleines *labrum* aus Marmor mit frischem Wasser. Ein weiterer Raum lag in der Nordwestecke, dieser hatte vier große Fenster, die einen herrlichen Ausblick auf den Golf von Neapel boten. Über eine breite gemauerte Treppe auf der Südseite gelangte man in das Obergeschoss, wo sich eine Reihe von nach Westen zeigenden Zimmern befand, dahinter waren weitere Lagerräume und eine Küche.
Die Thermen, die sehr wahrscheinlich gegen Ende des 1. Jh. v. Chr. errichtet wurden, erlitten bei dem Erdbeben von

Porta Marina

Der Weg durch die Porta Marina nach Pompeji führt über eine breite, gepflasterte Straße, die so steil ist, dass man meint, für Fahrzeuge wäre sie nicht befahrbar gewesen. Die Waren, die von dieser Seite aus in die Stadt kamen, wurden wahrscheinlich von Trägern oder von Eseln getragen, und vermutlich waren es nicht wenig Waren, wenn man bedenkt, dass der Hafen so nah war. Die Straße war im Süden von einer niedrigen Mauer gesäumt und im Norden von einem breiten Bürgersteig mit einem Portikus auf quadratischen Pfeilern und einem Belag aus *cocciopesto*. Unter den Bogengängen befanden sich einige Läden und der Eingang zu den Vorstadt-Thermen; von hier aus gelangte man außerdem zu einem Platz mit einer Mauer, in der in regelmäßigen Abständen Steinblöcke mit ringförmigen Öffnungen angebracht waren. Diese führten zu der Vermutung, dass sich hier ein Kanalhafen befand, an dem die Schiffe anlegten, allerdings stimmen nicht alle Wissenschaftler darin überein.

Während der jüngsten Restaurierungsarbeiten wurde eine Inschrift entdeckt, die sich auf den Magistrat Suedius Clemens bezieht, der nach dem Erdbeben von 62 n. Chr. von Rom nach Pompeji geschickte wurde, um unrechtmäßig von Privaten besetzte öffentliche Grundstücke wieder der Stadt zuzuführen.

Dieses Stadttor gehört sicherlich zu den jüngsten; es besteht aus einem aus der Stadtmauer hervorragenden quadratischen Torturm mit zwei Durchgängen:

der größere an der rechten Seite war für Wagen vorgesehen und der kleinere auf der linken Seite für Fußgänger. Beide Torwege konnten mit zweiflügeligen Türen geschlossen werden, wie an den Vorrichtungen im Boden zu erkennen ist. Die Porta Marina ist heute der Eingang, durch den ein großer Teil der Besucher die antike Stadt betritt.

Der Venustempel

Von dem Aufbau eines der schönsten Tempel Pompejis kann man sich heute kaum noch eine Vorstellung machen, so massiv war er nach der Verschüttung im Jahr 79 n. Chr. den Plünderungen ausgesetzt gewesen. Da der Tempel im Südwesten auf einer Terrasse oberhalb eines Felsvorsprungs zwischen Via Marina und der Basilika stand, war er auch für Plünderer schon von weitem sichtbar gewesen. Der Venuskult war in Pompeji schon sehr alt; am Anfang handelte es sich um die Venus Fisica, eine Göttin, die über das Leben und den Tod herrschte, die also als himmlische und zugleich chtonische Göttin verehrt wurde. Mit der Gründung der sullanischen *colonia* wurde dann der Kult der Venus als Göttin der Liebe und der Schönheit eingeführt, was auch in dem Namen der colonia deutlich wird (Colonia Cornelia

Veneria Pompeianorum). Für den Bau des Tempels, der dieser Göttin geweiht wurde, mussten frühere Häuser enteignet und eingeebnet werden.

Zu Beginn des 1. Jh. n. Chr. wurde der Tempel erneuert und fast ausschließlich aus Marmor errichtet: Der Tempel stand mit der Frontseite nach Süden auf einem Podium in der Mitte eines großen Platzes, der mindestens auf drei Seiten von Portiken mit wahrscheinlich korinthischen Säulen umgeben war, denn nur an der Südseite konnte man keine Spuren des Stylobats und des kleinen Kanals entdecken, durch den das Regenwasser abgeleitet wurde, es ist daher nicht unwahrscheinlich, dass die Südseite offen war, um für Reisende im Tal oder auf dem letzten Flussabschnitt des Sarno den Blick auf den Tempel zu ermöglichen. In einer späteren Bauphase erhielt der heilige Bezirk die Form eines städtischen Heiligtums und wurde erweitert, wie die nördliche Mauer aus *opus reticulatum* vermuten lässt, die auf der Südseite der Via Marina liegt. Der Haupteingang lag am südlichen Bürgersteig der Via Marina in der Nordostecke des Geländes. Der Tempel wurde vom Erdbeben im Jahr 62 n. Chr. erschüttert, aber es nicht auszuschließen, dass der Wiederaufbau weit fortgeschritten war, wie die Bearbeitung der wenigen erhaltenen Bauteile zeigen. Insgesamt ist wenig geblieben: Das Podium aus *opus caementicium* in einer Verkleidung aus großen Basaltblöcken; eine herrliche Säule mit dem korinthischen Kapitell, die jedoch neu aufgestellt wurde, daher weiß man nicht, wo sie ursprünglich genau stand; schließlich zwei Sockel für Statuen. Die Südseite der Terrasse wurde von einer Reihe von gewölbten Räumen gestützt, die über eine Treppe im südöstlichen Bereich der Terrasse erreichbar waren; an der Ost- und der Westseite des Geländes standen vielleicht zwei Säulenreihen, und es ist gut möglich, dass an den Rückwänden der Portiken Verkaufsstände waren, an denen Kultgegenstände angeboten wurden.

Villa Imperiale

Gegen Ende des 1. Jh. n. Chr. wurde südlich der zur Porta Marina führenden Straße direkt auf einen Abschnitt der westlichen Mauer die sogenannte „Villa Imperiale" errichtet.
Diese Datierung wird auch durch die Dekoration des Portikus im Dritten Stil bestätigt, die aus dem letzten Jahrzehnt des 1. Jh. v. Chr. stammt. Dicht an den Mauern, die dort, wo die Malereien verschwunden sind, noch zu sehen sind, wurde eine sehr lange, rechteckige Terrasse gebaut, die im Westen von einer kleinen Mauer und im Osten von einem Portikus abgegrenzt war, der von mindestens 41 Säulen aus Ziegelsteinen getragen wurde, die mit weißen Stuckkanneluren überzogen waren. Die Rückwand des Säulengangs war mit Wandmalereien dekoriert, die eine bedeutende Phase des frühen Dritten Stils belegen, auf schwarzem Hintergrund reihen sich zierliche Ädikulä mit Akroterien aneinander, dazwischen wechselten sich figürliche Bilder und Medaillons ab, die zum größten Teil im 18. Jh. aus der Wand entfernt wurden. Der vor dem Portikus liegende Platz wurde zu einem großen Dachgarten umgestaltet, dort verlief zuvor eine antike Straße, die weiter vorne die Via Porta Marina kreuzte und die nach dem Bau der Villa geschlossen wurde. Hinter dem Portikus öffnet sich ein hoher Saal mit Wandmalereien im Vierten Stil. Der Fußboden war mit einem Motiv aus marmornen Sechsecken verziert, die von einer schwarzen Leiste eingefasst waren; es wurde auch vermutet, dass der Raum restauriert wurde und der Fußboden deshalb noch nicht überall wieder verlegt war. Die Wandabschnitte wurden in kostbarem Zinnoberrot angefertigt und zeigen drei hervorragende, große Bilder mit Motiven aus der kretischen Sagenwelt: Auf der Ostwand ist Theseus dargestellt, nachdem er den Minotauros getötet hat; auf der Nordwand Theseus, der die schlafende Ariadna verlässt, und auf der Südwand der Flug des Dädalus und der Sturz des Ikaros. In der Oberzone der Wände sind geöffnete Fenster vorgetäuscht, in denen weibliche Gestalten und Dichter dargestellt sind, darunter Sappho und Alkaios.

164 links *Auf der vom Meer zur Stadt führenden Straße steht ganz oben die Porta Marina mit ihren zwei Tordurchgängen, einem größeren für den Warentransport und einem kleineren, aber auch angenehmeren für die Fußgänger.*

164 rechts oben *Dieser prächtige Kopf eines Athleten mit dichten, kurzen Locken, die von einem Stirnband zusammengehalten werden, wurde im südlichen Teil des Tempels der Venus gefunden; es könnte sich hierbei um ein hellenistisches Original aus dem 2. Jh. v. Chr. handeln.*

164 rechts unten *Der Tempel der Venus liegt am südwestlichen Rand der Stadt in einer Lage, von der aus man sowohl den Golf von Neapel als auch das Sarnotal überschauen kann. Bei dem Erdbeben von 62 n. Chr. wurde er zerstört und nie wieder als Tempel benutzt.*

165 links *Dieses im Vierten Stil gemalte Bild aus dem großen Saal der Villa Imperiale zeigt den Tod des Ikaros vor den entsetzten Augen seines Vaters Dädalus und einer auf einem Felsen sitzenden Muse.*

165 rechts oben *Der über einer zum Golf hin zeigenden Terrasse liegende Portikus der Villa war von der zur Porta Marina hinaufführenden Straße erreichbar; die Rückwand zeigte eine herrliche Wandmalerei im Dritten Stil.*

165 rechts unten *Der große Saal in der Mitte des Säulengangs ist mit wundervollen Bildern im Vierten Stil dekoriert, die sehr schön gearbeitete Motive aus der Sagenwelt zeigen.*

Ädikula: Tempelähnlicher Aufbau zur Unterbringung einer Statue.

Ädil: Unter den Duumvirn stehender Magistratsbeamter, von denen jährlich zwei gewählt wurden. Sie waren zuständig für das Polizeiwesen und die Fürsorge der öffentlichen Bauten und Straßen.

Agger: Erdwall an der zur Stadt zeigenden Mauerseite.

Ala: Zum Atrium hin offene Räume in der Nähe des *tablinum*, die als Aufenthaltsräume dienten.

Antefix: Ornamental ausgestalteter Stirnziegel am unteren Rand des Daches, meist in Form von Palmetten, Silenen- oder Gorgonenhäuptern.

Apodyterium: Umkleideraum der Thermen.

Apsis: Im Grundriss halbkreisförmiger, mit einer Halbkuppel überwölbter Raum.

Atrium: Aus *compluvium* und *impluvium* bestehender Innenhof des italischen Hauses, vom Vestibulum aus gelangte man direkt hierhin. Um das Atrium herum waren die *cubiculi,* die *alae* und das *tablinum* angeordnet.

Auguren: Römische Priester, denen die Weissagung aus dem Vogelflug oblag.

Augustales: Priesterkollegium zur Pflege des Kaiserkults.

Bacchanalien: Feste zu Ehren des mit Dionysos gleichgesetzten römischen Gottes Bacchus.

Biclinium: Speiseraum für zwei Personen.

Bisellium: Doppelsitz für jeweils einen besonderen Ehrengast.

Caldarium: Warmbaderaum in den römischen Thermen.

Capitolium: Tempel, der der kapitolinischen Triade, also Jupiter, Juno und Minerva geweiht ist.

Cardo maximus: Die von Nord nach Süd durch die Stadt führende Hauptstraße.

Caupona: Schänke

Cavea: Zuschauerraum im Theater und Amphitheater, der in drei Ränge unterteilt ist: *ima, media* und *summa cavea.*

Chalcidicum: Raum vor dem Eingang zur Basilika, hier: Vorhalle.

Clientes: Einwohner mit eingeschränkten Rechten, die zu ihrem Patron, der ihnen seinen Schutz gewährte, in einem patriarchalischen Verhältnis standen.

Cocciopesto: Gestampfter Fußboden aus mit Mörtel gemischten Tonscherben.

Colonia: Von Bürgern eines Staates gegründete Stadt, die aus militärischen, politischen oder wirtschaftlichen Gründen ihr Land verlassen und sich woanders niederlassen mussten. Für die Römer war dies das Mittel, in die von ihnen eroberten Gebiete vorzudringen und sie unter ihre Kontrolle zu bringen.

Columella: Kleine Grabsäule in Form einer stark stilisierten Büste aus Lava oder Marmor.

Compluvium: Viereckige Öffnung im Dach des Atriums, durch das das Regenwasser in das darunter liegende *impluvium* fiel.

Cornu copiae: Füllhorn als Sinnbild der Fülle und der Fruchtbarkeit.

Cryptoporticus: Unterirdischer, durch schräge Fensteröffnungen erhellter Gang, der als Keller und Amphorenlager benutzt wurde und meist genau unter den Säulengängen im Garten lag.

Cubiculum: Schlafzimmer

Cuneus: Keilförmiges Segment der durch Gänge abgeteilten Sitzreihen im Theater.

Curia: Rathaus

Decumanus maximus: Die von Ost nach West durch das Stadtgebiet führende Hauptstraße.

Decurionen: Mitglieder der städtischen Senatversammlung in der *curia,* meist Ex-Magistrate.

Duumvirn: Die höchsten Beamten der Stadt, die jährlich jeweils zu zweit gewählt wurden; danach wurden sie Mitglied der *curia.*

Emblema: In der Mitte des Fußbodens eingelegtes Mosaik in Form einer figürlichen Darstellung oder eines geometrischen Musters.

Euripus: Wassergraben mit Brunnen und Wasserspielen, häufig mit Gartenstatuetten an den Rändern.

Exedra: Großzügiger, lichtdurchfluteter Salon als Aufenthalts- oder Speiseraum, meist wurde er am Peristyl oder, in den Vorstadtvillen, an einer Stelle mit einem guten Ausblick errichtet.

Fauce: Teil des Hauseingangs, meist in der Art eines Vorraums.

Faun: Feld- und Waldgott, Beschützer der Herden und Verehrer der Mänaden; der Faun wird dargestellt mit zwei kleinen Hörnern auf der Stirn und mit Thyrsusstab.

Fistula: Geschweißtes Wasserrohr aus Blei, durch das das Trinkwasser in die Häuser geleitet wurde.

Frigidarium: Raum in den Thermen für kalte Bäder.

Fullonica: Tuchwalkerei und Wäscherei

Garum: Pikante Fischsoße zum Verfeinern der Speisen.

Herme: Büste aus Bronze oder Marmor auf einem sich nach unten verjüngenden Pfeiler.

Hortus: Garten mit Anbauflächen im hinteren Bereich des Atriumhauses.

Hypokaustum: Warmluftheizung unter dem Fußboden in den Thermen.

Impluvium: Viereckige Vertiefung in der Mitte des Atriums, in dem sich das vom *compluvium* einfallende Wasser sammelte, von hier aus wurde es durch darunter liegende Kanäle den Zisternen zugeführt.

Inkrustation: Aus Marmor bestehende Einlagen in Fußböden aus *cocciopesto* oder in bunten Mosaiken.

Insula: Ein von vier Straßen umgebener, bebauter Häuserblock.

Konsul: Oberste Beamte der römischen Republik.

Labrum: Rundes Becken mit Frischwasser, meist in einer halbrunden Nische im *caldarium* der Thermen untergebracht.

Laconicum: Schwitzbad in den Thermen, das durch Kohlenbecken oder durch die Hypokausten beheizt wurde.

Lararium: Schrein für die Hausgötter.

Laren: Schutzgottheiten des Hauses.

Lavapesta: Gestampfter Boden aus kleinen Lavabruchstücken und Mörtel.

Libertus: Freigelassener; Kinder von *liberti* waren freie Bürger.

Lisene: Einen Pfeiler nachahmendes Gliederungsmotiv ohne Basis und Kapitell, das häufig stuckiert oder in eine Oberfläche aus Tuff graviert wird.

Lupanare: Bordell

Mänade: Weibliche Gestalten im Gefolge des Weingottes Dionysos, die sich zur Musik des Tympanums rasenden Tänzen hingaben und dabei den Thyrsusstab schwenkten.

Metope: Im Gebälkfries von Tempelbauten dorischer Ordnung mit Triglyphen wechselndes, häufig mit Reliefs oder Bildern verziertes, viereckiges Feld.

Natatio: Schwimmbecken in den Thermen.

Nische: Zu einer Seite hin offene Aussparung in einer Mauer mit rechteckigem Grundriss, oft zur Unterbringung einer Statue.

Nymphäum: Den Nymphen geweihte monumentale Brunnenanlage.

Odeon: Geschlossenes Gebäude für musikalische Veranstaltungen.

Oecus: Repräsentatives Prunkzimmer

Orchestra: Halbrunder Bereich im Theater zwischen Bühne und *cavea*.

Oscillum: Runde oder schildförmige Scheiben aus Marmor, die auf beiden Seiten verziert waren und häufig im Atrium und im Peristyl aufgehängt wurden.

Pan: Waldgott mit Hörnern und Bocksfüßen.

Pappamonte: Lava von geringer Härte, die im oberen Bereich des Lavastroms abgebaut wird.

Paradeisos: Phantasiegarten

Penaten: Gottheiten der häuslichen Vorratskammer, die mit den Laren als Schutzgötter des Hauses vereint werden.

Peristyl: Von Säulengängen umgebener Garten.

Pistrinum: Gewerbebetrieb, in dem Getreide gemahlen und Brot zubereitet wurde.

Pluteus: Niedrige Mauer zwischen den Säulen.

Pomerium: Unbebaubarer Streifen Land an der äußeren Stadtmauer, meist etwa 100 Fuß (30 Meter) breit.

Praefurnium: Technische Einrichtung zur Erzeugung der notwendigen Wärme in den Räumen der Thermen.

Predella: Fries zwischen Sockel und Mittelzone.

Priapos: Sohn des Dionysos, Fruchtbarkeitsgott, der verehrt wurde als Gott der Felder, der Herden und vor allem der Gärten.

Procurator: Hausverwalter, Aufseher der Dienerschaft.

Regio: Durch Hauptstraßen abgegrenzte Stadtviertel.

Satyr: Mythologische Gestalt mit tierischen Ohren, Hörnern, Schwanz und Hufen; im Gefolge von Pan nahmen sie an den bacchischen Riten teil.

Schola: Halbrunde Sitzbank, die oft in der Grabarchitektur verwendet wurde.

Sistrum: Ägyptisches Musikinstrument, das einer Rassel gleicht und beim Isiskult verwendet wurde.

Strigilis: Schabeisen; mit seiner gekrümmten Form diente es dazu, nach Wettkämpfen in der Palästra oder nach dem Bad den Körper von den Salben und Ölen zu reinigen.

Stylobat: Oberste Stufe des Tempels, auf dem die Säulen stehen.

Suspensurae: Gemauerte Pfeiler, die den erhöhten Fußboden in den Baderäumen trugen; durch die Hohlräume konnte somit die Wärme strömen.

Tablinum: Auf der Längsachse des Hauses liegendes Zimmer, in dem der Hausherr seine Geschäfte tätigte und seine *clientes* empfing.

Tegulae mammatae: Warzenziegel, rechteckige Ziegel mit vier Höckern, wodurch an den Wänden der Badesäle ein Hohlraum entstand, der die warme Luft durchströmen ließ.

Telamon: Architektonische Stütze in Form einer männlichen Figur, auch Atlant.

Tepidarium: Raum für lauwarme Bäder in den Thermen, als Übergang von den Warmbaderäumen zu den Kaltbaderäumen und umgekehrt.

Thermopolium: Garküche zum Verkauf warmer oder kalter Speisen, je nach Jahreszeit. Diese Lokale befanden sich meistens an der Straße und bestanden aus einer gemauerten Theke in Form eines „L", in der große Tongefäße eingelassen waren.

Tholos: Rundbau

Thyrsusstab: Langer, mit Efeu und Weinlaub umwundener Stab mit einem Pinienzapfen an der Spitze, Symbol des Dionysos und seines Gefolges.

Triclinium: Speisezimmer mit Liegen auf drei Seiten.

Triglyphe: Am Gebälkfries dorischer Tempelbauten mit Metopen wechselnde, dreigeteilte Felder.

Tympanon: Zwischen dem Gesims des Giebels (Giebelfeld) auf der kurzen Seite des Tempels befindlicher Bereich, der häufig mit einer Reliefstatue verziert wurde.

Vallum: Festungsgraben an der äußeren Stadtmauer.

Viridarium: Garten im Peristyl im hinteren Teil des Hauses.

*Alle Fotografien stammen von Alfredo und Pio Foglia / Archivio Fotografica Foglia S.a.s. mit Ausnahme der im Folgenden aufgeführten: Giulio Veggi/Archivio White Star: S. 29 oben, 38 unten rechts, 41 links, 41 oben rechts, 41 Mitte rechts, 48 unten, 51 oben links, 74 unten, 75 unten links, 75 Mitte links, 79 oben links, 79 Mitte links, 96 links, 107, 108 links, 108 rechts, 109 oben, 109 Mitte, 109 unten, 116-117, 155; A.K.G. Photo: S. 9, 12-13 oben, 14, 15, 16-17; Giovanni Dagli Orti: S. 5, 86-87, 126 oben rechts; Mary Evans Picture Library: S. 18 Mitte, 18-19; Guido Alberto Rossi/The Image Bank: „Genehmigung S.M.A. N. 01-337 vom 03-09-1996" S. 2-3, 20, 21 links, 21 rechts, 80 oben, 92; Archivio Scala: S. 154-155, 157 rechts, 158 Mitte; Roger Viollet: S. 18 oben, 18 unten, 19 oben rechts.
Die Abbildungen in schwarzweiß wurden von Livio Bourbon erstellt.*

168 *Die drei Pferde, die hier gebieterisch aus dem roten Hintergrund herauszuspringen scheinen, drücken eine entfesselte Energie und übernatürliche Kräfte aus. Der Künstler hat sich mit diesem Bild eine Aufgabe gestellt, die aufgrund der perspektivischen Verkürzung von drei sich wild bewegenden Figuren eine große Fertigkeit erforderte.* (Triclinium *im Haus der Vettier)*